Eberhard Sandschneider
Der erfolgreiche Abstieg Europas

Eberhard Sandschneider

DER ERFOLGREICHE ABSTIEG EUROPAS

Heute Macht abgeben, um morgen zu gewinnen

Bibliografische Information der Deutschen Nationalbibliothek
Die Deutsche Nationalbibliothek verzeichnet diese Publikation in der
Deutschen Nationalbibliografie; detaillierte bibliografische Daten
sind im Internet über http://dnb.d-nb.de abrufbar.

Dieses Werk ist urheberrechtlich geschützt.
Alle Rechte, auch die der Übersetzung, des Nachdruckes und der
Vervielfältigung des Buches oder von Teilen daraus, vorbehalten. Kein
Teil des Werkes darf ohne schriftliche Genehmigung des Verlages in
irgendeiner Form (Fotokopie, Mikrofilm oder ein anderes Verfahren),
auch nicht für Zwecke der Unterrichtsgestaltung – mit Ausnahme der in
den §§ 53, 54 URG genannten Sonderfälle –, reproduziert oder unter
Verwendung elektronischer Systeme verarbeitet, vervielfältigt oder
verbreitet werden.

1 2 3 4 5   15 14 13 12 11

© 2011 Carl Hanser Verlag München
Internet: http://www.hanser-literaturverlage.de
Lektorat: Martin Janik
Herstellung: Stefanie König
Umschlaggestaltung: Brecherspitz Kommunikation GmbH, München,
www.brecherspitz.com
Satz: Presse- und Verlagsservice, Erding
Druck und Bindung: Friedrich Pustet, Regensburg
Printed in Germany
ISBN 978-3-446-42352-7

*Nicht gestellte Fragen
können gefährlicher sein
als falsche Antworten*

Für Katja

INHALT

1 Einleitung 1

2 Geplatzte Träume
Der »Westen« nach einem Jahrzehnt des Schreckens 13

Der »Westen« als Illusion 14
Die Träume von 1989 16
Schockwellen 19
Schleichende Trends 27
Offensichtliche Machtverschiebungen 31

3 Mauern im Kopf
Die ewige Torheit der Regierenden 37

Torheiten damals und heute 39
Die Welt in Schwarz und Weiß 46
Neue Feindbilder müssen her 53

4 Lebenslügen des Westens
Von Gebetsmühlen und sinnloser Symbolpolitik 61

Gebetsmühlenpolitik 61
Der verlorene Krieg gegen den Terror 66
Transatlantischer Selbstbetrug 71
Das Kreuz mit den Werten 80

5 Weltordnungsdebatten
Der scheinbar unaufhaltsame Aufstieg der Anderen 91

Die Grenzen der Suche nach Ordnung im Chaos 93
Die Welt ohne transatlantische Ordnung 96
Mit Tunnelblick ins 21. Jahrhundert 97
Risiko Multipolarität 104
Neue Regeln der Weltpolitik 108

6 Ein Gegenmodell im Werden?
Der falsche Glanz der Diktatur 111

Zwischen Hoffen und Bangen 114
Der trügerische Glanz der Demokratie 115
Demokratische Selbstüberforderung 120
Der falsche Glanz der Diktatur 128
Demokratie und die Wirkungsmacht von Ideen 130

7 Die Leiden des wiedervereinten Europa
Gipfelrast zwischen Weltschmerz und Zukunftsangst 135

Europas ungebrochener Weltschmerz 136
Europas historische Leistung 140
Unnötige Debatten 142
Die nüchterne Sicht der Anderen 147

8 Was tun?
Wege zum erfolgreichen Abstieg Europas 153

Auguren und ihre Grenzen 154
Erfolgreicher Abstieg? 156
Keine Angstdebatten führen! 159
Lernen statt Belehren! 162
Neue Wege der Kooperation suchen! 167
Offene Prozesse akzeptieren! 168
Platz machen! 170
Modelle und Vorbilder 172

9 Ausblick eines Optimisten 179

Weiterführende Literatur 183
Danksagung 185
Anmerkungen 187
Register 193

1 EINLEITUNG

Das erste Jahrzehnt im neuen Jahrtausend begann voller Hoffnung. Nach einer berauschenden 24-Stunden-Party atmete die Welt am Morgen des 1. Januar 2000 voller Erleichterung auf. Der befürchtete und von manchen schon sicher erwartete Millennium Bug war ausgeblieben. Internet, E-Mail, Handy, Datenbanken – alles funktionierte genau so wie am Tag zuvor. Aber alles, was danach kam, war der blanke Horror für diejenigen, die seit 1989 an den globalen Siegeszug des Westens geglaubt hatten.

Das erste Jahrzehnt des 21. Jahrhunderts war ein langes Jahrzehnt des Schreckens für den Westen. Wirtschaftlich stehen eine geplatzte Internetblase am Anfang und eine schwere Weltwirtschaftskrise am Ende des Jahrzehnts. In sicherheitspolitischer Hinsicht erstreckt es sich von den Terrorangriffen des 11. September 2001 bis zur Atomkatastrophe in Japan am 11. März 2011. Verschnaufpausen gab es in den elf Jahren seit der Jahrtausendwende praktisch keine. In Atem gehalten wurde der Westen durch eine Serie von schweren Terrorangriffen in Bali, London, Madrid, Moskau und Mumbai, durch Kriege in Afghanistan und im Irak, durch Naturkatastrophen, Pandemien, Nahrungsmittel- und Ressourcenkrisen, den gescheiterten Unilateralismus der USA, die schwindende Attraktivität westlicher Werte in weiten Teilen der Welt, wieder erstarkten Nationalismus und die Rückkehr von Religion als Ursache von Krieg und Zerstörung. Die Liste der Schrecken ist lang und im Detail beliebig verlängerbar.

Elf schreckliche Jahre liegen seit der Jahrtausendwende nun schon hinter uns. Und nur eingefleischte Optimisten werden ernsthaft erwarten, dass die nächsten zehn Jahre automatisch besser werden. Mögliche neue Schocks, die unser politisches, wirtschaftliches und gesellschaftliches Gefüge erschüttern, lassen sich natürlich nicht mit Exaktheit prognostizieren. Die unerwarteten Ereignisse in den Staaten Nordafrikas und der arabischen Welt stehen dafür als besonders eindrückliche Beispiele. Aber die Trends, die wir heute schon ablesen können, machen es einem zusätzlich schwer, optimistisch zu bleiben.

Einer dieser Trends könnte besonders wichtig werden. Zumindest sollte er uns erheblich zu denken geben. Laut Angaben des Statistischen Bundesamtes lebten in Europa »Mitte des vergangenen Jahrhunderts 547 Millionen Menschen. 2010 werden es laut UN-Schätzung rund 733 Millionen und 2050 nur noch 691 Millionen sein. Europa ist der einzige Kontinent, für den in Zukunft mit einer schwindenden Bevölkerung gerechnet wird.«[1] Noch deutlicher wird das Problem, wenn man es in Prozentzahlen ausdrückt. Im Jahre 1950 betrug der Anteil der Bevölkerung Europas an der Weltbevölkerung rund 21,8 Prozent. Heute ist dieser Anteil bereits auf 10,6 Prozent gesunken. Er wird weiter fallen. Im Jahre 2050, so schätzen Demografen, wird er gerade noch 7,6 Prozent der Weltbevölkerung betragen. Am Ende des 21. Jahrhunderts könnte er möglicherweise auf vier Prozent gesunken sein. Hier stellen sich zwei einfache Fragen: Wie kann es diesen rund sieben Prozent der Weltbevölkerung in nur knapp 40 Jahren von heute an gerechnet gelingen, das Niveau an Wohlstand, Sicherheit und Freiheit, das unsere Gesellschaften prägt, gegen die oder in offener Konkurrenz zu den restlichen 93 Prozent der Weltbevölkerung zu erhalten? Und noch bedrohlicher: Was wird aus dem Westen, wenn die 93 Prozent Nicht-Europäer in eben mal 40 Jahren beschließen sollten, uns für die nächsten 200 Jahre so zu behandeln, wie wir sie in den vergangenen 200 Jahren behandelt haben – Ausbeutung ohne Rücksicht auf Verluste von Menschenleben, brachiale Machtpolitik, Wohlstand der anderen auf unsere Kosten? Nicht einmal die vermeintlichen Segnungen westlicher Entwicklungshilfepolitik können diese Bilanz beschönigen. Es mag schon fast wie ein Trost wirken, dass wir dann nicht mehr bedeutend genug sein werden, dass andere auf die Idee kommen, den *Wohlstand der Nationen*, wie Adam Smith einst sein Buch überschrieben hatte, auf Kosten Europas zu mehren. Manch einem mögen solche Überlegungen defätistisch vorkommen. Wieder so ein Abgesang auf den Westen, wie wir ihn seit Oswald Spengler in schöner Regelmäßigkeit zelebrieren? Genau darum geht es nicht. Man kann es so nüchtern und beinahe gelassen ausdrücken, wie Helmut Schmidt es tat. Auf die Frage von Theo Sommer, wie wir Europäer uns behaupten können, wenn wir uns zahlenmäßig so verringern, antwortete er in entwaffnender Einfachheit: »Möglicherweise werden wir das hinnehmen müssen. Punkt.«[2]

Ob das so stimmt? Man kann den Spieß nämlich auch umdrehen und entgegen landläufigen Behauptungen über Bevölkerungsschwund und drohende Überalterung Europas die Frage stellen, ob es Staaten mit ganz jungen und schnell wachsenden Bevölkerungen nicht viel schwerer haben werden, weil sie unabhängig von ihrer Regierungsform kaum in der Lage sein werden, genügend Arbeitsplätze zu schaffen und Nahrung und Wohnraum zu organisieren, damit sie ihre politische Stabilität erhalten können. Die Vorboten von Revolten, die von solchen Frustrationen ausgelöst werden, hat die Welt seit Januar 2011 in den arabischen Staaten erlebt. Wir sehen also: Bei den viel beschworenen neuen Herausforderungen in der internationalen Politik kommt es ganz entscheidend auf die Perspektive an.

Wie wichtig das ist, zeigt exemplarisch eine gar nicht so untypische Reaktion auf die Unruhen in Ägypten im Januar und Februar 2011 und den Rücktritt von Präsident Mubarak. Eine Professorin für Politikwissenschaft mit dem Arbeitsschwerpunkt »Freiheitsforschung und -lehre« sinniert öffentlich über die Lehren aus diesen Ereignissen – für Deutschland und die Demokratie hierzulande. Wenn man diesen Text liest, wähnt man sich in einem Land vor unserer Zeit: »Vielleicht lassen sich die Deutschen ja anstecken von dem Aufbruch in die Freiheit, den sie aus der Ferne beobachten. Und finden den Mut, sich aus dem hiesigen paternalistischen Gehege zu befreien: wagen mehr Eigenwilligkeit, übernehmen größere Selbstverantwortung, aus denen neues Selbstbewusstsein, Mündigkeit und Würde erwachsen können. Die Bedingungen für die Freiheit sind ja bei uns sehr günstig: Rechtsstaat, Demokratie und soziale Marktwirtschaft. Wer jedoch nur auf Sicherheit setzt und in der Herde mittrabt, wird nichts Neues entdecken und die Lust auf Freiheit verlieren. Die Freiheit, so hat die Geschichte gezeigt, muss immer wieder neu verteidigt werden. Denn der Kampf für die Lebenschancen des Einzelnen gegen die Beschränkung durch andere ist nie zu Ende.«[3] Eine bemerkenswerte Analyse, oder etwa nicht? Vielleicht bin ich ja nicht der Einzige, der sich bei solchen Sätzen verwundert (und auch ein bisschen verärgert) die Augen reibt und sich fragt, in welchem Land er eigentlich lebt. Der »Sieg« der Demonstranten auf dem Tahrir-Platz wird uminterpretiert zur Folie der Selbstreflexion über Deutschland. So schnell können wir in die doppelte Falle tappen, mediale Bilder in ihrer politischen Bedeutung vor Ort zu verkennen (ob in Ägypten wirklich Freiheit ausbricht und Demokratie entsteht, sei zu diesem Zeitpunkt dahingestellt) und uns einer Selbstanalyse zu unterziehen, die nicht einmal mehr dem Diskussionsniveau von notorischen Weltverbesserern angemessen ist. Wenn man auf Ägypten schaut und glaubt, aus den dortigen Ereignissen Lehren für die Demokratie in Deutschland ziehen zu können, dokumentiert man eigentlich nur, dass nicht verstanden wurde, was dort passiert – und dass man in Deutschland den Schuss nicht gehört hat. Die grundsätzlichen Fragen, die sich bei solchen Ereignissen immer wieder aufdrängen, können nur dann angemessen beantwortet werden, wenn man nicht aus der autistischen Perspektive des Westens, sondern mit der Bereitschaft, zunächst einmal die konkreten Hintergründe vor Ort zu verstehen, an Interpretationsversuche herangeht.

Entsprechend geht es mir in diesem Buch nicht darum, letzte Wahrheiten zu verkünden oder in typisch professoraler Manier ex cathedra zu erklären, wie gefälligst die Welt auszusehen hat oder wie sie zu verstehen sei. Nichts liegt mir ferner. Alles, was ich möchte, ist laut zu denken – und die Ergebnisse entsprechend aufzuschreiben. Ich versuche zu formulieren, was meine eigenen beruflichen Erfahrungen mich lehren. Sie bringen mich immer wieder in den Gedankenaustausch mit deutschen und europäischen Politikern und Intellektuellen, aber auch mit derselben Personengruppe aus anderen Teilen der Welt. Ich arbeite bei fast allem, was ich tue, an Schnittstellen – zwischen Regionen, Mentalitäten, Berufsgruppen, zwischen Entscheidungsträgern, Unternehmern, Politikern, Diplomaten und Journalisten. Ich möchte Sie als meine Leser teilhaben lassen an den unglaublich spannenden, aber auch komplizierten und herausfordernden Prozessen, aus denen neue Ideen entstehen, wenn intellektuelle Welten frontal aufeinandertreffen.

Ich bin fest überzeugt davon, dass unsere Fähigkeit, die Welt von morgen erfolgreich zu gestalten, ganz entscheidend davon abhängt, wie wir heute beginnen, über diese Welt nachzudenken. Deshalb werde ich zunächst ganz bewusst einen Blick zurückwerfen: Debatten um eine neue Weltordnung haben Konjunktur wie selten zuvor. Dabei ist eines unbestritten und offensichtlich: Die Welt sucht seit 1989/91 eine neue Ordnung. Ablauf und Ergebnis dieses Prozesses vermag heute noch niemand genau vorauszusagen. Aber die Lehren der Geschichte legen es nahe zu fragen, was in einer vergleichbaren historischen Situation in der Vergangenheit schiefgelaufen ist. Schauen wir zurück in die Zeit vor dem Ersten Weltkrieg. Es braucht nicht viel Fantasie, um die offensichtlichen Parallelen zu erkennen. Harald Schumann und Christiane Grefe fassen diese Beobachtungen der ersten Globalisierung in eindringlichen Worten so zusammen: »Eisenbahnnetze wurden ausgebaut, immer größere Handelsschiffe konstruiert, und Zigtausend Kilometer Telegrafenleitungen vernetzten die Weltmärkte. ... Im Jahr 1880 lagen weltweit erst knapp 370.000 Kilometer Bahnschienen, 1912 waren es mehr als eine Million. Im gleichen Zeitraum verdoppelte sich die Tonnage der Welthandelsflotte, und die Kapazität der unterseeischen Telefonkabel legte in 17 Jahren um 70 Prozent zu.«[4] Was vor dem Ersten Weltkrieg Eisenbahnlinien und Telegrafennetze waren, sind heute Flugverbindungen, Internet und Handy. Damals wie heute beschleunigten revolutionäre neue Technologien die globale Verbreitung der Marktwirtschaft. Was damals Autos, Filme, elektrisches Licht und Röntgenstrahlen waren, sind heute Elektronik, Internet und Nanotechnik. Heute repräsentieren Bill Gates (Microsoft) und Larry Page (Google) den Aufbau von Weltkonzernen aus Hinterhof-Werkstätten. Damals waren es Werner von Siemens, Robert Bosch und Thomas Edison.

Die Phase der Globalisierung 1.0 fand mit dem Ausbruch des Ersten Weltkrieges ein jähes Ende. Aber die eigentliche Warnung liegt in einem anderen Sachverhalt: Es dauerte sechs Jahrzehnte, bis der Welthandel im Jahre 1973, gemessen als Anteil an der weltweiten Wertschöpfung, wieder das Niveau erreichte, das er 1913 schon einmal erreicht hatte. Wer zurückblickt auf die Zeit vor 100 Jahren, sollte also gewarnt sein, dass vermeintlich sicher geglaubte Entwicklungen jederzeit abrupt zu Ende gehen können.

Deshalb wird dieses Buch zunächst zurückblicken auf das hinter uns liegende erste Jahrzehnt des neuen Jahrhunderts und die Fragen diskutieren, die sich für das kommende Jahrzehnt und darüber hinaus stellen:

1. Welche Auswirkungen haben die Schocks und Schreckensmeldungen, die uns in den vergangenen Jahren immer wieder auf dem falschen Fuß erwischt haben? Wie haben wir diese Entwicklungen intellektuell verarbeitet und welchen Lebenslügen ist der viel beschworene »Westen« dabei erlegen?
2. Welche Lehren lassen sich aus den Irrtümern des letzten Jahrzehnts ziehen und was bedeuten diese Lehren für die Politik des Westens in den kommenden Jahren?
3. Wie muss der Westen seinen (wohl unvermeidlichen) Abstieg so erfolgreich managen, dass Frieden und Wohlstand auf möglichst hohem Niveau für uns, aber auch für die aufsteigenden Nationen erhalten bleiben?

Nach den ersten zehn Jahren im neuen Jahrtausend und 20 Jahre nach dem »Sieg« im Kalten Krieg dürfen wir nicht die Augen vor der Tatsache verschließen, dass mit dem Sieg des Westens auch sein Abstieg begann. Die meisten werden das als Gefahr, als Verlust und nicht selten auch als Bedrohung empfinden. Unsicherheiten und Angst lassen sich mit

Abstiegen leicht verbinden. Aber vielleicht hilft uns ein anderes Bild, diese Entwicklungen besser zu verstehen und einzuordnen.

Jeder, der einmal einen Berg bestiegen hat, weiß, dass der erfolgreiche Extrembergsteiger Hans Kammerlander recht hatte, als er eines seiner Bücher mit dem Titel *Abstieg zum Erfolg* überschrieb. Eine einfache, wenn auch zunächst paradox klingende Einsicht. Erst wenn man sicher wieder unten ist vom Gipfel, hat man das Ziel erreicht. Davor gehört einem nicht der Berg, sondern man selbst gehört dem Berg – mit allen Risiken, die damit verbunden sind. Aufstiege sind immer mühsam. Aber die meisten Unfälle passieren beim Abstieg, wenn Müdigkeit und nachlassende Konzentration ihren Tribut fordern. Erfolgreich abzusteigen ist die eigentliche Kunst des Erfolgs. Und das nicht nur beim Bergsteigen.

Dennoch lässt es sich offensichtlich nur schwer vermitteln, dass Abstiege etwas mit Erfolg zu tun haben könnten. Unser Sprachgefühl empfindet eine solche Begriffskombination als Paradox. Ganz ähnlich reagieren gewählte Politiker. »Erfolgreicher Abstieg? – Das würde ich nie sagen!«, erklärte mir ein Bundestagsabgeordneter aus Baden-Württemberg. »Das geht doch gar nicht! Und wie soll ich das in meinem Wahlkreis erklären?« Parlamentarier können solche Paradoxa nicht gebrauchen, wenn sie wiedergewählt werden wollen (so glauben sie zumindest). Aber für die Suche nach einem besseren Verständnis für die gegenwärtigen Herausforderungen der internationalen Politik können sie hilfreich sein, um ausgetretene Pfade zu verlassen und vielleicht den Weg zu Neuland im Denken zu finden. Nun darf man gerade Metaphern nie überstrapazieren, weil immer die Gefahr der Übertreibung und der Fehleinschätzung droht. Erfolgreich ist ein Abstieg für Bergsteiger nur, wenn sie sicher unten im tiefen Tal angekommen sind. Darum geht es für den Westen nicht. In unserem Zusammenhang geht es nicht um totale, sondern um relative Abstiege. Bergsteiger wissen auch, dass man gerade bei kleineren und begehrten Gipfeln, die von vielen bestiegen werden, gut beraten ist, nach dem eigenen Gipfelerfolg ein Stück weit abzusteigen und ohne Streit mit den Nachdrängenden dort zu rasten, wo genügend Platz für alle ist. Versuchen wir es also mit der Frage, ob ein solchermaßen verstandener »Abstieg« in unseren Zusammenhang passt und welche Konsequenzen sich daraus ergeben.

Denn immerhin kann man ja auch ganz selbstbewusst fragen: Stehen wir im Westen nicht glänzend da mit unseren militärischen Potenzialen, unserer selbst nach der Wirtschafts- und Finanzkrise seit 2008 immer noch kaum gebrochenen Wirtschaftsstärke und unserer ständig wiederholten Selbstvergewisserung, die besten Werte von allen zu haben? Wieso sollten wir also überhaupt über Abstiege nachdenken?

Und was genau heißt eigentlich »Erfolg«? – außer genau diese Erfolgsbilanz des Westens aufrechtzuerhalten, sie vielleicht noch zu stärken, zumindest aber alles zu tun, damit alles so bleibt, wie es ist. Gibt es überhaupt Gründe zu zweifeln, dass die Dominanz des Westens im 21. Jahrhundert ungebrochen fortbestehen kann?

Ich will diese Position zunächst gar nicht grundsätzlich infrage stellen, wohl aber dazu beitragen, dass wir nicht vor lauter Selbstgefälligkeit über unsere Leistungen in der Vergangenheit in die Truthahn-Falle tappen.

Truthahn-Falle? Bei Nassim Taleb kann man diese lehrreiche, aber gar nicht lustige Geschichte nachlesen: »Wir wollen uns einen Truthahn vorstellen, der jeden Tag gefüttert wird. Jede einzelne Fütterung wird die Überzeugung des Vogels stärken, dass es die Grundregel des Lebens ist, jeden Tag von freundlichen Mitgliedern der menschlichen Rasse gefüttert zu werden, die ›dabei nur sein Wohl im Auge haben‹, wie ein Politiker sagen würde. Am Nachmittag des Mittwochs vorm Erntedankfest wird dem Truthahn dann etwas *Unerwartetes* widerfahren, und er wird seine Überzeugungen revidieren müssen.«[5]

Induktionsproblem nennen Wissenschaftstheoretiker so was. Andere sprechen vielleicht eher von Überraschungsschocks. Und wie das Beispiel des Truthahns zeigt: Solche Schocks können fatale Folgen haben.

Nach einem Jahrzehnt, in dem wir immer wieder solchen Schocks ausgesetzt waren – ein Ende ist nicht abzusehen –, ist der Befund eigentlich ganz einfach: Alles wird schneller, alles wird komplexer und alles kommt schneller anders, als wir erwartet haben. Beschleunigte Komplexität heißt die eigentliche Herausforderung unserer Zeit. Wenn das so stimmt, ist es eigentlich nur logisch, ein Umdenken, ein Denken in neuen Kategorien und Perspektiven zu fordern. Dass altes Denken nicht mehr funktioniert, ist uns mehrfach im größeren Kontext vor Augen geführt worden.

In der wissenschaftlichen Literatur sind die unterschiedlichsten Metaphern verwendet worden, um solche Situationen zu beschreiben und zu erklären. Für Taleb ist es der Truthahn oder auch der schwarze Schwan, für Joshua Cooper Ramo[6] ist es ein Sandhaufen, der durch das berühmte letzte Sandkorn plötzlich ins Rutschen kommt, und bei Barbara Tuchman heißt das gleiche Phänomen der Unkalkulierbarkeit von Handlung und Wirkung »Torheit der Regierenden«.[7] Allen Erklärungsversuchen gemeinsam ist die Einsicht – und das Eingeständnis: Berechenbarkeit und Voraussagemöglichkeiten gibt es nicht. Erfolg verspricht wohl nur eine Strategie, die auf einem Denken gegen den Strich und einer flexiblen Strategie der Anpassung an Unerwartetes beruht.

Das klingt gut, ist aber beileibe leichter gesagt als getan. Versuchen wir es einmal mit dieser Perspektive: Was steckt hinter dem Aufstieg der anderen und worum geht es beim erfolgreichen Abstieg des Westens zu Beginn des 21. Jahrhunderts? Eigentlich ganz einfach: Die Welt balanciert sich neu aus. Das bipolare Gleichgewicht des Kalten Krieges macht immer deutlicher einer multipolaren Ordnung Platz, in der die Gleichgewichte sich aber erst noch finden müssen, um Frieden und Wohlstand bewahren zu können. Die alten Schwergewichte verlieren an Bedeutung, neue kommen hinzu und fordern ihr Recht der Mitsprache und Mitentscheidung. Nichts daran ist wirklich neu. Der Aufstieg neuer Mächte ist ein völlig normales Phänomen der Weltpolitik. Katastrophen entstehen häufig nur dann, wenn die alten Mächte nicht bereit sind, friedlich und konstruktiv Platz zu machen und auch für sich eine neue Rolle jenseits der alten Dominanz zu finden. Das ist die eigentliche Aufgabe des Westens zu Beginn dieses Jahrtausends: Es geht nicht darum, den eigenen Machtanspruch zu sichern oder gar den Aufstieg weiterzubetreiben, sondern den eigenen Abstieg so zu bewerkstelligen, dass ein neues globales Gleichgewicht zum Nutzen aller entstehen kann. Positivsummenspiele statt Nullsummenspiele müssen das zentrale Ziel politischen Handelns sein. Nur dann hat die Welt eine Chance, den seit 1989 anhaltenden Neuordnungsprozess friedlich und erfolgreich gestalten zu können.

Also kann die Devise doch nur lauten: Innehalten, Handy und Internet abschalten, raus aus dem Schleudergang der Tageshektik, die schon morgen Schnee von gestern ist – und Nachdenken, besser noch: Neu denken! Das ist die eigentliche Aufgabe für all diejenigen, die in unserer beschleunigten Gesellschaft Verantwortung tragen und versuchen müssen, auf die genannten Fragen brauchbare Antworten zu finden.

In die Zukunft schauen kann niemand, aber nur wer über die Vergangenheit entsprechend nachgedacht hat, ist in der Lage, Künftiges vorauszudenken. Und wenn man dann noch gelegentlich den Mut finden könnte, das intellektuelle Abenteuer zu wagen, die lieb gewordenen eigenen Denkmuster kritisch zu hinterfragen, einmal zurückzutreten und bewusst die Perspektive zu wechseln – es wäre viel geholfen auf dem Weg zur Lösung unserer Probleme in einer immer komplexeren Welt.

Halten wir also fest: Mit dem vermeintlichen Sieg des Westens im Jahr 1989 begann auch sein Abstieg. Dies ist nichts, was Angst machen muss. Solche Prozesse sind in der Weltgeschichte immer wieder zu beobachten gewesen. Von Troja, Athen und Rom bis zu Großbritannien und der UdSSR kann man diesen Aufstieg neuer und den relativen Niedergang alter Mächte beobachten. Nicht immer sind diese Prozesse erfolgreich für alle verlaufen, häufig haben sie zu regelrechten Katastrophen geführt. Wie also der Abstieg des Westens erfolgreich zu managen ist, ist die Kardinalaufgabe von Politikern und Managern unserer Zeit. Dieser Debatte will sich dieses Buch widmen. Wer den sicherlich nicht einfachen Versuch wagt, die strategische Landschaft der Zukunft auszuleuchten, darf natürlich nicht für sich in Anspruch nehmen, allein selig machende Wahrheiten verkünden zu wollen oder zu können. Als Diskussionsangebot gemeint, als Kontrastfolie zur üblichen Politiksprache angelegt und mit diebischer Freude, die Dinge gegen den Strich zu bürsten geschrieben, will dieses Buch einen Beitrag leisten zu der immer wieder eingeforderten Grundsatzdebatte über eine strategische Standortbestimmung Deutschlands, Europas und des gesamten Westens.

Blicken wir also zunächst zurück auf das letzte Jahrzehnt und ziehen wir Bilanz über die Schreckensmeldungen, die uns seit der Jahrtausendwende immer wieder aufs Neue ereilt und unser Weltbild gründlich erschüttert haben.

2 GEPLATZTE TRÄUME

Der »Westen« nach einem Jahrzehnt des Schreckens

Alle sprachen 1989 vom »Sieg des Westens« im Kalten Krieg. Wer sich aus heutiger Sicht an die zum Teil heftigen und kontroversen Debatten zwischen den transatlantischen Partnern während des Ost-West-Konfliktes erinnert, ist vielleicht versucht, die Frage zu stellen, ob es den »Westen« jemals so gegeben hat, wie in unzähligen Reden und Publikationen behauptet wird. Eines zeichnet sich für einen nüchternen Beobachter trotz dieser Beschwörungsformeln immer deutlicher ab: Seit der Zeitenwende von 1989/91 hat der »Westen« aufgehört, als strategische Handlungseinheit zu existieren. Politische und strategische Perspektiven auf beiden Seiten des Atlantiks sind fundamental unterschiedlich. Das Fehlen einer gemeinsamen Bedrohungswahrnehmung wie noch zu Zeiten der Sowjetunion als gemeinsamen Gegner hat das Auseinanderdriften erheblich beschleunigt. Nur das Streben nach politischer Korrektheit oder schlichtes Verharren in den Denkmustern von gestern verbieten es, diese Tatsache offen auszusprechen. Die Sprache der Politik unterstellt eine Gemeinsamkeit, die mit den Wirklichkeiten transatlantischer Beziehungen nichts mehr zu tun hat. Die amerikanische Außenministerin Hillary Clinton vermag auf dieser Klaviatur perfekt zu spielen. Die strategische Partnerschaft zwischen den USA und Europa sei nie stärker gewesen als heute, verkündete sie in ihrer Rede auf der Münchner Sicherheitskonferenz 2011. Sie sei Eckpfeiler des amerikanischen Engagements in der Welt und Katalysator für globale Zusammenarbeit. Clinton wusste genau, zu wem sie sprach und was man von ihr erwartete. Das war genau die Botschaft, die die versammelte »euro-atlantische Sicherheitsgemeinschaft« alljährlich hören will. Eine Schmeichelattacke nach dem Motto: Im Westen nichts Neues.

Der »Westen« als Illusion

Schauen wir also einen Augenblick genauer hin, denn auch unsere Diskussion beginnt wie so oft mit Begrifflichkeiten: Auch ich verwende im Folgenden aus rein pragmatischen Formulierungsgründen immer wieder den Begriff »der Westen«, um die politische, strategische und Wertegemeinschaft der Staaten zu beschreiben, die sich aus den USA und Kanada auf der einen Seite des Atlantiks und den Mitgliedstaaten von EU und NATO auf der anderen Seite zusammensetzt. Natürlich haftet dem Begriff seit jeher etwas Plakatives an. Nach den Veränderungen seit 1989 kann man seine Berechtigung als deskriptive Kategorie und erst recht als konzeptionelle Größe infrage stellen. Mit wenigen Dingen konnte der in Europa ohnehin ungeliebte ehemalige amerikanische Verteidigungsminister Donald Rumsfeld die Europäer leichter auf die Palme bringen, als mit seiner Unterscheidung zwischen einem alten und neuen Europa. Länder wie Polen, Tschechien, Ungarn, Bulgarien und Rumänien, die man noch vor 20 Jahren als Mitgliedstaaten des Warschauer Paktes ganz selbstverständlich dem »Osten« zugeordnet hätte, haben neben anderen ihren Weg nach Westen gefunden. Sie sind voll integrierte Mitglieder von EU und NATO, den beiden Institutionen, die den »Westen« am deutlichsten verkörpern. Andere Länder, wie die Türkei, fristen ein heftig debattiertes Zwitterdasein. Immer häufiger hört und liest man Formulierungen, die den »Westen« als eine Gemeinschaft von Demokratien definieren, die ihre Zusammenarbeit auf eine gemeinsame Wertegrundlage stützen. Das viel strapazierte Stichwort der »transatlantischen Wertegemeinschaft« wird in diesem Zusammenhang gerne bemüht. Nun sind Werte allerdings durchaus flüchtige Gebilde. Gesellschaftliche Grundsatzdebatten in den USA etwa um die Rolle von Religion, Abtreibung und Gesundheitspolitik wären in Europa so nicht ohne Weiteres möglich. Sie würden in ihrer Rigorosität auf Unverständnis und Ablehnung stoßen. Bei allem Beharrungsvermögen können sich solche Wertedebatten gelegentlich auch sehr schnell verändern. Insofern kann man sich nicht ganz des Eindrucks erwehren, dass sie immer dann bemüht werden, wenn es auf der substanziellen Ebene der Politik, bei der Umsetzung gemeinsamer Interessen, kein Einvernehmen gibt. Somit zeigt der »Westen« schon auf dieser sehr grundlegenden Ebene ein bestenfalls uneinheitliches Auftreten.

Der Wegfall der gemeinsam empfundenen Bedrohung durch die Militärpotenziale von UdSSR und Warschauer Pakt hat Auflösungserscheinungen angestoßen, die derzeit immer noch politisch schöngeredet werden. Nehmen wir nur ein besonders markantes Beispiel: Während die alten Mitglieder von EU und NATO Russland nicht mehr wirklich als Bedrohung ansehen, sieht das in den Ländern des ehemaligen Warschauer Paktes aus historischen und politischen Gründen ganz anders aus. Die NATO als einer der institutionellen Kerne des Westens ist gespalten: Ihre neuen europäischen Mitglieder sind im Grundsatz transatlantisch, vor allem aber skeptisch gegenüber Russland eingestellt, ihre alten europäischen Mitglieder bleiben in unterschiedlicher Intensität transatlantisch und ihre Führungsmacht USA ist immer stärker global ausgerichtet. Durch die Auswirkungen der Globalisierung werden diese Trends der Verwischung und sogar Auflösung gemeinsamer Wertegrundlagen entsprechend beschleunigt.

Trotzdem kann man aber festhalten, dass sich der Begriff in der politischen Alltagssprache fest eingebürgert hat. Jeder weiß zumindest in etwa, was gemeint ist, wenn vom »Westen« die Rede ist. Auf Anführungszeichen werde ich deshalb im Folgenden verzichten. Mehr noch: In Reden und Texten, in politischen Grundsatzprogrammen und Koalitionsverträgen wird scheinbar endlos über die Neubegründung, den Wiederbeginn und die strategische Notwendigkeit der transatlantischen Zusammenarbeit als Synonym für den Westen diskutiert. Das politische Selbstverständnis großer Teile unserer außenpolitischen und strategischen Elite bezieht sich immer noch auf die Existenz des Westens als strategische Interessengemeinschaft, die auf der Grundlage gemeinsamer Werte handelt.

Wenn man nun aus der Perspektive des solchermaßen verstandenen Westens zurückblickt auf die vergangenen 20 Jahre, fällt es sicherlich nicht schwer, sich an die Träume der Jahre nach 1989 zu erinnern. Sie waren geprägt von der lange gehegten Hoffnung auf mehr Frieden, mehr Sicherheit, mehr Gerechtigkeit und mehr Wohlstand. Für den Westen und die Ordnungsmodelle, für die er stand, schien es keine Grenzen zu geben. Schließlich hatten sich Demokratie und Marktwirtschaft im Systemwettbewerb mit dem Kommunismus durchgesetzt. Sogar vom »Ende der Geschichte« haben wir geträumt. Doch diesem träumenden und siegestrunkenen Westen sollte ein böses Erwachen bevorstehen.

Die Träume von 1989

Im Rückblick auf die Jahre zwischen 1989 und 1991 war die Welt noch in Ordnung. Für einen kurzen historischen Moment haben wir nichts anderes erwartet als mehr Sicherheit und Frieden.

Als Politiker, der unmittelbar am Geschehen beteiligt war, erinnert sich Wolfgang Schäuble, damals Chef des Kanzleramtes und heutiger Bundesminister, sehr lebhaft: »Die Stimmung des Abends am 9. November 1989 erscheint aus dem Blickwinkel des Jahres 2003 (und erst recht 2011, E. S.) nahezu unwirklich und fremd. Die Freude, das Staunen, die Euphorie, das Unbegreifliche – ja, und eben auch dieses tief empfundene Gefühl des Glücks vor allem bei uns Deutschen: Es wirkt wie ein Ereignis aus grauer Vorzeit, aus einer längst vergangenen Epoche. Nicht allein in Deutschland, sondern weltweit machte sich die Hoffnung breit, dass nunmehr der Konflikt zwischen Ost und West, der sich in der unmenschlichen Berliner Mauer in Stein und Zement manifestiert hatte, zu einem friedlichen Ende gelangen würde. Mit diesem Ende des Kalten Krieges verknüpften Menschen auf der ganzen Welt hohe Erwartungen. In den Staaten und Völkern des Westens war man sich einig in der Zuversicht und der Überzeugung, dass das westliche Gesellschaftsmodell zum Vorbild einer freien, friedlichen und demokratischen Welt geworden war.«[8]

Heute erscheinen solche Einschätzungen fast unwirklich, aber auf jeden Fall euphorisch. Schon ein oberflächlicher Blick auf die Welt von heute zeigt überdeutlich, dass beispielsweise in Fragen globaler Sicherheit das genaue Gegenteil der Hoffnungen von damals eingetreten ist: Wir haben heute nicht weniger Kriege, wir haben mehr Kriege. Und wir haben festgestellt, dass der Ost-West-Konflikt – diese dramatische Konfrontation zwischen den USA und der UdSSR und ihren jeweiligen Partnern – in weiten Teilen der Welt eine dämpfende Wirkung in vielen Regionalkonflikten hatte. Und manches, was wir seither an kriegerischen Ausbrüchen mit zum Teil Hunderttausenden von Toten vor allem in Afrika und Asien erlebt haben, wäre zu Zeiten des Kalten Krieges so nicht möglich gewesen. Bei nüchterner Betrachtung bleibt nur die einfache Feststellung, dass die lieb gewordenen Denkmuster in unseren Köpfen nicht mehr funktionieren. Manches erscheint uns geradezu paradox. Wir haben zwar den Systemkonflikt des Kalten Krieges gewonnen – aber weniger Sicherheit erhalten.

Aber damit nicht genug. Wir haben natürlich auch davon geträumt, dass sich Demokratie und Marktwirtschaft weltweit durchsetzen werden oder doch zumindest kurz davor stehen, ihren endgültigen globalen Siegeszug anzutreten. Unter dem Eindruck des siegreich beendeten Ost-West-Konflikts schienen die goldenen Zeiten von Globalisierung und Wohlstand auszubrechen. Auch das war ein Irrtum, weil wir feststellen mussten, dass die Schere zwischen Arm und Reich weltweit weiter und schneller aufgeht als zuvor. Und spätestens seit der Finanzkrise von 2008, ausgelöst durch Spekulationen von US-Banken, ist die Attraktivität des westlichen Modells grundsätzlich infrage gestellt.

Und schließlich haben wir davon geträumt, dass multilaterale Zusammenarbeit die Welt nach der großen bipolaren Konfrontation prägen würde. Dass diese in den letzten 15 Jahren sehr viel effizienter geworden sei, kann man nach den Debatten um den Zweiten Golfkrieg und dem Scheitern des Klimagipfels in Kopenhagen im Dezember 2009 kaum noch behaupten. Die Leistungsfähigkeit der Vereinten Nationen hat nicht signifikant zugenommen. Und die Bereitschaft großer Nationalstaaten zur multilateralen Zusammenarbeit bleibt bestenfalls begrenzt. Ob es um ein Kyoto-Protokoll oder um einen Internationalen Strafgerichtshof, um Währungsstandards, Zusammenarbeit im Welthandel oder den nachhaltigen Schutz von Umwelt geht – nichts funktioniert in der Praxis so multilateral, wie wir es uns in der Theorie zurechtgelegt haben. Frustriert, aber zutreffend bringen es zwei deutsche Journalisten auf den Punkt: »Zehn weltumspannende Gipfeltreffen hat es seit November 2008 gegeben. So viel gemeinsames Suchen war selten, so viel globales Regieren nie. Man kann die Welt so sehen. Doch ehrlicher wäre eine andere Deutung. Danach haben die Regierungschefs in Kopenhagen versagt, in London und Pittsburgh schöne, aber wirkungslose Papiere geschrieben und in Genf ihre Handelsvertreter wie jedes Jahr palavern lassen – ohne Resultate. Mitnichten entsteht so eine neue globale Ordnung, in der Staaten gemeinsam die großen Probleme zu lösen versuchen. Stattdessen marschieren sie zurück in die ganz alte Welt: die des 19. Jahrhunderts, die der Nationalstaaten. Und in der betreiben alte und neue Mächte offener denn je pure Interessenpolitik, immer getrieben von den ganz eigenen ökonomischen Problemen. Globales Regieren? Außer Spesen nichts gewesen!«[9] Diese Kritik soll nicht darüber hinwegtäuschen, dass es gelegentlich auch Lichtblicke gibt. Der Gipfel von Cancún im November 2010 ist ein solches Beispiel. In buchstäblich letzter Minute haben sich die Delegierten des Klimagipfels auf einen Kompromiss verständigt, der eine Reihe von Klimaschutzmaßnahmen festschreibt, auf die sich die Staatengemeinschaft bislang nicht verständigen konnte. Grund zu übertriebener Euphorie ist das trotzdem nicht. Gerettet wurde zunächst nur der Prozess der Klimaverhandlungen unter dem Dach der UNO. Wie die konkreten Ergebnisse für eine tatsächliche und effiziente Bekämpfung des Klimawandels aussehen, bleibt wie immer abzuwarten. In Anbetracht vergangener Erfahrungen ist Skepsis mehr als angebracht.

Es bleibt unter dem Strich also nur eine ernüchternde Bilanz. All diese Träume, die unser Denken nach dem Ende des Ost-West-Konflikts so sehr bestimmt haben, sind im letzten Jahrzehnt regelrecht zerplatzt. Im zweiten Jahrzehnt nach dem Fall der Mauer kam alles anders, als wir es uns im ersten Jahrzehnt vorgestellt haben. Ein »höllisches Jahrzehnt« (»A Decade from Hell«[10]) nannte das amerikanische *Time Magazine* die letzten zehn Jahre und der *Spiegel* sekundierte mit der Titelschlagzeile »Das verlorene Jahrzehnt«[11]. Die Reaktionen, die wir im Westen in unseren öffentlichen Debatten gezeigt haben, waren von Schock und Verunsicherung, die entsprechenden Reaktionen zu einem guten Teil aber auch von blankem politischem Aktionismus geprägt, der im Rückblick wenig dazu beitrug, tatsächliche Abhilfe zu schaffen.

Ein kritischer Blick auf die wesentlichen Ereignisse des letzten Jahrzehnts zeigt, dass wir ein ums andere Mal auf dem falschen Fuß erwischt wurden. Im Rückblick waren es zwei Arten von Veränderungen, die jeweils zum gleichen Ergebnis geführt haben: Unerwartete Schockereignisse und schleichende Trends haben offensichtliche Machtverschiebungen nach sich gezogen. Noch sind wir nicht wirklich in der Lage, die Auswirkungen dieser Machtverschiebungen genau einzuschätzen. Das Erwachen aus den Träumen von 1989 wird begleitet von Ereignissen, die wie Paukenschläge zu echten Schockerlebnissen für den Westen wurden.

Schockwellen

Erinnern Sie sich noch an die ersten Tage des Irak-Krieges im März 2003? Ein neuer Ausdruck geisterte durch die internationale Medienlandschaft. Meist unübersetzt wurde er zum Mantra der Kriegsberichterstattung im CNN-Stil: »Shock and Awe« (Schock und Schreckensstarre). Mit diesem Begriff glaubte die Bush-Administration, ihre militärische Erfolgsstrategie zu Beginn des Irak-Krieges effektiv an internationale Medien verkaufen zu können. Mag sein, dass diese Strategie in den ersten Wochen des Krieges sogar funktioniert hat. Aber »Shock and Awe« hat längst eine zweite Bedeutung bekommen. So lässt sich natürlich auch beschreiben, was uns in den vergangenen zehn Jahren in schöner Regelmäßigkeit passiert ist: Fassungsloses Staunen, ja Entsetzen, wenn wieder einmal ein Ereignis über uns hereinbrach, das niemand so vorausgesehen hatte oder voraussehen wollte. Schockereignisse eben, wie sie den eingangs zitierten Truthahn in fataler Weise am Mittwoch vorm Erntedankfest ereilen.

Zweifellos nehmen in jeder Auflistung solcher Schocks *Terroranschläge* die Spitzenposition ein. Der 11. September 2001 wird als der entscheidende Tag für die Politik des vergangenen Jahrzehnts in die Annalen eingehen. Seitdem prägt er – stärker in den USA als in Europa – die Bedrohungswahrnehmung der westlichen Welt. Terror als Mittel der Politik war sicher nicht neu. Aber die Anschläge in New York und Washington haben die neue Qualität des internationalen Terrorismus offengelegt. Man braucht keine großen Militärapparate, wenn man die Supermacht USA angreifen will, sondern am Ende nur 19 Mann, vier Passagiermaschinen und fünf Teppichmesser, um die USA in einen Krieg zu zwingen, den sie nicht gewinnen können. Es sind nicht mehr die Spitzenrepräsentanten eines »feindlichen Systems«, die vernichtet werden sollen, sondern die Verbreitung von Massenhysterie. Die Schockwellen, die sich durch große Todeszahlen auslösen lassen, prägen den Terrorismus des frühen 21. Jahrhunderts. Wie ein roter Faden ziehen sich die Anschläge durch das gesamte Jahrzehnt: New York 2001, Bali und Moskau 2002, Madrid 2004, London 2005, Mumbai 2008. Und das waren nur die verheerendsten Anschläge, die uns in der Erinnerung haften bleiben. Die tatsächliche Zahl ist weit größer. Nach Angaben des National Counterterrorism Center in Washington lassen sich zwischen Januar 2000 und September 2009 weltweit insgesamt 63.192 Anschläge mit 92.378 Toten und 182.636 Verletzten verzeichnen.[12] Selbst wenn diese Zahlen kaum genau zu überprüfen sind, stehen sie doch für eine besorgniserregende quantitative Dimension der Auswirkungen des internationalen Terrorismus.

Im ersten Jahrzehnt des 21. Jahrhunderts sind Terroranschläge zu der zentralen Sicherheitsbedrohung des Westens und der Regierungen geworden, die mit westlichen Staaten zusammenarbeiten. Und sie nutzen immer das Schock- und Überraschungsmoment, um nicht nur ihre physische, sondern vor allem ihre psychologische Wirkung zu verstärken. Eine Politik der effektiven Bekämpfung von Terrorismus konnte indessen nicht entwickelt werden. Stattdessen schien das Motto zu lauten: Zerstört, was uns zu zerstören droht!

Frieden und hohe Erwartungen an »Friedensdividenden« wurden ad acta gelegt, denn Amerika unter Präsident Bush antwortete auf die Bedrohung durch internationalen Terrorismus mit einem Krieg. In der politischen Sprache der USA ist dies gar nicht so ungewöhnlich. In Amerika führt man gerne Krieg – gegen alles Mögliche: gegen soziale Ungerechtigkeit, gegen Krankheiten, gegen Drogen, gegen Rassenhass, gegen Arbeitslosigkeit, ja sogar gegen überzogene Staatsausgaben. Der »Krieg gegen den Terror« nahm allerdings sehr reale militärische Formen an. Die Taliban in Afghanistan wurden ebenso aus dem Amt gebombt wie zwei Jahre später Saddam Hussein im Irak. Aus 30.000 Fuß Höhe sind amerikanische Stealth-Bomber allem überlegen, was es gegenwärtig in den Arsenalen von Nationalstaaten an militärischen Kapazitäten gibt. Aber die Lehre der vergangenen zehn Jahre heißt auch: Die USA und ihre westlichen Verbündeten haben zum Teil militärisch eindrucksvoll die symmetrische Phase der Kriege gewonnen, wenn Armeen gegen Armeen kämpfen, wenn Gegner Adressen haben, wenn Regierungsgebäude, Truppenkonzentrationen und gelegentlich auch Unterschlupfe bekannt waren, die man in Zielaggregate eingeben konnte. Aber in der asymmetrischen Folgephase, wenn der Feind sein Gesicht verliert und unsichtbar wird, verlieren sie bis heute den Frieden: Mit Stealth-Bombern ist das eben nicht zu machen. Und die beste Militärtechnologie versagt, wo sinnvolle Aufbaumaßnahmen gefragt wären.

In Atem hielten uns aber nicht nur sicherheitspolitische Schocks. In ökonomischer Hinsicht begann das Jahrzehnt, wie es endete: mit einem veritablen *Börsencrash*. Das Platzen der Dotcom-Blase schickte die Börsen nach dem historischen Hoch des Dow Jones mit 11.723 Punkten im Jahr 2000 auf Talfahrt. Dasselbe passierte durch die Auswirkungen der Subprime-Krise in den USA seit 2008. Die Folge waren ein Beinahe-Kollaps des weltweiten Finanzsystems und eine globale Wirtschaftskrise, wie man sie seit 1929 nicht mehr gesehen hatte. Finanzderivate wurden zu ökonomischen Massenvernichtungswaffen. Geplatzte Spekulationsblasen wurden zum ökonomischen Leitmotiv des Jahrzehnts.

Aber damit nicht genug. Die Krise kommt in Wellen. Was mit einer Finanz- und Bankenkrise begann, konnte mit erheblichen staatlichen Unterstützungsleistungen buchstäblich im letzten Moment aufgefangen werden. Die Krise schwappte aber auch über auf die reale Wirtschaft und sorgte mit Umsatz- und Exporteinbrüchen für Schlagzeilen. Spektakuläre Pleiten hielten die Wirtschaft unter Dauerstress: Enron, Lehman Brothers, General Motors und Opel, Karstadt und Quelle. Sogar Staaten kamen ins Straucheln: Island, die Ukraine, selbst Dubai, das reiche und vor Selbstvertrauen strotzende Dubai, blieb nicht verschont. Und auch in der vermeintlich unerschütterlichen EU drohte Ungarn, Lettland und sogar Irland, Griechenland, Portugal und Spanien, Mitgliedsländern der Euro-Zone, der finanzielle Kollaps. Seither hält uns die Debatte um die Stabilität des Euro in Atem. In der andauernden Eurokrise könnte Griechenland zum Fanal für das Zerbrechen der Eurozone werden. Amerikanische Rating-Agenturen (Standard and Poor's, Moody's und Fitch) sind die wahren Machthaber dieser Tage. Sie entscheiden im wahrsten Sinne des Wortes über Wohl und Wehe ganzer Volkswirtschaften. Selbst die USA sind nicht mehr vor einer Herabstufung ihrer Kreditwürdigkeit sicher. Die Finanzkrise wurde bislang durch exzessive Staatsverschuldung eingedämmt. Überwunden ist sie noch lange nicht.

Allein in Deutschland ging die Wirtschaftsleistung im Jahr 2009 um rund fünf Prozent, so stark wie nie zuvor, zurück. Deutschland hat sich zwar im folgenden Jahr wieder schnell und beeindruckend erholt. Aber das gilt längst nicht für alle Mitgliedsländer der EU. Nach der Wirtschaftskrise folgt in vielen Ländern nun eine soziale Krise, die sich durch steigende Arbeitslosigkeit und erhebliche Verluste an Lebensqualität für die Betroffenen äußert. Die Demonstrationen in Griechenland gegen die Sparpolitik der eigenen Regierung sind nur Vorboten eines Protestes, der Demokratien in Anbetracht wirtschaftlichen Versagens an den Rand der inneren Stabilität drängt.

So weit können wir die unmittelbaren Folgen der Krise bereits absehen. Erst danach kommt allerdings der vielleicht entscheidende Teil der Krise – eine mentale Krise, in der uns klar werden wird, wie sehr die Gewichte von Wirtschaft und Politik sich zu unseren Lasten verschoben haben, selbst wenn unsere Ökonomien langsam wieder Fahrt aufnehmen und ihre Einbrüche überwinden können.

Nicht alles, was in diesem Jahrzehnt Schockwellen produzierte, war letztlich von Menschenhand gemacht. Eine Auflistung der Schockwellen wäre unvollständig ohne die Serie verheerender *Naturkatastrophen*, die das vergangene Jahrzehnt begleitet haben. Mehrere Hunderttausend Menschen verloren seit 2000 durch sie ihr Leben.

Die markantesten Beispiele werden uns noch lange in Erinnerung bleiben. Eine der traurigsten Schreckensmeldungen ging am zweiten Weihnachtstag 2004 um die Welt. Nach einem schweren Seebeben hatte ein Tsunami – das Wort japanischen Ursprungs gehörte ab sofort in den meisten Sprachen der Welt zum gebräuchlichen Wortschatz – große Teile der Küstengebiete Süd- und Südostasiens zerstört. Rund 220.000 Menschen verloren ihr Leben, darunter auch viele Touristen, die die Weihnachtstage in der Sonne hatten verbringen wollen.

Verheerende Erdbeben fanden immer wieder die Aufmerksamkeit der Medien, und sie zogen auch Wellen globaler Hilfsbereitschaft nach sich. Im Mai 2008 bebte in der südchinesischen Provinz Sichuan die Erde. 87.000 Menschen starben durch das dreiminütige Beben der Stärke 7,9 auf der Richter-Skala. Im Januar 2010 schließlich legte ein Erdbeben der Stärke 7,0 auf der Richter-Skala große Teile Haitis in Schutt und Asche. Die Zahl der Toten wurde nach einem Jahr auf 316.000 geschätzt. Der Staat Haiti hörte auf zu funktionieren, und notwendige Hilfsdienstleistungen konnten nur durch das Ausland bereitgestellt werden. Nach Angaben der UNO war dies die bislang verheerendste humanitäre Katastrophe in ihrer Geschichte.

In Myanmar (Burma) löste im Jahre 2008 die Weigerung der regierenden Militärjunta, internationale Hilfe nach dem Zyklon »Nargis« ins Land zu lassen, internationale Empörung aus. Rund 130.000 Menschen verloren ihr Leben. Immer wieder hielten schwere Wirbelstürme die Welt in Atem. Aber das Jahrzehnt hatte nicht nur für Entwicklungsländer, sondern auch für die Vormacht des Westens eine böse Überraschung parat. In den USA versank am 29. August 2005 die Stadt New Orleans in den Wassermassen. Hurrikan Katrina brachte 1.500 Menschen den Tod. Auf 100 Milliarden US-Dollar wird der Schaden geschätzt, den er innerhalb weniger Stunden anrichtete.

Am 11. März 2011 kam es noch schlimmer. Ein schweres Erdbeben der Stärke 9,0 auf der Richter-Skala erschütterte den Pazifikboden rund 400 Kilometer nordöstlich der japanischen Hauptstadt Tokio. Zu den Zerstörungen durch unmittelbare Erdbebeneinwirkung kamen die Verwüstungen eines Tsunami, der kurze Zeit später als Folge des Bebens weite Teile der Küste der japanischen Hauptinsel Honshu in Trümmer legte. Die eigentliche Katastrophe aber entwickelte sich in der schwer getroffenen Atomanlage von Fukushima, die die Welt für Wochen in Atem hielt. Zum zweiten Mal nach Tschernobyl im Jahre 1986 kam es zu Kernschmelzen in gleich mehreren der insgesamt sechs Atomreaktoren der Anlage. Dieses Mal waren es keine technischen Fehler und menschliches Versagen, sondern die Folgen einer Naturkatastrophe, die dazu führte, dass selbst ein technologisch so hoch entwickeltes Land wie Japan tage- und wochenlang hilflos mit ansehen musste, wie die Dinge scheinbar unaufhaltsam ihren Lauf nahmen. Bis heute ist nicht abzusehen, wie hoch die Zahl der Opfer genau sein wird, welche ökonomischen Folgeschäden das dicht besiedelte Japan bewältigen muss und wie viele Menschen an den Langzeitfolgen der Verstrahlung sterben werden. Die ökologischen Langzeitschäden sind derzeit noch gar nicht kalkulierbar. Der Schock des 11. März 2011 markiert das Ende eines dramatischen Jahrzehnts und veranschaulicht die von Menschenhand gemachten Megarisiken von Großtechnologien, deren Nutzen bekannt, aber deren Beherrschbarkeit nicht gegeben ist.

Dies darf nicht darüber hinwegtäuschen, dass in die Bilanz der Schockwellen des vergangenen Jahrzehnts auch solche gehören, an die wir uns fast schon gewöhnt zu haben scheinen. Die Veralltäglichung des Schreckens lässt allzu schnell übersehen, dass es sich um eine Vielzahl weiterer Risiken handelt, die jederzeit globale Konsequenzen nach sich ziehen können.

Am deutlichsten wird das bei der fortgesetzten Schreckensbilanz von HIV/Aids-Infektionen. An bestenfalls im Westen leicht sinkende Todeszahlen haben wir uns längst gewöhnt, wir registrieren sie nicht einmal mehr wirklich. Wer sich infiziert, ist selbst schuld, der Rest ist Sache der Medizin, sofern man diese bekommen und bezahlen kann. Aber wehe, wir könnten selbst betroffen sein. SARS, Vogelgrippe und Schweinegrippe lösten immer wieder Schockreaktionen aus, weil uns bewusst wurde, wie verletzlich eine globalisierte Weltgesellschaft durch drohende *Pandemien* ist. Wohl nicht ganz zu Unrecht warnen Kritiker, dass es nur eine Frage der Zeit sei, bis ein wirklich verheerender Virus die Welt und alle globalen Strukturen lahmlegen könnte. Noch ist das ein Schreckensgemälde, das sich perfekt für Horrorfilme im Stile Hollywoods eignet. Filme wie *Twelve Monkeys* malen gruselig und lüstern das Schreckensszenario der Auslöschung großer Teile der Menschheit durch ein unkontrollierbares biologisches Virus an die Wand. Wer während der SARS-Krise eine Reise absagen, ein Stipendium zurückgeben oder auch nur eine Urlaubsreise stornieren musste, bekam einen Vorgeschmack, dass Hollywood nicht immer so wirklichkeitsfern sein muss, wie es gelegentlich scheint, wenn man im bequemen Kinosessel sitzt.

Die genannten Ereignisse sind nur Beispiele, wenn man so will Symptome, für eine Reihe von Konsequenzen, die die eigentlichen Veränderungen dieses Jahrzehnts beschreiben. Die Aufmerksamkeit globaler Medien ist an Bilder gebunden. Nur was wir sehen, hat eine Chance, immer rigidere Selektionsmechanismen in unseren Medienredaktionen zu überstehen. Die Nachfrage nach Bildern wird aber nicht mehr nur durch Kamerateams, sondern mithilfe von privaten Video- und Handybildern auch aus den entlegensten Gebieten der Erde in Echtzeit befriedigt. Bildprägung, das Internet und die Privatisierung der Berichterstattung beschleunigen unseren Umgang mit Informationen. Sie beschreiben Ereignisse in größerem Detail, tragen aber zur abstumpfenden Hetze bei, mit der unsere Aufmerksamkeit fast tagtäglich auf neue Katastrophen gezogen wird.

Globale Betroffenheit ist nicht mehr nur ein Schlagwort. Wir haben gelernt, dass die Ursachen für Entwicklungen, die unser eigenes Leben unmittelbar betreffen, in Weltregionen liegen können, die wir vielleicht nur mit Mühe auf der Landkarte finden. Das Zusammenleben zwischen Mensch und Tier in Südostasien lässt Erreger entstehen, die unsere Lebensgewohnheiten verändern. Wir verbringen mehr Zeit an Flughäfen, um Sicherheitskontrollen über uns ergehen zu lassen, weil Terroristen in ihren Unterschlupfen in Afghanistan, Pakistan, Somalia oder dem Jemen Anschläge auf Verkehrsflugzeuge planen. Was selbst in entlegenen Weltregionen passiert, betrifft uns zunehmend und mit wachsender Geschwindigkeit.

Staatliche Kapazitäten reichen zur Bewältigung, schon gar zur Verhinderung von unerwarteten Schocks und Katastrophen nicht mehr aus. Selbst die USA waren beim Wirbelsturm über New Orleans über Tage und Wochen unfähig, notwendige Hilfsleistungen bereitzustellen oder sinnvoll zu koordinieren. Wie viel weniger können das die schwachen Staaten in anderen Teilen der Welt, die zudem in aller Regel noch häufiger mit solchen Entwicklungen umgehen müssen. Verstärkte internationale Zusammenarbeit zu fordern, ist zu einfach. Die Fähigkeit von Institutionen wie den Vereinten Nationen, die dafür eigentlich prädestiniert wären, hängt vom Willen zur Kooperation ihrer Mitgliedsländer ab. Interessenkonflikte und fehlende Kapazitäten sorgen immer wieder dafür, dass globale Koordination bestenfalls lückenhaft ist. Aber damit nicht genug.

Schleichende Trends

Zu den politischen und wirtschaftlichen Schocks und den verheerenden Naturkatastrophen kommen schleichende Trends, die vermehrt an Fahrt gewinnen. Einer dieser Trends sticht besonders hervor: Innovationen vor allem in der *Informations- und Kommunikationstechnologie* haben schon in den vergangenen Jahrzehnten zu den prägenden Faktoren von Veränderung gehört: PC, Internet und Handy – zumindest in den entwickelten Weltregionen gehören sie mittlerweile zur Normalausstattung für private und berufliche Kommunikation. Dahinter steckt ein einfacher Trend: Zugang zu Wissen ist die zentrale Voraussetzung für Innovation. Seit dem Mittelalter und der Erfindung des Buchdrucks war der Westen in dieser Frage durch seinen technologischen Vorsprung privilegiert. Jetzt ändert sich das radikal schnell. Das kreative Potenzial der nicht westlichen Welt wird mit hoher Geschwindigkeit aktiviert. »Wir werden im 21. Jahrhundert eine Explosion neuer Produkte und revolutionärer neuer Verfahren vor allem in den Bereichen Informations-, Nano- und Biotechnik erleben, die für einen neuen Nachfrageschub und weitere Wohlstandssteigerung sorgen«[13], prognostiziert die *Wirtschaftswoche*. Aber der Ursprung dieser Ideen wird nicht mehr von den satten Europäern, sondern von den bildungshungrigen Massen in Asien kommen.

Sollten die derzeitigen technologischen Entwicklungen ungebrochen weitergehen, wird die Menschheit erstmals in ihrer Geschichte in der Lage sein, ihren gesamten Pool an Kreativität und Intelligenz zu nutzen. Die Masse dieses Pools wird aber nicht mehr wie in der Vergangenheit westlich oder europäisch sein. Sie wird aus den Teilen der Welt kommen, die bis vor Kurzem noch durch den sogenannten »digital divide«, also den Informationsgraben zwischen entwickelter und unterentwickelter Welt, von der Teilhabe an globaler Kreativität abgeschnitten waren. Am erfolgreichsten werden diejenigen sein, die ihn am schnellsten überwinden.

Dass diese Prozesse nicht mehr ausschließlich westlich dominiert sein werden, mag manchem als Szenario schon bedrohlich genug erscheinen. Aber während Bildung und technologische Entwicklung die Welt näher zusammenbringen und neue Potenziale der Globalisierung freisetzen, lassen sich gleichzeitig auch gegenläufige Trends beobachten, die uns noch bedrohlicher erscheinen. Dies gilt vor allem für die zunehmende *religiöse Radikalisierung*. Trotz Aufklärung und Wissensvermehrung ist die Macht der Religion in vielen Teilen der Welt ungebrochen. Im vergangenen Jahrzehnt haben sich der Einfluss von Religion und ihre Wirkungsmacht in der internationalen Politik eher gesteigert als verringert. Zwischen den großen Weltreligionen droht vor allem der seit Jahrhunderten schwelende Grundsatzkonflikt zwischen Christentu m und Islam zum neuerlichen Fundamentalkonflikt zu werden. *Bibel* und *Koran* – »Betriebssysteme zweier Weltreligionen«[14], wie der *Spiegel* schreibt – stehen einander unversöhnlich, so scheint es, gegenüber. Während einige Stimmen in den Unruhen in Nordafrika zu Beginn des Jahres 2011 bereits die Geburtsstunde der Demokratie in der arabischen Welt erkennen wollten, ergab eine Umfrage unter ägyptischen Jugendlichen, dass für 96 Prozent von ihnen Religion in ihrer Wichtigkeit an erster Stelle stand. Trotz Twitter und Facebook zeigen religiöse Werte beachtliches Beharrungsvermögen und bilden so die Grundlage für religiöse Radikalisierung. Ob so westliche Erwartungen an Demokratisierung tatsächlich erfüllt werden können, sei dahingestellt. Die üblichen ökonomischen und strukturellen Voraussetzungen für eine erfolgreiche Demokratisierung fehlen in allen betroffenen arabischen Staaten.

Die Hoffnungen auf ein Ende des ideologischen Zeitalters haben sich nicht erfüllt. Sie sind der Befürchtung gewichen, nach dem Scheitern des kommunistischen Modells könnte der Islam der einzige massenwirksame Gegenentwurf zum westlichen Modell einer Gesellschaft werden. Und letztlich zählen bei diesem Wettbewerb der Religionen nicht nur Glaubensinhalte, sondern auch die Glaubensverbreitung. Während die Zahl der Muslime weltweit zunimmt, schrumpft der Anteil der Christen deutlich. Dieser Trend wird sich in den nächsten Jahren beschleunigt fortsetzen. Seit dem Jahr 1900 hat sich die Zahl der Christen aller Konfessionen immerhin rund vervierfacht, jedoch vor allem weil in Lateinamerika und Afrika die Zahl der Gläubigen von zehn Millionen auf 400 Millionen gestiegen ist. Die Dominanz der Europäer innerhalb des Christentums ist verloren gegangen. Die Zahl der Muslime ist aber im gleichen Zeitraum um das Siebenfache gestiegen.[15]

Daraus ergibt sich eine klare Konsequenz: Die Rückkehr der Religion[16] wird in ihrer weltpolitischen Bedeutung noch verstärkt durch die schnelle Verschiebung der *Alters- und Bevölkerungsstruktur*, die ideologisch, aber auch wirtschaftlich und sozial ihre Wirkung zu zeigen beginnt. Die Botschaft ist einfach und deutlich: Im Westen werden wir weniger und älter, die anderen sind jung und werden mehr. An einschüchternden Szenarien fehlt es nicht. Am Beispiel Deutschlands lässt sich dieser Trend eindrucksvoll verdeutlichen:»Seit dem Pillenknick in den 60er-Jahren ist die Geburtenrate in Deutschland von statistisch 2,6 auf 1,3 Kinder je Frau gesunken – um die Bevölkerung konstant zu halten, wären aber 2,1 Kinder nötig. Allein 2006 ist Deutschland um 130.000 Einwohner geschrumpft. Damit einher geht eine dramatische Alterung der Gesellschaft. Wenn ab 2015 die Babyboomer in Rente gehen, verschiebt sich das Verhältnis von Erwerbstätigen und Rentnern immer stärker: 2030 werden auf 100 Erwerbstätige rund 50 Ruheständler kommen, im Jahr 2050 sogar 60. Während die Zahl der unter 20-Jährigen bis dahin von 16 auf fünf Millionen schrumpft, klettert die Zahl der über 65-Jährigen von 16 auf 23 Millionen.«[17] Auffangen könnte man diese Entwicklung wohl nur durch erhebliche Zuwanderungsströme.

Dementsprechend werden *Migration und Integration* zu beherrschenden Themen der nächsten Jahrzehnte werden. Schon heute leben nach UN-Schätzungen rund 120 Millionen Menschen außerhalb ihres Geburtslandes. Es wird in wachsendem Maße Armutsflucht geben – Menschen verlassen ihre Heimat, weil sie vor Armut, Hunger, Umweltzerstörung oder Krankheiten fliehen. Gleichzeitig wird es immer mehr erfolgreiche Wanderer der Globalisierung geben. Die nach globalen Standards ausgebildete Elite, die hochflexibel in Bezug auf ihren Lebens- und Arbeitsort ist, wird von allen Nationen mit Jobangeboten, Aufstiegsmöglichkeiten und höheren Lebensstandards umworben. Die vermeintlichen Versager will keiner, weil niemand bereit ist, die Kosten für ihre Versorgung zu tragen.

Die reichen Länder werden versuchen, wie in der Vergangenheit gegen die Ärmeren Mauern und Zäune zu errichten. Aber durch Grenzen allein sind Menschen auf Dauer nicht aufzuhalten. Die USA und Europa werden verstärkt zu Zielregionen sowohl der Entwurzelten als auch der gut ausgebildeten Aufsteiger aus Drittländern in Asien, Afrika und Lateinamerika. Natürlich ist nicht auszuschließen, dass diese Zuwanderungsströme sich schon in absehbarer Zukunft auch auf die erfolgreichen nachholenden Ökonomien richten. Schlecht integrierte Zuwanderer schaffen jedoch in allen Zielländern allzu leicht Parallelgesellschaften, zwischen denen eine andere Hautfarbe, eine andere Kultur und eine andere Religion Sprengstoff für sozialen Frieden liefern.

Gleichzeitig stellen wir fest, dass zwei neue Trends auf den schon länger bekannten aufbauen und uns erst recht in Schwierigkeiten bringen: Bevölkerungs- und beschleunigtes Wirtschaftswachstum drohen die Ressourcen der Erde schneller zu erschöpfen, als wir ursprünglich ohnehin befürchten mussten. Ressourcen werden knapp und *Ressourcenkonflikte* immer wahrscheinlicher. Bei diesen Konflikten wird es nicht nur um Energie, um Erdöl und Erdgas gehen, sondern letztlich um alles, was die wachsende Weltbevölkerung in immer größerem Maße braucht. Ausreichend Trinkwasser, saubere Luft zum Atmen, unbelastete Böden, genügend Nahrung ... Der Wettlauf um diese strategischen Güter wird die internationale Politik der nächsten Jahrzehnte maßgeblich mitbestimmen. Wie wenig Einsicht und Kooperationsbereitschaft man von der viel beschworenen internationalen Staatengemeinschaft dann zu erwarten hat, wenn nationale Interessen aufeinanderprallen, zeigt sich in der Debatte um Klimaerwärmung und Klimaschutz.

Zumindest im Westen glauben wir begriffen zu haben, dass der schnell voranschreitende *Klimawandel* die Grundlagen menschlichen Lebens auf unserem Planeten nachhaltig gefährden könnte. Aber wie der gescheiterte Klimagipfel in Kopenhagen gezeigt hat, ist auch dies kein Automatismus. Wer die Unfähigkeit der Vereinten Nationen, die globalen Probleme der Gegenwart erfolgreich zu managen, in Augenschein nehmen möchte, hatte in den zwei Wochen vor Weihnachten

2009 in der dänischen Hauptstadt an Anschauungsmaterial keinen Mangel. Geopolitische Machtspiele und widerstreitende Interessen erzwangen minimale Formelkompromisse, die die meisten Beteiligten unzufrieden zurückließen. Während die verwundbaren Staaten regelrecht um Hilfe flehten, versuchte eine Koalition der Verhinderer, (angeführt von Venezuela, dem Sudan und Kuba) alles zu tun, um sowohl die Interessen der Erdölförderer als auch die vieler Entwicklungsländer durchzusetzen. Am Ende waren sie erfolgreich, weil es zwischen den USA und China keinen inhaltlichen Konsens gab. Wie China hatten Indien und Brasilien andere Interessen zu verteidigen. So wurde der Westen von aufsteigenden Ländern vorgeführt, die zeigen, dass sie ihre eigenen Interessen immer besser durchsetzen können – und dies auch mit wachsender Konsequenz und immer größerem Erfolg tun. In Kopenhagen waren die Verhinderer am erfolgreichsten. Und sie setzen ein deutliches Signal, dass die Auswirkungen von Schockwellen und die schleichenden Trends, die die internationale Politik in den vergangenen zehn Jahren geprägt haben, längst auch zu kaum noch übersehbaren Machtverschiebungen geführt haben.

Offensichtliche Machtverschiebungen

Nicht zuletzt die Ereignisse in Kopenhagen haben exemplarisch gezeigt, wie sich die Machtverhältnisse auf globaler Ebene zuungunsten des Westens verschoben haben. Mittlerweile pfeifen es die Spatzen von den Dächern: Der Aufstieg der sogenannten BRIC-Staaten (Brasilien, Russland, Indien, China) gehört zu den prägenden Phänomenen der Weltpolitik zu Beginn des 21. Jahrhunderts. China und Indien stellen schon heute mit 2,4 Milliarden Menschen rund 25 Prozent der Weltbevölkerung und tragen zwischen zehn und 20 Prozent zum weltweiten Wirtschaftswachstum bei. Tendenz: rasant steigend. Aber sie sind nicht die Einzigen, die nach wirtschaftlichem Aufschwung und weltpolitischem Einfluss streben. In ihrem Gefolge zeigen Länder wie Brasilien, Südafrika und vielleicht sogar die Staaten der Golfregion ähnliche Ambitionen. Schon jetzt spricht Goldman Sachs, Erfinder des BRIC-Kürzels, von den »nächsten elf«[18]. Zu strategischen Partnern des Westens werden all diese Staaten allerdings nicht zwangsläufig. Im Gegenteil: Allmählich führt kein Weg mehr an der Erkenntnis vorbei, dass die goldenen Zeiten des Westens, insbesondere Europas vorbei sind. Die Weltkarte justiert sich neu und aus der Perspektive Ost- und Südasiens liegt Europa eben am Rand. Der Heiligendamm-Prozess, begonnen auf dem G8-Gipfel 2007 in Deutschland, sollte der Beteiligung der Schwellenländer an künftigen Konferenzen eine größere Gewichtung geben und die Kooperation in einer größeren Gemeinschaft fördern. Ihren deutlichsten Ausdruck findet diese Entwicklung in der immer noch informellen Struktur, aber wachsenden Bedeutung der G20. Als Folge der Finanzkrise in Asien im Jahr 1999 zunächst auf der Ebene der Finanzminister entstanden, tragen die G20 nicht nur dem gestiegenen Einfluss der Schwellenländer Rechnung. Die G20 sollen vor allen Dingen gemeinsam eine Reform des Weltfinanzsystems voranbringen, um eine erneute Finanzkrise verhindern zu können.

Selbst die wirtschaftliche Leistungsfähigkeit des Westens steht nicht mehr außer Frage. Die Werte, die unser Verständnis von Wirtschaft und Politik prägen, sind durch die Finanzkrise erheblich beschädigt worden. Wenn Wachstumsstreben zu Gier und behauptete Leistung zur Farce wird, zerbröckelt auch die Attraktivität der Werte, die westliche Politiker so gerne wie ein Panier vor sich hertragen. Die *Imagekrise des Westens* lässt sich nicht mehr von der Hand weisen. Symbolisch stehen dafür die Namen Abu Ghraib und Guantánamo. Folter und die staatlich geduldete, wenn nicht sogar geförderte Verletzung von Menschenrechten vor allem durch die USA haben dem strahlenden Image westlicher Werte erheblichen Schaden zugefügt. Das hat allerdings auch damit zu tun, dass wir uns in unserem Sendungsbewusstsein selbst im Wege stehen. Der Grund ist ebenso einfach wie riskant: Werte sind letztlich nicht verhandelbar. Eine Politik, die sich zu ihrer Legitimation auf Werte gründet, ist es auch nicht. Es gibt folglich nur Gewinner und Verlierer – oder doppelte Standards, unter denen die Politik des Westens in den letzten Jahren in immer stärkerem Maße leidet.

Die so weit skizzierte »Bilanz des Schreckens« führt uns zu vier eigentlich einfachen Einsichten:

1. Wenn man wollte, könnte man die Geschichte der Menschheit als eine Geschichte von Jahrhunderten schreiben, in der jedes neue Jahrhundert mehr Menschenleben durch Krieg und Bürgerkrieg gefordert hat das vorangegangene. Das erste Jahrzehnt des 21. Jahrhunderts gibt wenig Anlass zu der freudigen Erwartung, dass es uns gelingt, im 21. Jahrhundert diesen Trend zu brechen. Verlässliche Zahlen sind natürlich schwer zu ermitteln. Aber Schätzungen der Zahl der Toten aus Konflikten und Kriegen seit 2000 lassen sich leicht auf mehrere Hunderttausend Tote hochrechnen – eine ernüchternde Bilanz für das vergangene Jahrzehnt und eine schwere Bürde für die kommenden Jahre.
2. Für Europa haben sich die Hoffnungen vom Silvesterabend 1999/2000 nicht erfüllt. Die EU ist so groß wie nie zuvor, hat es nur mit Mühe geschafft, ihre inneren Probleme zu lösen, und bleibt auf internationalem Parkett ein schwer zu durchschauender, häufig zerstrittener und wenig handlungsfähiger Akteur. Ob Europa in der multipolaren Welt der Zukunft tatsächlich ein wichtiger Pol sein wird, wird mittlerweile von strategischen Eliten in fast allen Teilen der Welt, einschließlich der USA, mit einem Fragezeichen versehen.
3. Ähnlich problematisch sieht die Bilanz für die westliche Führungsmacht USA aus. Am Anfang des Jahrzehnts standen die USA auf dem Gipfel ihrer politischen, wirtschaftlichen und militärischen Macht, eine »Supermacht« wie aus dem Lehrbuch. Sie verfügten über erhebliche Haushaltsüberschüsse und hatten militärisch wie moralisch zwei Kriege gegen den Irak und auf dem Balkan gewonnen. Das Trauma von Vietnam schien vergessen. Amerikas »unilateraler Moment« wurde gefeiert. Ganz anders am Ende des Jahrzehnts. Ein explodierendes Haushaltsdefizit und eine von Amerika ausgehende Weltwirtschaftskrise, ein folgenreicher Terroranschlag und das kollektive Gefühl von Ver-

letzlichkeit, problematische militärische Engagements in Afghanistan und dem Irak und ein Image in anderen Teilen der Welt, das wohl nie schlechter war, bestimmen das Bild von Amerika. Es stellt sich für viele die bange Frage: Ist das der Anfang vom Ende amerikanischer Vorherrschaft oder kommen die USA zurück?

4. Aber wo Schatten ist, ist eben auch Licht. Würde man das vergangene Jahrzehnt aus der Sicht der Schwellenländer betrachten, sähe die Bilanz ganz anders und viel positiver aus. Ihr ökonomischer Aufstieg ist sprichwörtlich, und mit Eifer und zunehmendem Selbstbewusstsein gehen sie daran, ihre ökonomische in politische Macht zu übersetzen. Der gescheiterte Klimagipfel in Kopenhagen war ein eindrucksvoller Beleg für diese Entwicklung. »China diktiert der Welt seine Bedingungen« lautete die Titelschlagzeile der *Financial Times Deutschland* am 21. Dezember 2009. Ohne die Schwellenländer läuft schon heute nichts mehr. Und dieser Trend wird sich weiter verschärfen. Für Horrorszenarien taugt er trotzdem nicht. Nach wie vor gilt, dass wir im Westen ökonomisch vom Aufstieg der anderen profitieren – auch wenn wir noch keine guten Antworten auf die Frage haben, wie wir unseren Umgang mit diesem Aufstieg managen müssen.

Alles in allem eine zutiefst besorgniserregende Bilanz für den Westen. Nun könnte man natürlich einwenden: Warum nicht einfach abhaken, vergessen, Schwamm drüber? Dieses Jahrzehnt der Schrecken ist zu Ende. Das nächste wird schon wieder besser werden. Gegen einen solchen Optimismus ist wenig einzuwenden. Leider sprechen nur wenige Anzeichen dafür, dass er ohne Weiteres eine echte Berechtigung hat. Die Geschwindigkeit, mit der immer neue Ereignisse unsere Aufmerksamkeit in Anspruch nehmen, verhindert, dass wir überhaupt noch die Chance bekommen, einmal über das Wesentliche nachzudenken. Umbrüche, die sich früher über Generationen hinzogen, sind heute in wenigen Jahren technologisch, ökonomisch und sozial zu bewältigen. Die großen Trends und die sie treibenden Ereignisse sind immer schwerer zu durchschauen und einzuordnen. Umkehren lassen sie sich schon gar nicht. Es liegt also nahe zu fragen, wie wir diese Ereignisse in der jeweiligen Situation interpretiert haben? Was haben wir wahrgenommen, kommentiert und geglaubt, gelernt zu haben? Die großen Debatten des vergangenen Jahrzehnts zeichnen ein höchst ernüchterndes oder, wenn man so will, zutiefst irritierendes Bild von der Art, wie wir versuchen, uns in der Welt des frühen 21. Jahrhunderts zurechtzufinden.

DIE THESEN IM ÜBERBLICK:

Der »Westen« als politisch-strategische Einheit existiert nicht mehr. Er bleibt nur sprachlich als Sammelbegriff und gelegentlich als Bezugspunkt strategischer Debatten relevant.

Die Träume von 1989 waren getragen von der Euphorie über den Sieg der USA und ihrer Verbündeten im Kalten Krieg. Den Realitätstest der letzten 20 Jahre haben diese Träume nicht bestanden.

Das erste Jahrzehnt des 21. Jahrhunderts war für die USA und Europa ein Jahrzehnt des Schreckens im schlimmsten Sinne des Wortes. Gleich serienweise erschütterten Schockwellen das Selbstbewusstsein des Westens und stellten seine Reaktionsfähigkeit auf eine harte Probe.

Zu den Schocks durch unerwartete Katastrophen kamen schleichende Trends, die sich in ihrer Wirkung zu einer unverkennbaren Verschiebung der globalen Machtbalance verbunden haben.

Diese Machtverschiebung vollzieht sich schneller als gedacht und wird in ihren unmittelbaren Auswirkungen von den politischen Eliten des Westens deutlich unterschätzt.

3 MAUERN IM KOPF

Die ewige Torheit der Regierenden

Fragen wir uns zunächst, was wir aus unseren bisherigen Überlegungen festhalten können. Wir haben zurückgeschaut auf die letzten 20 Jahre Weltpolitik und festgestellt, dass das vergangene Jahrzehnt eine deutliche Bilanz des Schreckens für den Westen aufweist. Und wir haben erkannt, dass unsere Fähigkeit, mit diesen Schocks umzugehen, ausgesprochen begrenzt ist. Also müssen wir uns die Frage stellen, woher Erklärung und – im Idealfall – Hilfe und Orientierung kommen können. An Warnungen hat es beileibe nicht gefehlt.

Europäer lieben es, chinesische Sprichwörter zu zitieren, wenn sie zu solchen Fragen grundsätzliche philosophische Weisheiten zu Markte tragen wollen. Eine solche Weisheit ist in einem chinesischen Fluch versteckt: »Ich wünsche dir, dass du in interessanten Zeiten leben mögest!« In interessanten Zeiten zu leben bedeutet, dass dieser Fluch sich manifestiert. Wir leben seit der Zeitenwende von 1989 und erst recht seit Beginn des ersten Jahrzehnts im neuen Jahrtausend ohne Zweifel in solchen interessanten Zeiten. Der Fluch scheint uns einzuholen. Vertraute Bezugspunkte, lieb gewordene Feindbilder, das alles ist uns verloren gegangen. Panta rhei – alles fließt. Gewiss ist nur das Ungewisse. Und das bereitet uns Sorgen, weil wir doch im Grunde unserer Herzen nach nichts mehr streben als nach Gewissheiten, verlässlichen Strukturen und vertrauten Prozessen. Politik funktioniert am besten mit dem sicheren Gefühl, alles, was uns bedrückt, unter Kontrolle zu haben. Von lieb gewordenen Gewohnheiten und Denkmustern, insbesondere wenn sie schon einmal in der Vergangenheit erfolgreich waren, nehmen wir nur ungern und oft zu spät Abschied.

Wer nun glaubt, bei der Diskussion des relativen Auf- und Abstiegs von neuen und alten Mächten auf eine der wichtigsten Herausforderungen des Westens gestoßen zu sein, hat einerseits wohl recht. Er sollte andererseits aber nicht vergessen, dass die Frage selbst alles andere als neu ist. Sie begleitete die politisch-strategischen Debatten zu allen Zeiten. Man kann auf das gewaltige Werk Paul Kennedys verweisen, der auf 500 Seiten den Aufstieg und Niedergang großer Mächte zwischen 1500 und 2000 vergleicht.[19] Man kann aber auch bei Theodor Fontane nachschlagen, der im 14. Kapitel seines *Stechlin* eine Formulierung gewählt hat, die solche Fragen unabhängig von Ort und Zeit beschreibt: »Das moderne Leben räumt erbarmungslos mit all dem Überkommenen auf. Ob es glückt, ein Nilreich aufzurichten, ob Japan ein England im Stillen Ozean wird, ob China mit seinen 400 Millionen aus dem Schlaf aufwacht und, seine Hand erhebend, uns und der Welt zuruft: ›Hier bin ich!‹ ... das alles fällt ganz anders ins Gewicht als die Frage Quirinal oder Vatikan. Es hat sich überlebt und anstaunenswert ist nur das eine, dass es überhaupt noch so weitergeht. Das ist der Wunder größtes.« Befreit von den unmittelbaren Zeitbezügen könnten diese Sätze, geschrieben zwischen 1885 und 1887, doch wohl sehr treffend die heutige internationale Politik beschreiben. Déjà-vu, aber unter völlig neuen Rahmenbedingungen.

Wenn es allzu »interessant« wird, fliehen wir gerne auf der Suche nach Orientierung in die Geschichte. Dort, so scheint es, lassen sich noch am ehesten historische Erfahrungen in Lösungsmuster übersetzen, die Anhaltspunkte für das Verständnis von Veränderungen liefern, aber auch Wege zur Wiedergewinnung von Stabilität aufzeigen.

Auch wenn Geschichte sich nicht wiederholt, kann man doch aus ihr lernen. Zum Beispiel über den Umgang mit Informationen, über deren falsche Interpretationen und nicht zuletzt über die Fehler, die daraus entstanden sind, und häufig Grundlage für politische Katastrophen waren. 20 Jahre haben wir nun versucht, die veränderte Welt, in der wir leben, zu verstehen und zu begreifen, welche Triebkräfte für die Veränderungen verantwortlich sind, die uns so zu schaffen machen. Wirklich erfolgreich waren wir nicht. Deshalb kann uns vielleicht eine Metapher weiterhelfen.

Es bietet sich an, das »Trojanische Pferd« aus dem Epos von Homer zu bemühen. Es steht als Symbol für die in der Geschichte immer wieder beobachtbare und zuweilen kaum erklärbare »Torheit der Regierenden«. In dem gleichnamigen Buch der amerikanischen Historikerin Barbara Tuchman[20] dient es auch als Anfangssymbol für immer wiederkehrende Muster katastrophaler politischer Fehlentscheidungen.

Torheiten damals und heute

Barbara Tuchman stellt in einer historischen Vergleichsperspektive sich wiederholende und höchst irritierende Fehler im Entscheidungsverhalten politischer Eliten fest. Also formuliert sie eine Frage, die sie aus der Geschichte entwickelt, die aber heute nichts an Aktualität und Brisanz eingebüßt hat. Diese Frage lautet: Warum tun Regierende immer wieder Dinge, die nicht nur ihren Interessen zuwiderlaufen, sondern am Ende dazu führen, dass sie insgesamt scheitern und zugrunde gehen?

Die erste Torheit, die sie beschreibt, ist die der Trojaner, wider besseres Wissen besagtes Pferd in ihre Stadt zu ziehen. Aber solche Torheiten finden sich eben nicht nur in mythischer Vorzeit. Im Gegenteil: Die Geschichte ist voll davon: Warum beharrten mehrere britische Regierungen unter Georg III. nacheinander darauf, mit amerikanischen Kolonien keine Kompromisse und Kooperationen einzugehen, sondern konfrontatorisch zu verfahren, mit dem Ergebnis, diese Kolonien zu verlieren? Warum ließen sich Karl XII. von Schweden, Napoleon und Hitler auf eine Invasion Russlands ein, obwohl die Versuche der Vorgänger immer in einer Katastrophe geendet waren? Warum weigerte sich Chiang Kai-shek in China nach dem Zweiten Weltkrieg, den warnenden Stimmen der Reformer Gehör zu schenken und auf diese Weise das Festland zu verlieren? Und was hat die amerikanischen Regierungen in den 60er-Jahren bewogen, einen Krieg in Vietnam zu führen, der nicht zu gewinnen war und bis heute ein nationales Trauma darstellt? Die gleiche Frage kann man für die in der Geschichte wiederholt gescheiterten Versuche, Afghanistan zu besetzen, stellen. Der letzte, diesmal unter Führung der USA, ist immer noch im Scheitern begriffen. Man wird ihn auch nicht mehr zum Erfolg schönreden können. Auch die USA tun in ihrem selbst erklärten Krieg gegen den Terror das, was sie immer getan haben. Sie projizieren ihre Macht mithilfe ihrer Armee, ohne wirklich abschätzen zu können, wie lange ein solcher Einsatz dauern, mit welchen Kosten er verbunden sein wird – und erst recht, mit welchem Erfolg zu rechnen ist.

Wir haben es aber keineswegs nur mit einem historisch interessanten Phänomen zu tun. Die Torheit der Regierenden besteht auch heute darin, Vertrautes zu tun, also das zu tun, was gestern und vorgestern immer richtig war, und damit an einer ganz bestimmten Stelle ungewollt die Katastrophe auszulösen.

Die gegenwärtige Weltpolitik ist voll von ähnlich brisanten Beispielen: Michail Gorbatschow lieferte ein solches Beispiel. Er formuliert in seinem Buch *Perestroika*, von dem die meisten im Westen zwar ein Buchklub-Exemplar besitzen, aber nie mehr gelesen haben als den Titel, sein Konzept zur Stärkung des Sozialismus. Von dessen Abschaffung oder gar dem Zerfall der Sowjetunion war dort keine Rede. Selbst für oberflächliche Leser drückt er sich unmissverständlich aus: »Nicht außerhalb, sondern innerhalb des Sozialismus suchen wir nach Antworten auf die Fragen, die sich uns stellen. Wir beurteilen unsere Erfolge wie auch unsere Fehler nach sozialistischen Maßstäben. Diejenigen, die hoffen, dass wir von unserem sozialistischen Weg abweichen, werden bitter enttäuscht sein. ... Wir werden uns weiter auf einen besseren Sozialismus zubewegen, und nicht von ihm weg. Wir sagen das in aller Aufrichtigkeit und nicht, um unser Volk oder die Welt zu täuschen. Jede Hoffnung, wir würden eine andere, nicht sozialistische Gesellschaft anstreben und ins andere Lager umschwenken, ist unrealistisch und zwecklos.«[21] Deutlicher kann man es kaum ausdrücken. Gemessen an seinen eigenen Zielen hat Gorbatschow das Notwendige erkannt, vielleicht sogar das Erforderliche (nämlich Reformen) in Angriff genommen – und doch ist er am Ende kläglich gescheitert. Als Held wird er nur im Westen gefeiert, und das mit gutem Grund. In seinem eigenen Land gilt er als Versager, der die einst ruhmreiche Sowjetunion in den Ruin hat treiben lassen.

Saddam Hussein ist ein weiteres Beispiel aus der jüngsten Vergangenheit. Er hat konsequent nach einer Strategie gehandelt, die für ihn immer erfolgreich war. Er hat sich über Jahre erfolgreich dem Druck der Vereinten Nationen entzogen und nicht damit gerechnet, dass der Sohn den Vater »rächt« und die USA es ernst meinen könnten mit seiner Verdrängung von der Macht. Am Ende wurde der einst stolze Diktator verdreckt aus einem Erdloch gezogen, zur Schau gestellt und hingerichtet.

Aber es geht noch weiter und betrifft auch Entwicklungen, die auf den ersten Blick gar nicht kritisch oder katastrophal erscheinen: Die EU hat im Jahre 2004 etwas getan, was sie schon öfter getan hat: Sie hat sich erweitert, ohne den Integrationsprozess nennenswert vorangebracht zu haben. Die Folgen der Überdehnung werden heute fast täglich in den Nachrichten schon als Selbstverständlichkeit diskutiert. Warum hält die amerikanische Wirtschaft an dem Postulat von Wachstum fest, wo Debatten über die Grenzen des Wachstums längst zur Tagesordnung gehören? Und warum kommt ein amerikanischer Präsident auf die Idee, mithilfe seiner Truppen, die sich zwischenzeitlich auch schon einmal als Folterknechte der Demokratie erwiesen, Demokratie in den Irak bringen zu wollen? Wichtige Lektionen der Vergangenheit sind hier in Vergessenheit geraten. Im Jahre 1956 hatte die damalige US-Regierung das genaue Gegenteil von George W. Bush jr. getan, nämlich die beiden damals noch als solche angesehenen Großmächte Frankreich und Großbritannien davon abgehalten, mit der Besetzung von Ägypten im Rahmen der Suez-Krise in ähnlicher Weise zu scheitern, wie sie es heute in Afghanistan und dem Irak tut. Selbst in der Vergangenheit erfolgreiche Verhaltensmuster sind heute wieder in Vergessenheit geraten, auch wenn das Beispiel des Truthahns uns lehrt, dass sie nicht mehr automatisch funktionieren müssen. Regierungen sollten fähig sein zu entscheiden, welche Erfolgsmuster aus der Vergangenheit heute noch Gültigkeit haben können. Stattdessen verhalten sie sich in den meisten Fällen so, wie sie es gelernt haben, und verlassen sich unreflektiert auf die Richtigkeit ihres Handelns. Am Ende kommen gelegentlich Katastrophen heraus. Warum tun Regierende so etwas? Und warum schaffen es auch Staatsmänner (und -frauen) vermeintlich stabiler Systeme nicht, die Überlebensfähigkeit dieser Systeme zu sichern, obwohl sie eigentlich etwas tun, was sonst immer funktioniert hat?

Was ist der eigentlich tiefere Sinn hinter der Torheit der Regierenden – das vermeintlich Richtige zu tun, und am Ende vor den Scherben der eigenen Politik zu stehen? Vordergründig betrachtet besteht die Torheit der Regierenden in der Blindheit gegenüber Katastrophen. Zugegeben – nicht jede Katastrophe ist vorhersehbar und in ihren Auswirkungen exakt kalkulierbar. Es sind häufig gerade die winzigen und zunächst unscheinbaren Ereignisse, die gewaltige und katastrophale Folgen nach sich ziehen können. Die Ereignisse in der arabischen Welt Anfang 2011 sind hierfür besonders einleuchtende Beispiele. Aber manche der Katastrophen, die wellenartig immer wieder über uns hinwegziehen, wären schon deutlich besser kalkulier- und damit auch handhabbar, wenn die Bereitschaft bestünde, alles, was vermeintlich unverbrüchlich ist, kritisch zu hinterfragen. Vielleicht muss diese Bereitschaft sogar so weit gehen, alle Glaubenssätze unserer Zeit bewusst ins Gegenteil zu verkehren, um sicherzustellen, dass die Fallen, die Überraschungsschocks so verheerend machen, nicht übersehen werden.

Die Torheit der Regierenden besteht zum Zweiten im falschen, zumindest aber problematischen Umgang mit Informationen. Hier liegt die eigentliche Wurzel der meisten politischen Fehlentscheidungen. Nicht verfügbare Informationen sind hier ebenso als Fehlerquelle festzustellen wie der Rückgriff auf falsche Informationen. Selbst beim Vorhandensein ausreichender Informationen kann ihre fehlerhafte Interpretation genauso in die Katastrophe führen wie die Folgen von Informationsüberlastung. Dies droht insbesondere dann, wenn sie sich mit der Unfähigkeit verbinden, entscheidungsrelevante Aspekte aus einem Wust an Informationen so herauszufiltern, dass der sprichwörtliche Mielke-Effekt, wie er in der Spätphase der DDR zu beobachten war, vermieden werden kann. Alle Informationen zu haben, heißt eben nicht automatisch, sie auch zielführend und effizient nutzen zu können. Gerade unter den gegenwärtigen Bedingungen beständiger technologisch getriebener Beschleunigung wird Informationsmanagement zu einer der Kernanforderungen an stabilitäts- und effizienzorientiertes Regierungshandeln.

Dieses Phänomen beschleunigter Komplexität birgt die eigentliche Gefahr für Fehlentscheidungen bei immer kleiner werdenden zeitlichen Entscheidungsspielräumen. Wirklich neu ist auch das nicht, aber dank Internet, E-Mail und Mobilfunk sind diese Entscheidungsspielräume heute praktisch auf null gesunken. Dass solche Situationen zeitlicher Informationsüberlastung schnell in die Katastrophe führen können, belegt eine häufig übersehene Deutung der Verkettung von Umständen und Entscheidungen, die zum Ausbruch des Ersten Weltkrieges geführt haben: »Hinterher beklagten Staatsmänner des Ersten Weltkrieges, dass der Krieg hätte vermieden werden können, wenn die Kommunikation in den Tagen vor der ersten Mobilmachung nicht per Fernschreiben geführt worden wäre. Das Problem, so sagten sie, war, dass keiner der Könige oder Außenminister in Europa sich an die Informationsgeschwindigkeit gewöhnt hatte und auch an die Quantität, die verfügbar wurde, als Telegrafen Briefe ersetzten. Und in ihrer Konfusion hatten sie das Gefühl, in der (damals atemberaubenden) Geschwindigkeit einer Telegrafenmaschine handeln und entscheiden zu müssen. Es zerstörte ihr Urteilsvermögen.«[22] Der Ausbau von Telefonverbindungen trug zusätzlich zur Beschleunigung bei. Aus heutiger Sicht war das aber noch Kommunikation im Schneckentempo. Der Gewöhnungseffekt handelnder Politiker und ihrer Berater an solche Herausforderungen lässt sich praktisch nicht kontrollieren und prognostizieren. Unter Zeit- und Entscheidungsdruck passieren manchmal die schlimmsten Fehler. Wer sich noch erinnert, selbst handschriftliche Briefe verfasst zu haben, wird das Gefühl des Nachdenkens und sorgfältigen Formulierens, vielleicht auch das Innehalten vor dem Zukleben eines Kuverts noch kennen. In kritischen Situationen und bei sensitiven Inhalten kann eine solche zeitliche Verzögerung den Effekt von Schadensvermeidung, zumindest aber von Schadensbegrenzung haben. Im SMS- und E-Mail-Stil sind solche Phasen des Nachdenkens aus der Mode gekommen. Der Klick auf die Return-Taste ersetzt den Gang zum Briefkasten. Tempo allein zählt. Aber Kommunikation wird nicht dadurch besser, dass sie schneller wird.

Die Torheit der Regierenden besteht schließlich aber auch in dem Glauben an Masterpläne, an Beschlusslagen und Strategiepapiere, die geschrieben werden, um künftig vermeintlich richtiges Handeln vorzugeben. Beispiele für solche Ideen gibt es zur Genüge: Der Traum vom Sozialismus, eine funktionierende, friedliche und gerechte Weltordnung durch Völkerbund oder Vereinte Nationen, ja sogar die Hoffnungen auf weltweite Demokratisierung nach 1989 gehören in diese Kategorie. Es macht wenig Sinn, mit festgelegten Mustern über die Weltordnung von morgen nachzudenken. Zu viele »schwarze Schwäne« verhindern mit fast verlässlicher Sicherheit, dass die Dinge am Ende so kommen, wie sie am Anfang gedacht wurden. Wer in unserer schnelllebigen Zeit mit solchen Masterplänen aufwartet, muss entweder lernen, diese rechtzeitig über Bord zu werfen, oder er wird mit ihnen scheitern. Am Ende verhindert das Festhalten an den Ideen der Vergangenheit zudem, dass flexible neue Antworten gefunden werden können, die im negativen Fall Katastrophen verhindern und im positiven Fall Zukunft gestalten helfen.

Blicken wir noch einmal kurz zurück: Es begann alles mit der festen Überzeugung in vielen Köpfen nach dem Fall der Mauer und dem Zusammenbruch des kommunistischen Lagers: Wir haben den Kalten Krieg gewonnen und jetzt ist der Friede sicherer! Jetzt werden wir weniger Kriege haben! Von Friedensdividenden haben wir geredet und gehofft, wir könnten unsere Staatshaushalte durch deutliche Senkung der Rüstungs- und Verteidigungsausgaben entlasten. Heute wissen wir: Das war nur einer von vielen Irrtümern. Und die meisten dieser Irrtümer haben ihren Ursprung in dem »Wunderjahr« 1989.

Sicherlich erinnern sich die meisten von uns an die unbändige Freude, mit der wir den Fall der Berliner Mauer begrüßt haben. Das Einreißen von Mauern und Zäunen wurde alsbald zum Symbol für den Aufbruch ins 21. Jahrhundert. Ein neues Zeitalter brach an und kaum jemand wagte zu bezweifeln, dass es Besseres bringen würde.

Rund 20 Jahre später scheint ein ganz anderes Prinzip vorzuherrschen: Heute bauen wir längst wieder neue Mauern. Beispiele gibt es zur Genüge: An der Südgrenze der USA, um der wachsenden illegalen Einwandererströme Herr zu werden, in Palästina, um vermeintlich die Sicherheit Israels zu erhöhen, in Stadtvierteln in Bagdad, um nächtliche Terrorangriffe besser abwehren zu können. Und schließlich müssen wir uns die einfache Frage stellen, ob wir nicht längst auch Mauern in unseren Köpfen bauen. Diese Mauern verhindern, dass wir die Welt, die auf der anderen Seite liegt, so sehen können, wie sie in Wirklichkeit ist.

In vielen Debatten wird deutlich, dass wir mittlerweile allmählich zu begreifen scheinen, dass trotz der hohen Erwartungen von damals ein Jahrzehnt des Schreckens hinter uns liegt. Kaum ein Ereignis, kaum ein Thema, das nicht in Aufsätzen, Büchern, Talkshows und Meinungsartikeln in epischer Länge und natürlich ohne erkennbaren Konsens entfaltet worden wäre. Die Schocks der vergangenen zehn Jahre haben uns zwar intensiv beschäftigt, aber es kann mit Fug und Recht bezweifelt werden, dass wir einem Verständnis näher gekommen sind, das die Realitäten globaler Machtverschiebungen so angemessen wiedergibt, dass politisch erfolgreiche Reaktionen oder wirksame Gegenstrategien erwartbar wären.

Gerade deshalb müssen wir uns doch in schöner Regelmäßigkeit eine einfache Frage stellen: Was sind die Triebkräfte hinter diesen Debatten? Stimmen die Grundannahmen noch? Und was haben wir vielleicht übersehen?

Die Welt in Schwarz und Weiß

Lassen wir einen Augenblick alle unnötigen Details beiseite und konzentrieren uns auf die einfache Frage, wie die wesentlichen Debattenmuster der letzten 20 Jahre verlaufen sind. Bei der Suche nach solchen Mustern zeigt sich im Rückblick sehr schnell, dass sich zwei zentrale Reaktionsschübe erkennen lassen: Die erste Reaktion folgte den gewohnten Denk- und Reaktionsmustern, wie sie sich im Kalten Krieg bewährt hatten. Wir sind auf intellektuell ausgetretenen, aber eben vertrauten Pfaden gewandelt. Auf der Seite der Guten steht der Westen, auf der Seite der Bösen stehen all diejenigen, die unsere Werte und Interessen nicht teilen. Wir haben in Gut und Böse, in Schwarz und Weiß gedacht und folglich immer wieder das Denkmuster »Der Westen gegen den Rest« gepflegt. Die zweite Reaktion steht ebenfalls in einer langen Tradition: Wir haben ohne Erfolg, aber mit großer Intensität nach neuen, dauerhaft tragfähigen Feindbildern gesucht. Wer Feindbilder hat, kann politische Kosten besser rechtfertigen und entsprechend Kräfte mobilisieren. Der Verlust der Sowjetunion als sicheres Feindbild wog schmerzlich. Bis heute ist die Suche nach adäquatem Ersatz nur begrenzt erfolgreich.

Öffentliche Debatten um die Veränderungen in der Weltpolitik haben wir seit 1989 (und natürlich auch schon davor) mit großer Intensität geführt, ohne dass ein wirklicher Fortschritt im Denken und Verstehen der grundlegenden Verschiebungen internationaler Politik angenommen werden könnte. Trotz des irgendwie vorhandenen Gefühls, dass sich da draußen etwas ganz fundamental Neues entwickelt, haben wir einfach munter in alten Mustern weiterdiskutiert, versucht, mit Begriffen und Schlagworten Bestseller zu produzieren, von denen fast jeder den Titel kennt und auch weltläufig im Munde führt. Die entsprechenden Titel sind eingegangen in den Grundwortschatz von Politikern, Wissenschaftlern und Kommentatoren.

So waren es wie so häufig hauptsächlich politische Bestseller von amerikanischen Autoren, die unsere Debatten maßgeblich bestimmt haben. Bei allen unterschiedlichen Themen und Positionen haben die meisten dieser Erklärungsversuche, mit denen sich internationale Debatten bevorzugt beschäftigt haben, eines gemeinsam: Sie zeigen uns die Welt in den dichotomen Denkmustern des Ost-West-Konflikts und nicht in den Kategorien, die heute unsere Welt bestimmen.

Schon ein oberflächlicher Blick auf die zentralen Debatten zeigt sehr schnell ein entsprechendes Bild. Am Anfang stand das *Ende der Geschichte*. Dieser besonders häufig zitierte Erklärungsversuch stammt von Francis Fukuyama.[23] Seine Argumentation lautet in groben Zügen wie folgt: Das Ende der Sowjetunion hat den Triumph der Demokratie unter Beweis gestellt und damit geht etwas zu Ende, wonach die Menschheit seit 2.000 Jahren gestrebt hat: der Siegeszug der Demokratie. Menschen, so argumentiert Fukuyama zunächst sehr individualistisch, streben nach Selbstwertgefühl und fühlen sich nur in Gesellschaften wohl, die die Erreichung dieses Gefühls garantieren. Demokratien vermögen dies zu leisten. Sie gewähren Wahlrecht und Gleichheit vor dem Gesetz. Francis Fukuyama nennt Demokratien entsprechend »die finale Form der Regierung des Menschen«. Er sieht den Ursprung einer Entwicklung in der Französischen und Amerikanischen Revolution, deren Kreis sich 1989 schließt. Nachdem die Demokratien Sozialismus, Kommunismus und Faschismus überwunden haben, treten sie nun in eine neue Phase ein. Es gibt natürlich noch andere Systeme – und daraus erwächst seine fundamentale Dichotomie: Demokratien auf der einen und Nichtdemokratien auf der anderen Seite. Und er formuliert Schlussfolgerungen: Wenn Demokratien am erfolgreichsten Frieden und Wohlstand garantieren, dann ist die naheliegende Überlegung doch – leicht abzulesen an der Außenpolitik der Bush-Administration –, dass die Welt möglichst demokratisch sein sollte. Die strategische Konsequenz lautet: Die Unterstützung von Demokratisierungsprozessen ist ureigenes Anliegen der USA und der westlichen Welt. Er schreibt insofern das Programmpapier für eine regelrechte Unterstützungsindustrie, die nach 1990 Hochkonjunktur hatte und mit dem Krieg gegen den Irak einen Höhepunkt erfahren hat: »Promoting and Protecting Democracies« – Unterstützung von Demokratien von außen! Der erste Erklärungsansatz ist ein typisch dichotomischer: Gut und Böse, Schwarz und Weiß, Demokratien und Nichtdemokratien.

Der zweite Denkansatz hebt auf eine völlig andere Problemebene ab, folgt aber denselben Denkmustern: Samuel Huntingtons *Kampf der Kulturen*.[24] Huntington behauptet im Kern, dass nicht mehr die großen ideologischen Gegensätze die Weltpolitik bestimmen, sondern kulturelle Bruchlinien internationale Politik entscheidend prägen. Künftige Konfliktlinien, so seine Prognose, verlaufen entlang von Zivilisationen, die er höchst allgemein definiert als die höchste Ebene kulturellen Zusammenlebens zwischen Menschen und die breiteste Gemeinsamkeit kultureller Werte, die den Menschen von anderen Lebewesen unterscheiden. Wer Samuel Huntington heißt, kann sich solche allgemeinen Definitionen leisten. Insgesamt unterscheidet er acht große Zivilisationskreise: westlich, konfuzianisch, japanisch, islamisch, hinduistisch, slawisch-orthodox, lateinamerikanisch, afrikanisch. Notwendige Differenzierungen unterbleiben, sie würden die Zielsetzung der Argumentation nur stören. Huntington selbst spricht von einem Samtvorhang (»velvet curtain«) im Gegensatz zu einem »eisernen« Vorhang. Huntingtons Dichotomie ist im Kern ganz einfach: Der Westen gegen den Rest der Welt (»The West against the Rest«)!

Neben den beiden genannten gab es auch eine ganze Reihe offen konfrontativer Ansätze. Keiner der folgenden war im Kern wirklich neu, aber sie erstrahlten plötzlich in neuer Attraktivität.

Robert Kaplan, der Autor der dritten Dichotomie, beschwört die »kommende Anarchie« wegen des ewigen und weiter wachsenden Gegensatzes zwischen Arm und Reich. Er argumentiert, dass der Globus sich künftig nach sozioökonomischen Verwerfungslinien teilen werde.[25] Seine Dichotomie ist die älteste und einfachste überhaupt. Bei den Armen konstatiert er eine Bevölkerungsexplosion zu ihren Lasten und bei den Reichen eine Technologieexplosion zu ihren Gunsten. Auch er kommt zu einer strategischen Konsequenz bezüglich der Hauptaufgaben in der internationalen Politik. Er entscheidet sich für Entwicklungshilfe, für technische Hilfe und Familienplanung: Bewältigt die Krise, bevor die Krise euch einholt!

»Vernetzt oder nicht« heißt die Frage, auf der Tom Friedman seine Dichotomie aufbaut und in seinem Buch *The Lexus and the Olive Tree,* vor allem aber mit der These, die Welt sei »flach«, für eine dankbare weltweite Leserschaft aufbereitet.[26] Eine flache Welt? Natürlich nicht wirklich. Aber im übertragenen Sinn argumentiert Friedman, die Welt sei zu Beginn des 21. Jahrhunderts eingeebnet worden – nicht mehr durch Staaten, Konzerne oder Hardware, sondern durch eine immer ausgefeiltere und nutzerfreundlichere Software, die es jedem von uns erlaubt, buchstäblich innerhalb von Sekunden zum »global citizen« zu werden. Für ihn ist Globalisierung die markante Trennlinie in der internationalen Politik. Auf der einen Seite gibt es Staaten, die eingebunden sind in Globalisierung, und auf der anderen Seite stehen die, die draußen bleiben vor der Tür. Es geht in Zukunft nicht mehr um Panzer und Raketenwerfer, sondern um die Verteilung von PCs pro Haushalt. Es geht um Märkte und nicht mehr um Institutionen. Und es geht um die Frage, wer sich bei zunehmender Beschleunigung schneller und besser den notwendigen Anpassungsprozessen stellen kann. Auch Friedman hat eine Therapie für die Rettung der Welt. Er spricht von sozialen Sicherheitsnetzen, von kultureller Integrität und Umweltschutz, aber letztlich ist auch sein Denkansatz ein dichotomischer: die Vernetzten gegen die Abgekoppelten.

In politischen und regionalen Gegensätzen denkt Charles Kupchan. Er wählt wieder eine andere Zweiteilung und schwimmt ein Stück weit erfolgreich gegen den Strom.[27] Zu einem Zeitpunkt, als alle Welt über das amerikanische Empire und den amerikanischen Unilateralismus diskutiert, postuliert er das Ende der amerikanischen Ära. Und Europa sollte ihm dankbar sein. Er ist der einzige amerikanische Sozialwissenschaftler, der in Buchlänge behauptet, dass die Europäische Union der künftige Herausforderer der USA sein wird. Im Spannungsfeld zwischen Unilateralismus und Isolationismus auf amerikanischer Seite vertritt er die These, dass die EU langfristig besser aufgestellt sei. Genau besehen propagiert er nichts anderes als die Dichotomie »USA gegen EU«. Manche würden immer noch sagen »Neue Welt gegen Alte Welt«. Das Schöne an solchen Diskussionen ist natürlich, dass man sie in der Regel ganz einfach umdrehen kann, ohne dass die Grundaussage sich verändert.

Ganz ähnlich, aber eben mit völlig anderen Vorzeichen fasst Robert Kagan seine Dichotomie.[28] Sie ist wohl nicht zuletzt deshalb so oft zitiert und kritisiert worden, weil sie die Europäer besonders ärgert. Der Kriegsgott Mars (USA) und die Liebesgöttin Venus (Europa) bilden für ihn die Metaphern zur Beschreibung prinzipiell unterschiedlicher Zugänge zur Lösung der zentralen Probleme der internationalen Politik. Der Gegensatz lautet: hier die USA mit ihrem hobbesianischen Realismus, dort die Europäer mit ihrem kantianischen Idealismus. Pragmatische Problemlösungen wollen die einen, kooperative multilaterale Verfahren die anderen. Nicht nur der Autor, sondern auch seine Befürworter in Teilen der Bush-Administration erlagen dem Zauber eines geradezu verführerisch falschen mythologischen Bezuges: In der Sage nämlich gewinnt am Ende immer Venus, weil der vom Kriegshandwerk des Tages ermüdete Mars am Abend nur in ihren Armen Ruhe und Geborgenheit findet. Sucht man wirklich nach einer mythologischen Entsprechung, wäre es wahrscheinlich sinnvoller, Zeus und Prometheus zu wählen, den in seinem Machtanspruch unbestrittenen Schleuderer des Blitzes im ständigen Streit mit dem Freund der Menschheit, der das Feuer zähmt und Wissen bringt.

Einer der wenigen deutschen Autoren, der es in diesen Welterklärungsdebatten schaffte, international wahrgenommen zu werden, ist Gabor Steingart, langjähriger *Spiegel*-Mitarbeiter und heute Chefredakteur des *Handelsblattes*. Mit seiner These vom kommenden *Weltkrieg um Wohlstand*[29] sorgte er für heftige Debatten und – wie nicht anders zu erwarten – auch für viel Widerspruch. Nachdem er schon den Abstieg Deutschlands prognostiziert hatte,[30] holte er in einer jetzt globalen Perspektive zum Rundumschlag aller gegen alle aus, in der es am Ende offensichtlich nur um die Verteidigung des Westens gegen alle Aufsteigerstaaten geht. In der Kurzfassung: »Asien trumpft auf, während Europa und Amerika im Weltkrieg um Wohlstand zurückfallen. Die Methoden der Angreiferstaaten sind gleichermaßen brutal wie erfolgreich: Sie ertragen im Land bittere Armut, verursachen Umweltzerstörungen in nie gekanntem Ausmaß, um ihre Kräfte in den Exportindustrien zu konzentrieren. Der Westen wird bei Löhnen und

Sozialstandards unterboten, sein in Jahrzehnten erworbenes Wissen oftmals gezielt abgesaugt. ... Das Zeitalter westlicher Dominanz geht zu Ende« (Klappentext). Die Fronten sind für Steingart klar. Der Westen befindet sich in einem geopolitischen Großkonflikt mit den aufsteigenden Wirtschaftsnationen aus Asien (und teilweise auch Lateinamerika). Die Überlegung, die so neu und überraschend ja nicht ist, wird aber bei ihm unterlegt mit einem martialischen Grundton und einem Plädoyer für Gegenwehr auf allen Ebenen. »Angreiferstaaten« ist ein Begriff, den er ohnehin gerne benutzt, um Länder wie China, Indien und Brasilien zu charakterisieren. Abschottung – etwa im Rahmen einer transatlantischen Freihandelszone – erscheint ihm als adäquates Mittel der Gegenwehr. Protektionismus ist für ihn kein Schimpfwort, sondern ein adäquates Mittel zum Zweck. Man mag fragen, ob die von Steingart gezeichnete Welt tatsächlich einen solchen Nullsummenspielcharakter aufweist. Stimmt es eigentlich, dass der Aufstieg der einen automatisch zum entsprechenden Abstieg von anderen führen muss? Zugespitzte Thesen also, die allesamt dem Gegensatz »hier stehen wir – dort sind die anderen« verpflichtet sind. Depressivdiagnose hat man Steingart vorgehalten, weil ihn erkennbar die Angst um den Abstieg Europas antreibt. Alarmismus musste er sich vorwerfen lassen, und natürlich ein Apologet der Abschottung zu sein, gegen die viele hierzulande fast automatisch und beschwörend anschreiben. Aber immerhin hat er Klartext zu schreiben versucht, auch wenn er im Ergebnis den Schwarz-Weiß-Mustern des Zeitgeistes verhaftet bleibt.

Die genannten Autoren haben alle auf ihre Weise mit ihren Thesen und Erklärungsversuchen besondere Prominenz gewonnen, aber sie stehen eigentlich nur als ausgewählte Beispiele für den anhaltenden Kampf um Terminologiehoheit bei der Beschäftigung mit internationaler Politik. Die Liste ließe sich im Einzelnen jederzeit und beliebig verlängern. Hinter solchen Debatten steht immer mehr als nur der vordergründige Versuch, bestimmte Phänomene neu zu benennen. Worte sind wie Waffen, sagt man. Aber sie sind auch Korsette. Sie pressen konkrete Sachverhalte in einfache Formeln. Sie begründen die Möglichkeit des Austausches von Ideen und

Positionen, sie reduzieren aber auch Komplexität bis zur Unkenntlichkeit.

Der Wettbewerb um Begriffe dreht sich sicher auch um Einfluss, Eitelkeit und Geld. Wer es schafft, provozierend zu formulieren, kann sicher sein, von der Presse zitiert und auf Konferenzen und in Talkshows eingeladen zu werden. Zugegeben: Nichts anderes tue auch ich in diesem Buch. Ich versuche pointiert, manchmal vielleicht sogar überspitzt zu formulieren, um Dinge, die mir wichtig sind, deutlich zu machen. Ich nehme Zustimmung billigend in Kauf, aber eigentlich kommt es mir auf Widerspruch und kritische Debatten an. Nur in ihnen liegt der Keim für neues Denken und damit hoffentlich auch für Fortschritte bei der Lösung von Problemen. Das Risiko, falsch oder gar nicht verstanden zu werden, ist mir durchaus bewusst.

Allerdings helfen uns medienwirksame Auftritte allein nur sehr begrenzt, hinter die Fassaden von Begriffsungetümen zu schauen und Erklärungs- und Handlungsansätze zu finden, mit denen wir die neuen Probleme, vor denen wir stehen, lösen können. Besonders einflussreiche Erklärungen für die Veränderungen in der internationalen Politik sind einseitig und im Wesentlichen auf Freund-Feind-Schemata aufgebaut. In einer ehrlichen Bestandsaufnahme können wir nur feststellen, dass wir noch nicht verstanden haben, wie die Welt, in der wir seit 1989 leben, wirklich funktioniert. Unsere Wirklichkeit hat sich grundlegend verändert, aber unsere Denkmuster sind die gleichen geblieben beziehungsweise nur begrenzt angepasst. Und so drängen sich ganz andere Fragen auf: Können wir eine immer komplexer werdende Welt mit solchen Dichotomien erklären? Reicht es, nur in festgefahrenen, aber vertrauten Strukturen zu denken, wo wir doch eigentlich in Geschwindigkeiten und Technologiesprüngen denken müssten? Ist es genug, sich mit schnelllebigen Phänomenen an der Oberfläche der internationalen Politik zu befassen, oder muss man nicht einmal den Versuch machen, in die Tiefe zu schauen? Für unseren Umgang mit diesen Fragen ist von entscheidender Bedeutung, dass wir lernen, die Mauern in unseren Köpfen einzureißen. Voraussetzung dafür ist allerdings, dem zweiten typischen Reaktionsmuster auf die Veränderungen seit 1989, der Suche nach neuen Feindbildern, zu entkommen.

Neue Feindbilder müssen her

»Was ist unser Sputnik?« Mit dieser Frage bringt der amerikanische Kolumnist Thomas L. Friedman die größte Suchaktion des Westens seit dem Fall der Berliner Mauer und der Auflösung der Sowjetunion auf den Punkt.[31] US-Präsident Barack Obama hat die Metapher in seine Rede zur Lage der Nation im Januar 2011 aufgenommen und durchaus Unverständnis geerntet. Sputnik? – Was will er eigentlich, fragten sich amerikanische Kommentatoren und wohl auch größere Teile der US-Bevölkerung. Nur wenige scheinen sich heute noch an das historische Ereignis zu erinnern. Am 5. Oktober 1957 hatte die Sowjetunion den ersten künstlichen Erdsatelliten Sputnik 1 erfolgreich gestartet. Vordergründig schien die kommunistische Führungsmacht den USA technologisch überlegen zu sein. Sicherheitspolitisch bestand die Bedrohung in der Fähigkeit, die USA mittels Interkontinentalraketen auch mit Atombomben anzugreifen. Vor allem aber versetzte das Ereignis die politischen Eliten im Westen, allen voran natürlich in den USA, zunächst in eine Schockstarre, dann aber in einen ausgesprochenen Aktivismus, weil es nun auf allen Feldern von Wissenschaft und Bildung, Technologie und Verteidigung darum gehen musste, zu verhindern, dass der Westen den Anschluss verlor. Der Sputnik-Schock ereilte den Westen in der ersten Hochphase des Kalten Krieges und verdeutlichte den technologischen Wettbewerb mit der Sowjetunion. Die Zeit automatischer Technologieüberlegenheit des Westens war vorbei. Der Flug des Sputniks symbolisierte Risiken und mobilisierte Kräfte, die zu einem Ruck in den Verteidigungs- und Selbstbehauptungsbemühungen des Westens führten. Das Feindbild Kommunismus war endgültig etabliert. Bis 1991 hat es den Westen in einer gemeinsamen Bedrohungswahrnehmung zusammengehalten. Seit diese uns verloren gegangen ist, sind wir wieder auf der Suche.

An Schurken haben wir uns abgearbeitet im letzten Jahrzehnt: An Osama Bin Laden ebenso wie an Robert Mugabe, an der Militärjunta in Myanmar ebenso wie an unseren Lieblingsfeinden in Nordkorea und im Iran. Alle haben wir gewogen, als mögliche Gegner des Westens diskutiert, zum Teil sogar mit Kriegen überzogen und am Ende für zu leicht befunden, um die alte Rolle des verlässlichen Feindbildes, das die Sowjetunion darstellte, zu ersetzen. Dem Westen sind die Feindbilder verloren gegangen. Umso schmerzlicher fällt auf, wie traditionell wir immer noch in unserem Denken nach alten Mustern verfahren, um die Schockwellen des ersten Jahrzehnts des 21. Jahrhunderts zu verarbeiten. Am deutlichsten zu beobachten war dieser Zusammenhang bei den Debatten um den Zweiten Golfkrieg. Deutlich gingen die Bewertungen zwischen den Regierungen in Washington und Europa auseinander. Entsprechend konnten die Kosten eines solchen Krieges sogar zum innenpolitischen Thema in Wahlkämpfen gemacht – und abgelehnt – werden. Heute hat sich das Blatt erneut gewendet. Der Afghanistan-Einsatz der Bundeswehr wurde lange so schlecht vermittelt, dass sich eine breite Kluft auftut zwischen der Mehrheit der öffentlichen Meinung, die nicht versteht und akzeptiert, was da passiert, und der überwiegenden Mehrheit des Deutschen Bundestages, dessen Abgeordnete jährlich einer Verlängerung des Mandats zustimmen. Gerade die deutsche Politik hat es versäumt, das Feindbild Taliban wirklich glaubhaft zu vermitteln, und muss befürchten, dass es ihr dauerhaft nicht mehr in dem Maße gelingt, die in Demokratien notwendige Unterstützung für kostspielige und gefährliche Auslandseinsätze von Armeen zu erzeugen. Wer über klare und glaubwürdige Feindbilder verfügt, hat es da um ein Vielfaches einfacher. Schon deshalb wird die Suche vermutlich weitergehen, obwohl sie mitunter durchaus gefährlich sein kann, weil sich selbst erfüllende Prophezeiungen Feindbilder schaffen, die es so nicht unbedingt geben müsste. Bei genauer Betrachtung gehört im Übrigen nicht viel Spürsinn dazu, die Volksrepublik China als geeigneten Kandidaten für ein dauerhaft belastbares Feindbild auszumachen. Währungspolitik, Außenhandelsdefizite, Arbeitsplatzabwanderung, Technologiediebstahl, vor allem aber Chinas militärische Modernisierung und Aufrüstung liefern schon heute die Themen, mit denen vor allem in den USA (und hier im Wesentlichen unter den sicherheitspolitischen »Falken«) das Feindbild China gepflegt und für jederzeitigen Einsatz auf Hochglanz gebracht wird.

Natürlich muss man auch die vielleicht noch provozierendere Frage stellen, ob und warum Demokratien überhaupt Feindbilder brauchen. Immerhin sagt man ihnen untereinander eine ausgesprochene Friedensneigung zu. Richtig ist bis heute nur, dass noch keine konsolidierte Demokratie gegen eine andere Krieg geführt hat. Aber das gilt eben nicht für Autokratien. Hier haben Demokratien sogar einen ausgesprochenen Hang zur militärischen Auseinandersetzung – einschließlich der Tatsache, dass sie eine ausgeprägte Tendenz haben, solche Kriege in der Regel zu gewinnen.

Zunächst einmal können wir festhalten, dass Feindbilder ausgesprochen nützlich sein können, denn mit Feindbildern und Bedrohungsszenarien lassen sich gerade außenpolitische Kosten eines Staates vorzüglich begründen. Sie helfen durch den klaren Kontrast, den sie bieten, Selbstvergewisserung auf der eigenen Seite zu erzeugen – oder vielleicht sogar erst möglich zu machen. Und natürlich sind gerade Demokratien angehalten, nicht einfach nur brauchbare Entscheidungen zu treffen, sondern sie auch innenpolitisch zu legitimieren. Wenn man dies mit Verweis auf eine klare Bedrohung oder ein klar umrissenes Feindbild tun kann, ist es in einem demokratischen Gemeinwesen viel einfacher, Zustimmung zu finden, als wenn man nur an die Kraft der Vernunft oder die Einsicht der Massen appelliert. Und so verweisen gerade demokratisch gewählte Politiker, wenn sie außenpolitische Kosten begründen müssen, gerne auf Feindbildstrukturen. Nur wer Feindbilder hat oder suggeriert, kann beispielsweise Militärausgaben in Konkurrenz zu Sozialausgaben begründen. Voraussetzung ist natürlich, dass diese Feindbilder auch öffentlich zu überzeugen vermögen. Wenn das nicht gelingt, droht politischer Legitimitätsverlust. Aber wie einfach so etwas auf der anderen Seite auch möglich ist, zeigt ein Beispiel aus den außenpolitischen Grundsatzentscheidungen der Bush-Administration. In den USA und Europa war es nach dem 11. September 2001 leicht, vor der Bevölkerung die Kosten für den ursprünglichen Angriff auf die Taliban in Afghanistan zu rechtfertigen. Es galt, das neue Feindbild des internationalen Terrorismus zu bekämpfen. Die Angst vor weiteren Terroranschlägen saß allen im Nacken. Kosten wurden gar nicht erst im Detail diskutiert. Anfang Januar 2002, wenige Wochen nach den Anschlägen von New York und Washington, wussten die Redenschreiber des amerikanischen Präsidenten, dass sie etwas Besonderes zustande bringen mussten. Die erste Rede zur Lage der Nation nach dem 11. September 2001 wurde von aller Welt mit Spannung erwartet. Was in den Büros des Weißen Hauses geschah, klingt wie ein Lehrstück über die einfachen Zufälle, die Weltpolitik verändern.»Kannst du in einem oder zwei Sätzen eine gute Begründung für einen Angriff auf den Irak liefern?«, lautete die Aufforderung an David Frum, einen der Redenschreiber von Präsident Bush. Frum verstand die Frage völlig richtig. Er sollte einen Kriegsgrund liefern, nicht mehr und nicht weniger. Zwei Tage sollte er sich Zeit nehmen. Redenschreiber wissen, wie wichtig es ist, prägende und einprägsame Begriffe zu besetzen. So wurde schließlich aus der ursprünglichen Idee einer »Achse des Hasses« eine »Achse des Bösen«. Und in offener Anlehnung an das historische Vorbild der Achse Tokio–Rom–Berlin im Zweiten Weltkrieg landeten praktisch auf Zuruf aus dem Kreis der übrigen Redenschreiber der Irak, Iran und Nordkorea auf dieser Achse. »Staaten wie diese, und ihre terroristischen Verbündeten, bilden eine Achse des Bösen, die sich bewaffnet, um den Frieden der Welt zu bedrohen«, verkündete Bush in seiner Rede.[32] Aus einer Redenschreiberidee war die zentrale außenpolitische Leitlinie der Präsidentschaft von George W. Bush geworden. So einfach kann internationale Politik sein. Der Fall des Irak ist bekannt. Die Konflikte mit dem Iran und Nordkorea dauern an.

Feindbilder lassen sich kategorisieren. Traditionell sind Feindbilder Staaten. Sie lassen sich leicht einordnen, charakterisieren und als Gegner fassen. Die gesamte Geschichte des 19. Jahrhunderts, aber auch die Frontstellung des Kalten Krieges und in jüngerer Zeit die Länder, die man unter George W. Bush auf die Achse des Bösen gesetzt hatte, sind die wohl bekanntesten Beispiele. Aber auch Länder wie Myanmar mit seinem Militärregime werden leicht in diese Kategorie gepackt.

Der zweite Feindbildtyp sind Personen, in der Regel politische Führer, deren Handeln als bedrohlich und deshalb als mit allen Mitteln zu bekämpfen dargestellt wird. Die »Schurken« der letzten beiden Jahrzehnte heißen Slobodan Milošević, Saddam Hussein und Osama Bin Laden. Der iranische Präsident Mahmud Ahmadinedschad hat sich in der westlichen Presse mittlerweile ebenso für diese Kategorie qualifiziert wie gelegentlich auch Hugo Chávez, der Staatschef von Venezuela, mit seinen rhetorischen Attacken insbesondere gegen die USA.

Am schwierigsten zu fassen sind die Feindbilder, die aus ideologischen und religiösen Motiven gezimmert werden. Europa tut sich schwer, in dem amorphen Feind »Terrorismus« tatsächlich das Feindbild zu erkennen, das es uns erlauben würde, geschlossen zusammenzustehen und alle notwendigen Kosten zu seiner Bekämpfung zu teilen. Noch schwieriger wird es mit dem häufig zelebrierten Feindbild »Islam«, einer Weltreligion, deren Anhänger in ihrer überwiegenden Mehrheit friedlich ausgerichtet sind. Trotzdem wird er in seinen extremistischen Varianten als aggressive Bedrohung empfunden und entsprechend mit allen Charakteristika eines typischen Feindbildes versehen. »Es gibt ein Feindbild in diesem Land«, schreibt der Vorsitzende des Zentralrates der Muslime in Deutschland, Aiman Mazyek, »und es ist über die Jahre eher größer als kleiner geworden. Das Feindbild besteht in einer Religion, die für viele gesellschaftliche und internationale Probleme verantwortlich gemacht wird: für Arbeitslosigkeit, für Bildungsferne, ja sogar für Kriege. Natürlich ist es absurd, dem Islam dafür Schuld zuzuweisen. Aber die Saat jener Menschen, die in der öffentlichen Debatte unter der Berufsbezeichnung ›Islamkritiker‹ geführt werden, ist aufgegangen.«[33]

Aus all diesen Überlegungen ergibt sich eine einfache Konsequenz: Wer der Torheit der Regierenden entkommen will, wer Fehlentscheidungen im Kleinen, die zu katastrophalen Folgen führen können, vermeiden will, muss bereit sein, buchstäblich alles, was zum typischen Glaubensbekenntnis westlicher Politik zählt, gegen den Strich zu bürsten. All diese Veränderungen, die notwendig sind, um typische Entscheidungsfallen zu vermeiden, fangen im Kopf an. Wir werden gar nicht anders können, als alles, was uns lieb gewordene Denkmuster sind, zunächst über Bord zu werfen, um neu, gelegentlich auch völlig anders, über Politik in der »globalen Verflechtungsfalle« nachdenken zu können. Noch haben wir die Zeit, umzusteuern. Aber wie lange noch? Es ist höchste Zeit aufzuwachen: Der Truthahn, von dem Nassim Taleb so eindrucksvoll erzählt, hat gar nicht mehr die Zeit, sein Weltbild zu korrigieren. Bevor er es tun kann, ist die Rübe ab und er liegt gebraten auf dem Tisch. In der Welt der internationalen Politik haben wir diese Zeit wohl noch. Also sollten wir sie auch nutzen!

In einem ersten Schritt heißt das nicht mehr und nicht weniger, als Abschied zu nehmen von den Lebenslügen des Westens, die unser Denken behindern und den erfolgreichen Abstieg des Westens erschweren. Im nächsten Kapitel wollen wir uns diesen Überlegungen zuwenden.

DIE THESEN IM ÜBERBLICK:

Die Schockwellen des vergangenen Jahrzehnts haben uns ein ums andere Mal auf dem falschen Fuß erwischt. Die intellektuellen und politischen Reaktionen auf diese Schocks waren geprägt von alten Denkmustern und dem Festhalten an den Erklärungsmustern, die die Debatten im Westen vor 1989 geprägt hatten.

Politische Katastrophen entstehen häufig durch Entscheidungsmuster, die Barbara Tuchman als »Torheit der Regierenden« bezeichnet hat. Das zu tun, was in der Vergangenheit immer funktionierte, kann unter veränderten Umständen zum Scheitern, gelegentlich sogar zu Katastrophen führen.

Die prägenden Debatten um die Veränderungen in der internationalen Politik waren Schwarz-Weiß-Debatten, die aus einer Haltung der Überlegenheit fundamentale

Widersprüche zwischen dem Westen und dem Rest der Welt unterstellten.

Die Suche nach neuen Feindbildern beschäftigt den Westen seit dem Zerfall der Sowjetunion. Bis heute hat kein Kandidat auf Dauer den Test bestanden – bis auf China, das sich in Anbetracht seiner wachsenden Potenziale schon heute als globaler Rivale des Westens aufstellt und vor allem in den USA als mögliches neues Feindbild offen diskutiert wird.

4 LEBENSLÜGEN DES WESTENS

Von Gebetsmühlen und sinnloser Symbolpolitik

Eine geradezu typische Reaktion auf die Veränderungen seit 1989 wird immer mehr zu einer Geißel unserer Zeit: Statt Probleme und Positionen klar zu benennen, wird schöngeredet, was uns zu Selbstverständlichkeiten geworden ist. Worthülsen in endloser Wiederholung finden sich regelmäßig in den Versuchen, die Veränderungen in der internationalen Politik zu erklären, aber auch das Festhalten an den vermeintlichen Konstanten zu unterstreichen. Nur in wirklichen Krisenzeiten scheinen wir zu registrieren, dass Wiederholung zwar die Mutter aller Studien ist (»Repetitio est mater omnium studiorum«, wie die alten Römer gerne sagten), dass sie aber eben nicht als qualitative Grundlage für komplexe Entscheidungssituationen taugt. Und so haben wir uns die Welt gebetsmühlenartig schöngeredet.

Gebetsmühlenpolitik

Gebetsmühlen sind nicht nur religiöse Instrumente in den Händen tibetischer Gläubiger, sie sind im übertragenen Sinne auch eine tolle Erfindung für politische Symbolsprache.

Wenn man an ihre Wirkung glaubt, erleichtern sie den Dialog mit den Göttern, aber auch mit einer oberflächlich zuhörenden Öffentlichkeit ungemein. Sie machen das Beten um so viel leichter, weil jede Umdrehung den Text des Gebetes automatisch den Göttern (oder in unserem Fall dem jeweiligen Publikum) näher bringt. Wer schneller dreht, wird schneller erhört. Wer öfter dreht, wird früher erhört. Nach diesem Mechanismus erfolgt vielfach politische Kommunikation als immer schnelleres Drehen von Worthülsen, die längst fast sinnentleert wie trockenes Stroh weiter gedroschen werden, ohne dass man bereit ist anzuerkennen, dass bestenfalls Staub durch die Luft fliegt.

Bezeichnenderweise kommen sie nicht nur aus geübtem Politikermund. Auch Journalisten und »Experten« beherrschen die Technik meisterhaft, mit gesetzten Worten ohne Ecken und Kanten zu formulieren. Bleierne, vor Vorsicht triefende Satzungetüme werden uns nur allzu gerne angeboten. Vermitteln sollen sie zweierlei: Wir wollen nicht sagen, was wir wissen, oder wir haben so wenig nachgedacht, dass wir selbst nicht wirklich wissen, was wir sagen wollen. Ermüdend und bisweilen sogar gefährlich sind solche Formulierungen auf jeden Fall.

In Erinnerung bleiben werden die geradezu tollpatschigen Bemühungen des damaligen deutschen Verteidigungsministers Franz Josef Jung, einer staunenden deutschen Öffentlichkeit zu erklären, dass in Afghanistan kein Krieg herrsche. Der Minister versuchte es mit beschwörenden Worten: »Ich halte es für falsch, von einem Krieg zu sprechen. Es ist ein Stabilisierungseinsatz. Denn allein militärisch werden wir in Afghanistan keinen Erfolg haben. Ein Krieg wird nur militärisch geführt. Im Krieg findet kein Wiederaufbau statt, kein Bau von Schulen oder Krankenhäusern, im Krieg werden keine einheimischen Streitkräfte ausgebildet. In Afghanistan ist kein Krieg.«[34] Wirklich geglaubt hat ihm das niemand. »Warum eigentlich so ein Unsinn«, sagt sich der gesunde Menschenverstand: Wo Soldaten tagtäglich beschossen werden, mit scharfer Munition zurückschießen, dabei ihr Leben riskieren und eben auch verlieren – »Fallen« nennt man das gemeinhin in der Umgangssprache des Krieges und nach 60 Jahren ist dieser eigentlich im Deutschen verpönte Begriff wieder in die politische Alltagssprache zurückgekehrt –, dort herrscht eben Krieg. So einfach ist das. Ob die Geschehnisse in die verwobenen Definitionsmuster von Völkerrechtlern und Politikern passen oder nicht, spielt keine Rolle. Schönrednerei hilft am Ende nicht einmal denen, die irrtümlich an die Kraft ihrer eigenen Worte glauben. Jungs Nachfolger Karl-Theodor zu Guttenberg hat diese Politik deutlich korrigiert. Er sprach von »kriegsähnlichen Zuständen«. Und siehe da, er wurde verstanden, ohne dass ein Aufschrei des Entsetzens durch die Lande zog.

Verbreitete, weil beliebig einsetzbare Formeln gehören aber auch ansonsten zum Standardrepertoire politischer Sprache. Multilateralismus, von einigen als »effektiver Multilateralismus« noch schöner geredet, oder »strategische Partnerschaften« gehören unbezweifelbar zur Grundausstattung politischer Floskeln, an denen politische Kommunikation gerade in Europa mittlerweile leidet.

Die bescheidene Wahrheit sieht in beiden Fällen ernüchternd anders aus: Multilateralismus ist natürlich ein wichtiges Prinzip internationaler Zusammenarbeit, aber es funktioniert eben nur so lange, wie alle Beteiligten wirklich kooperieren wollen. Erfahrungsgemäß ist das in den seltensten Fällen und bei den strategisch wirklich wichtigen Fragen praktisch nie der Fall. Man muss das Konzept nicht gleich verwerfen, aber schönreden darf man es auch nicht, wenn man nicht die eigene Glaubwürdigkeit aufs Spiel setzen will.

Ähnliches gilt für strategische Partnerschaften: Kein Land und keine Region der Welt kann heutzutage sicher sein, von der Europäischen Union keine strategische Partnerschaft angeboten zu bekommen.[35] Auch wenn man sich fragt, ob wichtige Grundlagen wie gemeinsame Werte und Interessen, die nach landläufigem Sprachgebrauch wohl nötig wären, um eine »strategische« Partnerschaft zu begründen, tatsächlich mit Ländern wie China, Russland oder gar dem gesamten afrikanischen Kontinent geteilt werden.

Zur Formulierungstristesse kommt die Bildgetriebenheit. Auf die Frage, warum ausgerechnet CNN nicht schon im Januar 2005, als man entsprechende Informationen hatte, sondern erst vier Monate später im Mai über die Folterungen im irakischen Gefängnis Abu Ghraib berichtete, antwortete Bill Schneider, seinerzeit Chief Anchorman bei CNN, in einer Podiumsdiskussion in der Deutschen Bank in Berlin in entwaffnender Offenheit: »We didn't have the pictures« (Wir hatten keine Bilder). Und Graham Dudman, der geschäftsführende Herausgeber der britischen Boulevardzeitung *Sun*, sekundierte mit fast denselben Worten: Befragt, ob man Saddam Hussein nach seiner Verhaftung in Unterwäsche zeigen sollte, sagte auch er: »We didn't have the pictures.« Und er fügte hinzu: »Sobald wir sie hatten, haben wir sie sofort veröffentlicht.«[36] Seit die Bilder laufen lernten, läuft in den Medien nur noch, was sich auch in Bildern zeigen lässt. Die Quote bestimmt die Qualität. »Bilder vom Krieg erreichen die Herzen der Menschen, Meldungen im Zweifel nur den Verstand«, sagte eine Moderatorin im ZDF und brachte damit die Jagd nach Bildern bei der Suche nach Einschaltquoten auf den Punkt. Die Tageshetze bestimmt das Geschäft mit Informationen und Meinungen, und notwendige Einsichten über größere Zusammenhänge werden so punktuell präsentiert, dass den Konsumenten solcher Nachrichten das große Bild lange Zeit verborgen bleibt. Im März 2011 schaute die Welt im Minutentakt mit angehaltenem Atem nach Japan. Aber schon einen Monat später waren Tsunami und Atomkatastrophe nicht nur aus den Schlagzeilen, sondern fast gänzlich aus den Nachrichten verdrängt. Die Debatte, die zwischenzeitlich abgelaufen war, folgte den immer wieder feststellbaren Mustern im Umgang mit tatsächlichen oder vermeintlichen Katastrophen. Völlig zu Recht wird kritisiert, dass sie »immer noch nach einem nicht aufgeklärten, naiven Muster [ablaufen], das die Ereignisse Schritt für Schritt begleitet, sich aber offenkundig weigert, hinsichtlich wahrscheinlicher Entwicklungen vorauszudenken und ein ›Worst-Case‹-Szenario zu entwerfen, so wie verantwortungsvolle Unternehmer dies tun. Der allgemeinen Wahrnehmung des Weltgeschehens fehlt erfahrungsgestütztes antizipierendes Denken in Konsequenzen, eine Ereignisfolgenabschätzung gewissermaßen. Stattdessen werden in den Fernsehnachrichten und in den Leitartikeln symbolische Handlungen in ihrer Bedeutung überschätzt.«[37]

Wer also tatsächlich glaubt, wegen vieler Bilder im Fernsehen, im Internet oder per Handy verlässlicher informiert zu werden, der irrt gewaltig. Die amerikanische Historikerin Barbara Tuchman hat diesen Sachverhalt fast als Gesetz formuliert: »Sobald erst darüber berichtet wird, verstärkt sich die Wirkung jedes auch noch so bedauernswerten Ereignisses um das Fünf- bis Zehnfache (oder jeden anderen Faktor, den der Leser zu nennen beliebt).«[38]

Globale Desinformationsstrategen haben sich längst auch der Medien Bild und Film bemächtigt. Der Desinformationsgehalt übersteigt mittlerweile deutlich den Informationsgehalt. Niemand kann mehr sicher sein, dass Bilder wirklich die »Wahrheit« zeigen. Sie werden mit Leichtigkeit technisch frisiert und gekonnt von unsichtbaren Akteuren über das Internet und in offiziellen Medien in globalisierten Propagandakriegen eingesetzt. Wer das Medium Bild beherrscht, beherrscht auch die Schlagzeilen, kann Debatten lostreten und Inhalte bestimmen. Abstumpfungsprozesse tun ein Übriges, um nach kurzen und intensiven Phasen des Erschreckens fast ohne Mühe zur nächsten Katastrophe überzugehen und die Aufmerksamkeit auf neue Ereignisse zu lenken, die sich zumindest für den Augenblick besser vermarkten lassen.

Manch einer scheint auf »Schwarmintelligenz« zu schwören und zu glauben, dass mehr Information automatisch bessere Information sei. Das genaue Gegenteil ist der Fall. Mengenmäßig überfordert, in ständiger Hetze und dem Druck ausgesetzt, immer online und up to date zu sein, bleibt dem überforderten Individuum keine Chance, hinter die Bilder zu schauen, nach den politischen Interessen der Verbreiter oder schlicht nach ihrem Wahrheitsgehalt zu fragen. Die multimedial unterlegte Beschleunigung nimmt uns die Zeit und den Atem, zu der notwendigen Ruhe zu finden, um nicht nur oberflächliches Tagesgehetze in uns hineinzustopfen, sondern auch die Zeit zum Verdauen und Nachdenken, eben zum kritischen (!) Überprüfen der Informationsfülle im eigenen Kopf zu finden. »Entschleunigung« ist eine notwendige, aber leider kaum beherrschte Kunst des intellektuellen Überlebens im 21. Jahrhundert. Politiker verfügen über diese Fähigkeiten ebenso wenig wie Journalisten oder Wissenschaftler.

Wesentliche Debatten der internationalen Politik, wie man sie tagtäglich in der Presse nachlesen kann, verlaufen letztendlich entlang solcher Oberflächenstrukturen. Sie diskutieren das Aktuelle, das medienwirksam Hektische, das Kurzlebige und Reißerische, aber nicht die wirklich in den Tiefenstrukturen der internationalen Politik ablaufenden langfristigen Entwicklungen.

Das war das vielleicht entscheidende Paradox in der Entwicklung der Informationstechnologie der letzten zehn Jahre: Wir haben deutlich mehr Kommunikation, wir haben deutlich mehr Informationen – und wir wissen doch von immer mehr immer weniger.

Trotzdem stopfen wir Texte in unsere Gebetsmühlen und hoffen, dass sich niemand den Inhalt kritisch anschaut. Wenn man dies dann doch tut, stößt man allerdings sehr schnell auf Widersprüche und Ungereimtheiten, die man eigentlich nur noch offenlegen muss, um eine andere Perspektive gewinnen zu können. Mit Blick auf einige der besonders schwer zu überwindenden Glaubensmuster in der westlichen Debatte um die Veränderungen seit 1989 zeigen sich regelrechte Lebenslügen des Westens. Sie stehen in allen Grundsatzreden, bestimmen den Selbstversicherungskurs maßgeblicher politischer Eliten und werden fast als sakrosankte Setzungen behandelt. Wenn man sie aber gegen den Strich bürstet, zeigt sich ein völlig anderes Bild. An drei Beispielen wollen wir uns dieses Phänomen genauer anschauen.

Der verlorene Krieg gegen den Terror

Der sogenannte »Krieg gegen den Terror« dauert nun schon ein Jahrzehnt. Unter der Administration Obama ist der Kampfbegriff der Regierung George W. Bush zwar im politischen Sprachgebrauch aus der Mode gekommen, aber bei der Verkündung der Tötung von Osama Bin Laden wurde er vom amerikanischen Präsidenten Obama wieder benutzt. In Anbetracht offensichtlich auch nach dem Tod des al-Qaida-Chefs fortbestehender Bedrohungen steht die Bekämpfung von internationalem Terrorismus in allen westlichen Staaten nach wie vor oben auf der Agenda politischer Dringlichkeit. Das hat in Anbetracht der konkreten Angriffe und Bedrohungen der letzten Jahre auch seine Berechtigung. Der Krieg gegen den Terror begann in Afghanistan. Bis heute ist das Land sein zentraler Schauplatz. Er war zunächst ein Rachefeldzug für die Anschläge vom 11. September 2001 und als Warnung gedacht für die Regierungen, die Terroristen Rückzugsgebiete und Schutz bieten. Erst im zweiten Schritt ging es um die Einführung von Demokratie, von der man gehofft hatte, dass sie das historisch seit jeher chronisch instabile Land modernisieren und stabilisieren würde. Als auch dieses Ziel offensichtlich nicht erreichbar war, ging es in politischen Stellungnahmen plötzlich nur noch um die Stabilisierung Afghanistans, wobei schon die Ausbildung von einigen Hundert Polizeikräften als wesentlicher Stabilisierungsbeitrag schöngeredet werden musste.[39] Gemessen an den ursprünglichen Zielen ist die Bilanz eindeutig: Der Rachefeldzug gegen die Taliban ist mit ihrer ursprünglichen Vertreibung von der Macht gelungen, aber alle anderen Zielsetzungen konnten bis heute nicht einmal in Ansätzen erreicht werden. Entsprechend wächst die Kluft zwischen dem internationalen Stabilisierungseinsatz und seiner Akzeptanz in den Bevölkerungen der beteiligten Nationen ständig. Afghanistan ist zum Prüfstein für die Interventionsfähigkeit des Westens, vor allem aber für die Leistungsfähigkeit der NATO geworden. Und es ist ein klassischer Fall für angewandte Gebetsmühlenpolitik. Da Demokratien nun mal auf Dauer für militärische Einsätze die Unterstützung von Parlamenten und Öffentlichkeit brauchen, ist schwierige »Überzeugungsarbeit« angesagt. Denn trotz aller Bekundungen des Gegenteils bleibt die Bilanz politischer, ökonomischer und vor allem militärischer Anstrengungen zur Stabilisierung Afghanistans mehr als ernüchternd.

Halten wir also für einen Augenblick die Gebetsmühle an. Dann kann man eigentlich nur sachlich feststellen: Auch wenn wir es nicht wahrhaben wollen – den Krieg gegen den Terror hat der Westen verloren.

Der Grund ist einfach: Solche Kriege lassen sich nicht gewinnen. Man kann Kriege gegen klar definierbare Gegner, nicht aber gegen asymmetrische Angriffstechniken gewinnen. Wir haben ja auch keine Kriege gegen Kalaschnikows oder Mittelstreckenraketen geführt. Das haben wir wohl allzu leichtfertig übersehen: Internationale Terroristen – gleich ob wir ihre Namen kennen oder nicht – taugen weder als dauerhafte Feindbilder, noch bieten sie ein ernst zu nehmendes Gegenmodell zu unseren Werte- und Gesellschaftsmodellen, an denen man sich abarbeiten könnte. Ihr Ziel heißt nur Angst und Zerstörung.

Aber auch das zweite Standbein der westlichen Philosophie, der Versuch, im Dialog zur Lösung von Konflikten zu kommen, scheitert mit Terroristen, die bereit sind, ihren eigenen Tod in Kauf zu nehmen, um durch die Traumatisierung westlicher Gesellschaften ihre politischen Ziele zu erreichen. Entspannung setzt rational handelnde, berechenbare und im Idealfall auch vertrauenswürdige Akteure voraus. Terror setzt auf Emotionen und kann insofern auch weitgehend auf die Entwicklung alternativer Gegenmodelle zur westlichen Konzeption von Demokratie und Marktwirtschaft verzichten. Terror ist eine Technik, die zerstört, ohne Alternativen anzubieten.

In diesem Sinne ist Terror zwar eine Technik der asymmetrischen Bedrohung und Vernichtung. Aber nur das Ausmaß der von ihnen angerichteten Schäden unterscheidet Terroristen von gewöhnlichen Kriminellen. An den Erfolg einer Politik, die darauf setzt, Terroristen dort zu bekämpfen, wo sie ausgebildet werden und Zuflucht suchen, kann nur jemand glauben, der auch den Glauben nicht verloren hat, dass Sisyphos nicht nur glücklich, sondern auch noch erfolgreich war.

Dass nicht alles Gold ist, was glänzt in der immer wieder beschworenen Bilanz der Erfolge des Westens, wird ein Jahrzehnt nach dem Beginn des Krieges immer deutlicher. Mittlerweile scheint sich diese Einsicht allmählich durchzusetzen, aber Politik und Medien schrecken vor klaren Worten und den notwendigen Konsequenzen zurück. Es stellt sich geradezu Milde ein in den Kommentaren über den Stand der internationalen Bemühungen um die Bekämpfung des Terrorismus. Michael Stürmer, einer, der dafür bekannt ist, durchaus klar und provozierend zu formulieren, möchte am liebsten ganz schnell umblättern im Buch der Geschichte, um zur Tagesordnung transatlantisch bestimmter Weltpolitik zurückkehren zu können. Er schreibt: »Dass der 2001 erklärte ›War on Terror‹ konzeptionell und auf dem Terrain seine Schwächen hat (sic!, E. S.), ins Uferlose geht und damit in Rückschläge, Enttäuschungen und Niederlagen, das steht auf einem anderen Blatt und gehört vielleicht zur Tragik eines ungewinnbaren Krieges, in dem Abschreckung nicht gilt und totale Abwehr unmöglich ist.«[40]

Ob solche relativierenden Urteile tatsächlich helfen, neue und effiziente Wege der Terrorbekämpfung zu finden, sei dahingestellt. Die neuen Bedrohungen, denen sich Europa und die USA gemeinsam ausgesetzt sehen, lassen sich allein durch Aufrüstungsmaßnahmen und militärische Technologieüberlegenheit nicht erfolgreich bekämpfen. Osama Bin Laden konnte trotz eines erheblichen Einsatzes von modernster Überwachungstechnologie in den unwegsamen Grenzregionen zwischen Afghanistan und Pakistan fast zehn Jahre lang nicht gefasst werden. Wer auf die Benutzung von Mobiltelefonen verzichtet und stattdessen Laufburschen mit mündlichen Botschaften von Tal zu Tal im unübersichtlichen Grenzland zwischen Pakistan und Afghanistan schickt, bleibt eben den Ortungsversuchen durch westliche Satelliten verborgen. Wieder einmal begegnen wir einem Paradox, das politische und militärische Planer regelmäßig zu überfordern scheint: Die Kommunikationstechnologien des Mittelalters können sich denen des 21. Jahrhunderts als durchaus überlegen erweisen. Erst ein eigentlich unbedeutender Fehler bei einem Mobiltelefonat brachte die US-Truppen auf seine Spur.

Selbst nach dem Tod Bin Ladens bleibt nur eine Einsicht: »Siegen« in diesem Krieg gegen den Terror könnte nur, wem es gelänge, einen unerfüllbaren Traum der Menschheit überzeugend und nachhaltig in die Tat umzusetzen: den Traum nämlich, eine Brücke zu schlagen zwischen den Lebenserwartungen der Nutznießer der Globalisierung und denjenigen, die ohne Perspektiven festsitzen in den Gettos von Armut, Gewalt und zerfallenden staatlichen Ordnungen. Nur beinharte Idealisten dürften wirklich erwarten, dass dieses Ziel sich in absehbarer Zukunft erreichen lässt. Eine realistische Sicht der Dinge zeigt, dass hier eine der wesentlichen Ursachen und auch eine ständige Motivation für Terror liegen.

Die Ergebnisse dieser Politik lassen sich nicht einmal mit Großmut wirklich schönreden. »Inzwischen sind die Taliban die wahren Machthaber in Afghanistan.«[41] Mit diesen nüchternen Worten charakterisierte ein ZDF-Korrespondent die Situation in dem Land am Hindukusch neun Jahre nach dem Beginn des Krieges gegen die Taliban und ihrer Vertreibung von der Macht durch den von den USA geführten Militäreinsatz. Die Taliban sind zurück. Sie sprechen Recht, sie kassieren Steuern, sie bestimmen längst überall dort, wo ISAF-Truppen nicht unmittelbar präsent sind, das Geschehen im täglichen Leben der Menschen.

Die *Basler Zeitung* zieht entsprechend eine eindeutige Bilanz: »Das Wiedererstarken der Taliban ist nicht nur auf ihre professionellere Kriegsführung zurückzuführen. Die radikalislamische Organisation kann auch auf einen zunehmenden Rückhalt in der Bevölkerung zählen. Gemäß einer Studie des ›Afghan Analysts Network‹ gewinnen die Taliban zunehmend auch außerhalb ihrer traditionellen paschtunischen Bevölkerungsgruppe an Einfluss.«[42]

Und folglich fehlt es auch nicht an mahnenden Worten westlicher Politiker, dass ein Frieden und eine Stabilisierung Afghanistans letztlich nur zu erreichen wären, wenn man bereit sei, mit den gemäßigten Taliban direkt zu verhandeln. Das mag heute alles richtig sein. Aber wenn man zurückdenkt an die Erklärungen und Begründungen für diesen Krieg, wird man unschwer eines feststellen: Das war nicht das Ziel der militärischen Intervention in Afghanistan – am Ende mit eben den Taliban, die man wegen ihrer Unterstützung für al-Qaida von der Macht vertreiben wollte, letztlich um Frieden, Sicherheit und Stabilität in Afghanistan verhandeln zu müssen.

Der verlorene Krieg gegen den Terror hat die zentralen Auseinandersetzungen zwar in die Ursprungsländer von Terrorismus verlagert, aber die Risiken für die Bevölkerungen des Westens sind dadurch keineswegs geringer geworden. Gegen künftige Anschläge gibt es keinen absoluten Schutz. Die Mobilität und Gefährlichkeit von Terroristen sind trotz aller Sicherheitsmaßnahmen unkalkulierbar geblieben. Terror gehört zur Bilanz eines Jahrzehnts des Schreckens genauso dazu, wie die Debatten um die Erfolge bei seiner Bekämpfung eine der wesentlichen Lebenslügen des Westens markieren.

An den Begriff »Kollateralschaden« haben wir uns mittlerweile gewöhnt. Bei vielen militärischen Maßnahmen gegen Terroristen sterben auch unschuldige Zivilisten, nur weil sie zur falschen Zeit am falschen Ort waren. Der eigentliche Kollateralschaden ist jedoch ein anderer. Bei militärischen Maßnahmen gegen den Terror blieb vor allem eines auf der Strecke: die Glaubwürdigkeit des Westens und seiner viel beschworenen Werte in weiten Teilen der nicht westlichen Welt.

Transatlantischer Selbstbetrug

»We can only succeed if we work together across the Atlantic!«[43] Ein Satz, den der deutsche Botschafter in den USA, Klaus Scharioth, mit Inbrunst ausspricht, während sein amerikanischer Amtskollege Phil Murphy daneben steht und zustimmend lächelt. Bedauerlich ist nur, dass solche Sätze nur noch für Botschafter (oder bestenfalls reisende Politiker) zum Redeinventar gehören. Mit der Realität haben sie nicht mehr viel zu tun. Transatlantische Beziehungen werden seit Jahren konsequent schöner geredet, als sie tatsächlich sind.

Mit dieser These konfrontiert, wirkt der folgende Einwand des amerikanischen Botschafters auf den ersten Blick überzeugend. Er weiß natürlich um die tagtäglichen Schwierigkeiten in der Gestaltung gerade der deutsch-amerikanischen Beziehungen. »Das hat etwas mit den Wahrnehmungsmustern der Menschen zu tun«, sagt er und führt aus, dass wir Dinge, die sich schnell ändern, sehr viel deutlicher und nachhaltiger wahrnehmen als die großen und verlässlichen Konstanten, an die wir uns gewöhnt haben und die uns deshalb nicht mehr als etwas Besonderes erscheinen. Die transatlantische Partnerschaft sei eine solche Konstante, sagt Murphy mit dem

Brustton der Überzeugung. Auf den ersten Blick ein bestechendes Argument. Aber bei genauerem Hinsehen mag man den Optimismus, der dieser Bewertung zugrunde liegt, nur dann teilen, wenn man sich in die Gemeinde der überzeugten Transatlantiker einreihen möchte.

Natürlich fällt es denen, die ihr Leben lang an einer Verbesserung der Beziehungen zwischen Europa und den USA gearbeitet haben, schwer, grundsätzliche Kritik am Zustand transatlantischer Beziehungen zu akzeptieren. Gläubige Transatlantiker zeichnen sich als Gruppe immer noch dadurch aus, dass sie überwiegend männlich, häufig deutlich über 60 Jahre alt und unerschütterlich im Glauben an transatlantische Werte sind. Die meisten von ihnen haben überdies mindestens 200 Transatlantikflüge im Laufe ihrer Tätigkeit absolviert. Das klingt despektierlicher, als es gemeint ist. Entsprechend zurückhaltend kommentiert der ehemalige deutsche Außenminister Frank-Walter Steinmeier: »Die Transatlantiker auf beiden Seiten bilden einen zunehmend exklusiven und in seiner Mitgliedschaft immer älter werdenden Klub, der die gesellschaftlichen Debatten in Europa und den USA immer weniger zu prägen versteht.«[44] Noch hört und liest man solche Einschätzungen eher selten. Üblich sind vielmehr die gebetsmühlenhaft wiederholten Beschwörungsformeln der Vergangenheit.

Die langjährige Leiterin des Büros der Friedrich-Ebert-Stiftung in Washington, Almut Wieland-Karimi, formuliert das traditionelle transatlantische Glaubensbekenntnis in typischen Worten als schlichte Feststellung: »Das feste Fundament der transatlantischen Partnerschaft bildeten neben engen Wirtschaftsbeziehungen gemeinsame Werte.« Das ist im ersten Teil der Aussage sicherlich richtig und leicht belegbar: »Europa und die USA befinden sich in der weltweit engsten und größten ökonomischen Partnerschaft. Diese zeichnet sich durch intensive Handelsbeziehungen, die jeweilige Präsenz auf dem Markt des anderen und hohe Investitionen aus. Laut Schätzungen liegt der Gesamtwert der transatlantischen Wirtschaftsbeziehungen bei 2,5 Billionen US-Dollar und sorgt für 14 Millionen Arbeitsplätze auf beiden Seiten des Atlantiks.«[45] Der Wertebezug hingegen ist so oft strapaziert worden, dass er fast automatisiert wiederholt wird, wann immer transatlantische Grundsatzbekenntnisse gefragt sind.

Wenn es einen Ort gibt, an dem die euro-atlantische Sicherheitsgemeinde jährlich zusammenkommt, um anstehende Probleme der internationalen Politik im Kreise von Gleichgesinnten zu diskutieren, dann ist es die Münchner Sicherheitskonferenz.

Auch auf dem 47. Treffen im Februar 2011 waren alle Reden wieder einmal politisch korrekt. Der ehemalige deutsche Verteidigungsminister Karl-Theodor zu Guttenberg legte vor mit einer Tour d'Horizont, in der das Herzstück das Bekenntnis zur transatlantischen Partnerschaft war – allerdings bei allem Verbaloptimismus garniert mit Warnungen, was passieren könnte, wenn eine transpazifische Perspektive der USA die transatlantische überwölben sollte. Und im Stile Kassandras fährt er fort mit dem Hinweis, dass dann jene gewinnen würden, »die neue Regeln wollen, die nicht die unseren sind«. Die amerikanische Außenministerin Hillary Clinton sekundiert mit einer Rede, deren Kernsatz in der These besteht, die transatlantische Partnerschaft sei noch nie stärker gewesen als heute. Ob sie diesen Satz in Washington und erst recht auf einer Reise nach Asien so sagen würde, kann dahingestellt bleiben. In München wird von Jahr zu Jahr deutlicher sichtbar, dass es eine offene Diskrepanz gibt zwischen den Überzeugungen der Zuhörer im Saal, die alle der alten Partnerschaft verpflichtet sind, und den Themen auf dem Podium, die alle globalen Ursprungs und Ausmaßes sind. Nur gelegentlich wird deutliche Kritik ausgesprochen. Der ehemalige deutsche Außenminister Joschka Fischer hat es getan. Als hauptamtlicher Grüner hatte Joschka Fischer selbst in seiner Zeit als deutscher Außenminister sicher nie das Gefühl, zu diesem Kreis wirklich dazuzugehören. Sein Fremdeln konnte man bei seinen Auftritten auf der Münchner Sicherheitskonferenz fast mit Händen greifen. Es wundert also nicht sonderlich, dass er in seinen Memoiren zu seinem denkwürdigen Auftritt im Jahr 2003 kein Blatt vor den Mund nimmt.

»Einmal im Jahr versammeln sich die nordatlantischen Außen- und Sicherheitspolitiker zu dieser – früher im altfränkischen Deutsch durchaus zutreffend als ›Wehrkundetagung‹ bezeichneten – Konferenz, um Bedrohungsszenarien zu beschwören, Sicherheitsanalysen auszutauschen, den Transatlantismus zu pflegen und ansonsten der arkanen Wissenschaft der Sicherheitspolitik zu huldigen. Politiker, Journalisten, Militärs, Vertreter der Rüstungsindustrie – überwiegend eine männliche Veranstaltung – gaben dem Treffen den Charakter eines Altherrenklubs, in dem man in wissend gedämpfter Tonlage einem harten politischen Realismus frönte und es den Idealisten, Gutmenschen und sonstigen Illusionisten ganz nebenbei besorgte.«[46]

Natürlich übertreibt Fischer, aber er trifft auch ein Stück weit den Kern der Sache. Wer in München im Ballsaal des Hotels Bayerischer Hof als Teilnehmer sitzt, gehört zur euroatlantischen Sicherheitsgemeinschaft, wie man sich im Kreise der Eingeweihten selbst gerne nennt. Aber die hat ein Problem, das niemand besser aufs Korn genommen hat als der Leiter der Redaktion Außenpolitik der *Süddeutschen Zeitung*, Stefan Kornelius. Er gehört zur Journalistenriege der versammelten Transatlantiker und befindet zur Konferenz des Jahres 2011 nüchtern und gelassen: »Die Münchner Sicherheitskonferenz ist eine Manifestation der Ratlosigkeit. Selten haben sich so viele Mächtige versammelt, um am Ende nur eines tun zu können: Sie müssen ihre Ohnmacht eingestehen.« In Anbetracht der parallel verlaufenden Ereignisse in Kairo war die Ohnmacht der Allmacht des Westens mit Händen greifbar. Folglich zieht Kornelius eine einfache, aber der Gemeinde nur schwer vermittelbare Konsequenz: »Es beginnt eine neue Phase, in der Demut und Selbstbegrenzung geboten sind. Und im Mittelpunkt steht die Erkenntnis, dass sich Demokratie und Freiheit nicht von außen erzwingen oder kaufen lassen – sie müssen von innen gewollt sein.«[47] So weit, so gut. Aber fragen wir uns nun, was das für eine immer wieder beschworene Politik der Neubegründung, Stärkung oder des Ausbaus transatlantischer Beziehungen bedeutet.

Mythen sterben langsam! Dies gilt nirgendwo mehr als in den transatlantischen Beziehungen. Die Debatten um den Irak-Krieg, die nach 2002 auf beiden Seiten so emotional und heftig geführt wurden, haben sie lediglich offengelegt. Zwei dieser Mythen verdienen besondere Erwähnung.

Da ist zunächst der Mythos transatlantischer Selbstzufriedenheit, der seit dem Ende des Ost-West-Konflikts dazu geführt hat, dass wir gerade die Beziehungen Europas zu den USA in dem sicheren Gefühl eines gemeinsamen Sieges betrachtet haben. Nun mussten wir schon feststellen, dass die Erwartung, die Welt werde friedlicher nach dem Ende des Zentralkonflikts des 20. Jahrhunderts, falsch war. Die Annahme einer automatischen transatlantischen Solidarität ist ebenso falsch. Die USA wechseln nur zu verständlich ihre strategische Perspektive, wenn es nach ihrer Interessenlage geboten erscheint. Europa ist aus ihrer Perspektive an den Rand gerückt. An klaren Worten fehlt es keineswegs. Jeremy Shapiro, ein Berater der amerikanischen Außenministerin für Europa und Eurasien, zeichnet ein angemessen nüchternes Bild, das sich wie folgt paraphrasieren lässt: »Europa redet immer noch von einer gemeinsamen Vergangenheit und von gemeinsamen Werten. Damit wird impliziert, dass Europa der natürliche und traditionell wichtigste Partner der USA ist. ... Die USA verhalten sich pragmatisch: Sie ignorieren Europa, wenn es keine geeinte Meinung hat, beispielsweise in der China-Politik; sie umgehen es, wenn es als Opposition auftritt, wie bei Problemen im Irak und im Nahen Osten; sie nutzen Europa, wenn sie auf Zustimmung stoßen, wie es im Afghanistan- und Iran-Konflikt der Fall ist; sie spalten Europa und setzen eigene Ziele mit Partnern gleicher Meinung um, zum Beispiel bei Verhandlungen mit Russland. Die Obama-Administration sieht sich nicht länger als Schutzpatron Europas, sondern sucht nach einem ebenbürtigen Partner mit eigenen Zielen und klar formulierten Standpunkten.«[48] Klarer kann man die Probleme des Selbstbetrugs der Europäer kaum noch formulieren.

Dies wird umso deutlicher, wenn wir uns dem zweiten Mythos transatlantischer Debatten zuwenden. Er basiert auf der Annahme einer transatlantischen Wertegemeinschaft, die so sehr von gemeinsamen Werten getragen werde, dass sich daran kaum rütteln lasse. Das soll auch gar nicht grundsätzlich bestritten werden. Sicherlich sind gemeinsame Werte vorhanden. Sie sind auch wichtig. Aber wenn man nur weit genug abstrahiert, fehlt diesen Werten die Fähigkeit, konkretes politisches Handeln unmittelbar zu bestimmen. Werte wie Demokratie, Menschenrechte, individuelle Freiheit etc. sind im transatlantischen Kontext entstanden und haben dort ihre Bewährungsprobe bestanden. Aber wir teilen sie auch mit jeder anderen Demokratie in der Welt. Nichts davon ist heute mehr allein »transatlantisch«, wo wir uns ohnehin bemühen, diesen Wertemustern zur globalen Geltung zu verhelfen.

Europa gefällt sich immer noch in seiner Rolle als engster Verbündeter der USA. Die Wahl Obamas hat gerade in Europa neue Hoffnungen geweckt, die längst wieder verflogen sind, denn die grundsätzlichen transatlantischen Interessenunterschiede bestehen fort, zum Teil verschärfen sie sich sogar.

Auch die Hoffnung, unter Präsident Obama würde das alles anders und wieder besser werden als unter seinem Vorgänger Bush, hat getrogen. Und Obama lässt es auch nicht an klaren Signalen fehlen. Im Februar 2010 sagte er kurzerhand den eigentlich turnusgemäß anstehenden EU-USA-Gipfel ab. »Wenig beeindruckt« sei er von dem Gipfel des Jahres 2009 in Prag gewesen, hieß es aus seiner Umgebung. An reinen Showveranstaltungen zur Beruhigung der Europäer liegt ihm nichts. In Washington herrschte Verwirrung darüber, »wer in Europa federführend war und wo das Gipfeltreffen als Zeichen neuer Führung wirklich veranstaltet werden sollte. Es wurde auch gesagt, dass die offiziellen US-Vertreter frustriert darüber seien, dass der Lissabon-Vertrag der EU immer noch keine einheitliche Stimme verliehen hat, welche den Beziehungen mehr Kontinuität geben würde.«[49]

Der Gipfel fand dann schließlich doch am 20. November 2010 in Lissabon statt. An Gebetsmühlenrhetorik hat es natürlich wieder nicht gefehlt: »Vor dem Gipfel überschütten sich beide Seiten mit Lob. Die transatlantischen Beziehungen seien ›einzigartig‹ und entscheidend für den globalen Wohlstand, heißt es vonseiten der EU. ›Die Vereinigten Staaten haben bei der Förderung von Sicherheit und Wohlstand auf der ganzen Welt keinen engeren Partner als Europa‹, heißt es aus dem Weißen Haus. ›Unsere wirtschaftlichen Beziehungen sind entscheidend für den globalen Wohlstand, und wir werden für ein starkes und nachhaltiges Wachstum in unseren Volkswirtschaften zusammenarbeiten.‹«[50]

Das peinliche Signal an die Europäer konnte dadurch allerdings nicht wirklich schöngeredet werden. Es ist offensichtlich, dass die neue Administration weniger Interesse an einem überdehnten und entscheidungsschwachen Europa hat, aber dadurch allein wird Europa nicht stark. Erwartungen insbesondere an die USA zu pflegen, ist jetzt die falsche Strategie. Aber noch scheint das leichter zu sein, als die EU selbst zu einem Interessenträger aus eigener Kraft zu machen. In vielen aktuellen Bereichen globaler Risikopolitik hat die EU (noch) keine eigene Politik anzubieten. Die Konsequenz ist ebenso einfach wie riskant: Die EU beschränkt sich auf wortreichen Symbolismus und wird immer weniger ernst genommen. Dies gilt sowohl für die USA, aber erst recht für die politischen Eliten der Schwellenländer. Sie treiben Handel, aber sie lassen sich nicht mehr politisch von Europa belehren.

Für eingefleischte Transatlantiker ist es offene Häresie, aber die transatlantische Brücke trägt nicht mehr automatisch. Während uns im Kalten Krieg die gemeinsame Bedrohung und der Schutzschirm der USA über Europa zusammengehalten haben, sind Verlegenheitslösungen unter Bush und zwischenzeitlich eine blanke Obamania kaum tragfähige Voraussetzungen für belastbares gemeinsames Handeln. Die Ausrede, Bush sei an allem schuld, funktioniert bald nicht mehr, und die Einsicht will nicht in unsere Köpfe, dass die USA keine »europäische Macht« mehr sind, wie sie es in den guten alten Zeiten des Kalten Krieges sicherlich waren. Heute liegt das strategische Interesse der USA im Pazifik, im Nahen und Mittleren Osten und in Südasien. Es sollte uns natürlich freuen, nicht mehr im Brennpunkt globaler Spannungen zu leben. Aber gerade deshalb gibt es keine Ausreden mehr, die neue Machttektonik der Welt nicht zu erkennen und entsprechend darauf zu reagieren. Das heißt zunächst nur eines: Auch in den transatlantischen Beziehungen ist radikales Umdenken angesagt. Idealistische Sprüche über gemeinsame Werte haben wir genug gehört. Ein reiner Bezug auf gemeinsame Werte verkommt zur Floskel, wenn daraus keine politisch umsetzbaren gemeinsamen Interessen entstehen. Dass wir »nur gemeinsam stark sind«, wird uns immer wieder gleichsam als Tatsache aufgetischt. Bedauerlicherweise bleiben solche Bekundungen graue Theorie. Mit der Wirklichkeit transatlantischer Interessendivergenzen haben sie kaum noch etwas zu tun.

Es ist Zeit für einen ehrlichen und realistischen Kassensturz in den transatlantischen Beziehungen. Schlichte Freundlichkeiten zwischen Spitzenpolitikern reichen bei Weitem nicht mehr aus, um die auseinanderlaufende Interessenlage zu überdecken. Das Amerika, das wir Europäer gerne wahrnehmen, ist immer noch das Amerika der Neuenglandstaaten, der global aufgeschlossenen Eliten, die man in New York, Washington und Boston trifft. Das pazifische Amerika hat eine gänzlich andere, transpazifisch und hispanisch geprägte Perspektive. Und das große Kernland dazwischen bleibt dem Kirchturmdenken und fundamentalistischen Werten verhaftet.

Im November 2009 konnte man live im Fernsehen verfolgen, wie symbolisch überfrachtet die Betonung einer transatlantischen Wertegemeinschaft ist. Der deutschen Bundeskanzlerin war die beachtliche Ehre zuteilgeworden, vor beiden Häusern des amerikanischen Kongresses zu sprechen. Im ersten Teil ihrer Rede, in der sie sehr persönlich auf ihre eigenen Erfahrungen im Kampf um Freiheit in der ehemaligen DDR einging, wurden ihr in zehn Minuten sieben stehende Ovationen zuteil. Als sie aber im zweiten Teil ihrer Rede auf die Bedeutung von Klimaschutz für die Zukunft der Menschheit einging, rührte die republikanische Hälfte des Auditoriums keine Hand zum Applaus. Gemeinsame Interessen sehen anders aus, möchte man meinen.

Schließlich darf man nicht vergessen, dass es mittlerweile mehr Trennendes als Gemeinsames in fast allen wesentlichen Politikbereichen gibt. Innenpolitisch besteht auf beiden Seiten des Atlantiks kein Einvernehmen über die Rolle des Staates und die Bedeutung individueller Freiheit gegen staatliche Eingriffe, selbst wenn es sich um Vorsorgemaßnahmen wie Krankenversicherungen und Ähnliches handelt. Was in Europa als selbstverständliche Leistung des Staates gilt, grenzt in den USA an Kommunismus. Soziale Gerechtigkeit, wirtschaftliche Fairness, Defizite im Staatshaushalt und die (gerechte) Verteilung von Wohlstand werden grundsätzlich unterschiedlich interpretiert. Auf internationaler Ebene gibt es kein Einvernehmen über Fragen nationaler Souveränität und die Rolle internationaler Institutionen (vom Strafgerichtshof bis zu den Vereinten Nationen). Offene Kontroversen prägen die transatlantischen Diskussionen zur Bekämpfung der globalen Finanzkrise, des internationalen Handels und der Währungspolitik. Und nicht zuletzt an der Frage des Aufstiegs neuer Mächte und ihrer Integration in globale Kooperationszusammenhänge scheiden sich die Geister. Gemeinsame Werte zu haben, ist in Anbetracht dieser Palette von Unterschieden eigentlich nur ein schwacher Trost.

Selbst im Bereich wirtschaftlicher Zusammenarbeit zeigen sich strategische Unterschiede in aller Deutlichkeit. Trotz des stetig und stereotyp wiederholten Bekenntnisses zur Zusammenarbeit verlassen sich beide Seiten bei zukunftsrelevanter Großtechnologie nicht auf den Partner, sondern gehen konsequent und in offener Konkurrenz eigene Wege: NASA und das europäische Raumfahrtprogramm ESA, Boeing und Airbus, GPS und Galileo stehen für solche Großprojekte. Das einzige gemeinsame transatlantische Rüstungsprojekt MEADS (Medium Extended Air Defense System), ein Raketenabwehrsystem, das das veraltete Patriot-System ablösen sollte, ist im Februar 2011 zunächst von den USA, dann auch von Deutschland aufgekündigt worden. Dem dritten Partner Italien wurde so die Entscheidung abgenommen.

Insgesamt kann das für Europa nur eines heißen: Wer in den USA als verlässlicher Partner ernst genommen werden will, muss bereit und fähig sein, mehr zu tun, als sich nur verbal auf die glorreiche Vergangenheit und gemeinsame Werte zu berufen. Wer ernst genommen werden will, muss liefern. Noch ist Europa dazu weder bereit noch in der Lage. Beiderseitige Enttäuschung und der nächste transatlantische Katzenjammer sind also schon vorprogrammiert. Aber vielleicht hilft den Europäern ja die derzeitige Krise, zumindest einzusehen, dass sie in der unmittelbaren Gefahr stehen, in der künftigen globalen Ordnung am Ende dieser Krise an den Rand gedrängt zu werden.

Europa ist aus dem Dornröschenschlaf der vergangenen 20 Jahre noch nicht erwacht. Es würde sich mehr als lohnen, gelassener über die Welt und Europas Rolle in 20 Jahren nachzudenken. Statt perfekt einstudierter Gebetsmühlenpolitik würde ein realistischer Blick auf die Erwartungen in den USA schon weiterhelfen. An entsprechenden Warnsignalen fehlt es nicht: Im November 2008 legte der National Intelligence Council (NIC) seinen Bericht »Global Trends 2025 – A Transformed World« vor. Europa wird in der Rubrik »andere Schlüsselakteure« in zweieinhalb Spalten mit dem Zusatz beschrieben »loosing clout in 2025« (Einflussverlust im Jahre 2025). Deutschland wird nicht einmal erwähnt. Das ist die Realität transatlantischer Wahrnehmungen. Weder gebetsmühlenartige Beschwörungsformeln noch die automatisierte Flucht in Forderungen nach immer wieder neuen Institutionen werden daran etwas ändern. Solange Europa auf Amerika wartet, anstatt selbst die Initiative des Handelns in die Hand zu nehmen, bleibt es ein Akteur zweiter Klasse und muss damit leben, immer weniger ernst genommen zu werden. Es ist höchste Zeit, diesen Formen des transatlantischen Selbstbetrugs ein Ende zu setzen.

Das Kreuz mit den Werten

Die dritte Lebenslüge des Westens, mit der wir uns hier beschäftigen wollen, hat mit der Debatte um Werte zu tun, die wir aus westlicher Sicht immer noch glauben, aus einem Gefühl der Überlegenheit führen zu können. Wertedebatten sind unbezweifelbar wichtig. Sie dienen in jeder Kultur, in jedem Staate und in jeder Gemeinschaft der Selbstvergewisserung und der Selbstverständigung. Sie haben manch eine Diskussion der vergangenen zehn Jahre geprägt. Immerhin hatte es nach dem Ende des Ost-West-Konfliktes so ausgesehen, als hätte sich der Westen mit seinem politisch und wirtschaftlich durch die Kombination von Demokratie und Marktwirtschaft ausgewiesenen Wertesystem allen anderen Modellen als deutlich überlegen erwiesen. Diese Einstellung hat sich zehn Jahre später, wie wir gesehen haben, merklich verändert. Aber im politischen Denken des Westens ist diese Botschaft noch nicht wirklich angekommen. Entsprechend groß ist die Diskrepanz zwischen den Bekundungen, für die Verbreitung westlicher Werte einzutreten, und der tatsächlichen Politik und ihren Ergebnissen. Wenn Werte zur Grundlage missionarischer Politik werden, ist oft der Weg in Sendungsbewusstsein und Ideologie die Folge. Dies gilt erst recht, wenn sie konjunkturell behandelt werden, also immer dann ins Feld geführt werden, wenn es gerade politisch opportun erscheint.

Deshalb hören Wertedebatten irgendwann klammheimlich auch wieder auf, nur um bei nächster Gelegenheit erneut aus der Schublade gezogen zu werden, wenn es gerade mal wieder politisch sinnvoll erscheint. In der Regel führen sie auch zu keinem Ergebnis. Das hat mit einem einfachen, aber sehr wichtigen Sachverhalt zu tun: In einer auf Glaubwürdigkeit ausgerichteten Politik sind Werte nicht verhandelbar und auch nicht kompromissfähig. Wer Wertedebatten führt, geht aufs Ganze – und riskiert eben seine Glaubwürdigkeit, wenn er Werte zu deren Nachteil mit anderen wichtigen Interessen abgleichen muss.

An Jubiläums- und Gedenktagen wird von westlichen Politikern ein rhetorisch immer wieder zelebrierter Konsens wiederholt: Westliche Werte und vor allem Menschenrechte, so heißt es dann in den üblichen Reden, seien universell, Kernbestand unseres westlichen Wertesystems und zentrales Interesse unserer Außenpolitik. Menschenrechte zu schützen, gehöre nicht nur zu den Aufgaben des eigenen Staates, sondern sei auch zentrales Anliegen im Umgang mit allen Staaten, in denen sie noch verletzt würden. So weit der rhetorische Konsens. Aber Reden an Jubiläums- und Gedenktagen ersetzen keine praktische Politik und erst recht schaffen sie keine Wertepolitik, die gleichermaßen glaubwürdig und effektiv sein kann.

Wenn wir uns nur die Mühe machen würden, einmal einen Augenblick unsere selbstherrlichen Debatten hintanzustellen und hinzuschauen, wie man beispielsweise solche Fragen in China diskutiert, würde sehr schnell ein völlig anderes Bild und damit auch die Möglichkeit einer völlig anderen Politik in den Bereich des Möglichen kommen. Selbst unter denjenigen, die in China aktiv das Konzept universeller Werte und

Menschenrechte hochhalten, herrscht Skepsis vor, ob das vom Westen propagierte Bild zu ihnen passt: »Die Vorstellung einer ›internationalen Gemeinschaft‹, in der sich jedes Land der Erde ohne Arg aufgehoben fühlen kann, würde den meisten von ihnen naiv vorkommen. Die historische Erfahrung lehrt sie, dass keine ausländische Macht sie vor den innen- und außenpolitischen Schrecken der letzten Jahrzehnte bewahrt hat: weder vor dem Opiumkrieg noch vor dem Terrorregime der Taiping, weder vor der Unterjochung durch die Japaner noch vor dem Bürgerkrieg, nicht vor der Hungerkatastrophe Ende der 50er-Jahre noch vor der Kulturrevolution. Viele nicht westliche Länder mussten in den letzten Jahrhunderten die Erfahrung machen, dass sie im Notfall nur auf sich selbst verwiesen waren.«[51] Glaubwürdigkeit ist folglich auch das große Defizit solcher Debatten. Um sie zu erreichen, müsste wohl erst der Wunschtraum in Erfüllung gehen, dass diese geführt werden, ohne dass man im Westen das eigene Wohlbefinden in den Mittelpunkt stellt.

Nehmen wir für einen Augenblick die Lieblingsdebatte des mitteleuropäischen Gutmenschen als Beispiel: Menschenrechtsverletzungen in Tibet. In schöner Regelmäßigkeit – und immer wenn der Dalai-Lama nach Europa reist – führen wir in Deutschland eine scheinbar außenpolitische Debatte mit China über Menschenrechtsverletzungen in Tibet, die doch eigentlich im Kern völlig innenpolitisch bestimmt ist. Wer sich beteiligt, erntet hierzulande breite Zustimmung in der öffentlichen Meinung. Eine gigantische Versuchung für Politiker, sich mit Gebetsschal umkränzt mit dem tibetischen Würdenträger ablichten zu lassen.

Ein realistischer Blick auf die Ergebnisse und Auswirkungen einer solchen Politik zeigt jedoch ein ganz anderes Bild: Wer Länder wie China in Fragen der Menschenrechtspolitik an den Pranger stellt und durch internationalen Druck versucht, die Politik des bevölkerungsreichsten Landes der Welt zu verändern, tut viel für das eigene politische Wohlgefühl, erreicht aber wenig, in vielen Fällen sogar eher Nachteile für die betroffenen Menschen in China.

Vielleicht muss man diese Politik einmal satirisch überspitzt beschreiben, um ihre Doppelbödigkeit deutlich zu machen: Die Tibeter sind zwar arm, aber so schön bunt in ihren safranroten Gewändern. Mit ihrem glücklichen Lächeln auf sonnenverbrannten Gesichtern verkörpern sie immer noch unseren unerfüllten Traum von Shangri-La,[52] dass wir alles daransetzen, diese Kultur zu erhalten. Wir vergessen völlig, dass unsere ebenso hehren Forderungen nach Entwicklung für diese Menschen genau dazu führen, dass diese Kultur zumindest ein Stück weit zerstört wird. Ganz gleich, was man über Chinas Politik denkt, wer Tibet entwickeln will, die rund sechs Millionen Tibeter an den Segnungen der Moderne teilhaben lassen will, der muss die Veränderungen, die Identitätskrisen und schließlich den Abschied vom traditionellen tibetischen Leben in Kauf nehmen. Das war immer so in Modernisierungsprozessen. Verlogen ist eine Tibet-Politik, die hinter dem Lobpreis auf traditionelle Kultur den tibetischen Kulturzoo für westliche Besinnungsreisende offen halten will, die hier das suchen und finden können, was Shangri-La denen verspricht, die Überdruss an der Bequemlichkeit westlicher Moderne empfinden. Und natürlich hat die tibetische Politik mit dem Dalai-Lama einen Superstar, der es meisterhaft versteht, die Regeln westlicher Medien für seine Anliegen zu nutzen, selbst wenn er mittlerweile auf die Position des politischen Oberhaupts der Tibeter verzichtet hat. Gewaltlosigkeit verkauft sich gut in der Nachfolge von Mahatma Gandhi, Martin Luther King und Nelson Mandela, auch wenn sie keine Tradition in der tibetischen Politik hat.

Dies alles kann und soll nicht darüber hinwegtäuschen, dass die chinesische Tibet-Politik, insbesondere der Umgang mit Menschenrechten und tibetischen Kulturgütern, hoch problematisch und kritikwürdig ist. Aber der Weg zu einer Veränderung dieser Situation führt nicht über plakative Anklagen, sondern nur über einen Dialog mit Peking. Das mag sehr bescheiden klingen, zumal Erfolge nicht schnell zu erwarten sind. Dessen ungeachtet lautet die zentrale Frage für westliche Wertepolitik: Was wollen wir für die Menschen in Tibet? Eine herrschende Priesterkaste, die ihre Machtkonflikte auf dem Rücken der Ärmsten austrägt? Demokratie, weil wir sie gut finden, obwohl die meisten tibetischen Bauern noch nicht einmal gehört haben, dass es so etwas gibt?

Dass Organisationen wie Amnesty International Menschenrechtsverletzungen in China öffentlich anprangern, ist notwendig, legitim und sinnvoll. Amnesty muss das tun. Das ist der selbst gewählte Auftrag der Organisation und betrifft China genauso wie die USA oder jeden anderen Staat, in dem Menschenrechte verletzt werden. Zufriedenheit mit dem Stand des Erreichten kann und darf es nicht geben, solange irgendwo auf der Welt auch nur ein Mensch unter der Einschränkung seiner Menschenrechte leiden muss.

Ein brauchbarer Ersatz für erfolgsorientierte Außenpolitik ist das aber nicht. Man mag es nicht mögen, aber die Zeiten sind schlicht vorbei, wo man mit erhobenem Zeigefinger nach China pilgern und belehrend, zuweilen auch besserwisserisch fordern konnte, was China gefälligst zu tun habe. Das schnell wachsende Bruttosozialprodukt des Landes beeindruckt uns, aber wir haben unsere liebe Mühe, der Tatsache ins Auge zu sehen, dass das chinesische Selbstbewusstsein im Umgang mit solchen Fragen mindestens genauso schnell wächst. Und China ist nur ein Beispiel.

Was bedeutet dies aber nun für unsere Wertepolitik? Eigentlich ist das ganz einfach. Auf der Grundlage internationaler Vereinbarungen und Erklärungen, insbesondere der Menschenrechtscharta der Vereinten Nationen und der Allgemeinen Erklärung der Menschenrechte, gehört Menschenrechtspolitik automatisch zum Kernbestand einer wertegeleiteten Außenpolitik. Staaten, die Menschenrechte nach diesen Standards verletzen, müssen damit rechnen, dass sie je nach Art und Ausmaß dieser Verletzungen ständig mit Mahnungen bis hin zu Sanktionen konfrontiert werden, um sie dazu zu bringen, für eine entsprechende Einhaltung der Menschenrechte zu sorgen. Keine demokratisch gewählte Regierung des Westens kann es sich eigentlich leisten, auf diese Form außenpolitischer Einflussnahme zu verzichten, wenn sie der verbreiteten Erwartungshaltung ihrer eigenen Zivilgesellschaft und der beständigen Anmahnung durch ihre Medien entsprechen will.

Bedauerlicherweise leidet diese Politik unter zwei wesentlichen Einschränkungen, die ihre Wirksamkeit insgesamt erheblich infrage stellen.

Westliche Demokratien können sich nur schwer des Vorwurfs erwehren, doppelte Standards gerade in Wertefragen zur Grundlage ihrer Politik zu machen. Staaten, die strategisch wichtig sind, über Rohstoffe verfügen oder als Wirtschafts- und Sicherheitspartner benötigt werden, können sich in der Regel darauf verlassen, dass trotz aller Ermahnungen letztendlich keine unmittelbaren Konsequenzen erfolgen. Ihre strategische Bedeutung schützt sie erfolgreich vor praktischen Konsequenzen. Mit Menschenrechtsverletzungen in Saudi-Arabien oder Indien geht der Westen anders um als mit vergleichbaren Fällen in China und Russland.

Der zweite Gesichtspunkt wiegt vielleicht noch schwerer. Die Politik der Vereinigten Staaten und ihrer europäischen Verbündeten hat in den letzten zehn Jahren erheblich dazu beigetragen, dass das Ansehen westlicher Werte in anderen Teilen der Welt dramatisch gesunken ist – auch wenn wir dies partout nicht anerkennen und wahrhaben wollen. Wer heute mit der chinesischen Führung kritisch über Chinas Menschenrechtsbilanz diskutieren will, wird sehr schnell erleben müssen, wie der Spieß regelrecht umgedreht wird. Nicht nur wird in China mit wachsendem Selbstbewusstsein auf Eigenständigkeit und einen eigenen zeitlichen und inhaltlichen Umgang mit Menschenrechtsstandards gepocht, die Positionen des Westens werden auch immer stärker prinzipiell infrage gestellt. Für die Kritiker des Westens ist es umso einfacher, Erfolg versprechende Abwehrpositionen zu beziehen, wenn sie auf offensichtliche Täuschungsversuche der nationalen und internationalen Öffentlichkeit hinweisen können.»Ich möchte dies gegenüber unserem Volk und der Welt absolut klarstellen«, sagte der amerikanische Präsident George W. Bush in einem Interview am 6. September 2006 sinngemäß: »Ich habe den Menschen gesagt, dass wir nicht foltern und so ist und bleibt es auch.«[53] Wenn sich ein amtierender US-Präsident derart bei der Unwahrheit erwischen lässt, erleichtert der belegte Mangel an Glaubwürdigkeit sicher nicht den kritischen Diskurs mit Staaten, die Menschenrechte ohnehin verletzen. Berechtigte Verweise auf Abu Ghraib und Guantánamo machen solche Diskussionen verständlicherweise ausgesprochen schwierig.

Niemand hat das deutlicher formuliert als der Hongkonger Geschäftsmann Ronnie Chan, der in Fragen moralischer Autorität davon ausgeht, dass eine neue Balance entstanden ist, die dem Westen nicht automatisch eine höhere Position zuweist. Er schreibt: »Das System, das der Westen für überlegen hält, hat versagt. Warum sollten Entwicklungsländer diesem Modell jetzt blind folgen? Die moralische Überlegenheit des Westens kam auch durch seine Ideologie zum Ausdruck. China wurde daran gehindert, ein Mitglied der führenden Gruppe der acht zu werden, vermutlich wegen seines Mangels an Demokratie westlichen Stils. Jetzt schlagen einige in Amerika eine G2 nur aus den USA und China vor. Wenn sich der Schwerpunkt der Entscheidungsfindung aber auf eine G2 verlagert, was bedeutet das für Demokratie? Der Westen hat ein moralisches Dilemma. Welche Nation wird jetzt den moralischen Führungsanspruch für sich erheben? Sicherlich nicht der sich entwickelnde Osten, denn seine Institutionen sind Not leidend. Aber in Anbetracht des moralischen Rückzugs des Westens befinden sich beide Seiten jetzt auf gleicher Augenhöhe. Das Predigen des Westens muss aufhören.«[54]

Das sind deutliche Worte. Die Kritik an der Wertepolitik des Westens wird noch dadurch weiter verstärkt, dass insgesamt in den Aufsteigerökonomien das politische Selbstbewusstsein so deutlich gewachsen ist, dass man Forderungen nach einer verbesserten Menschenrechtspolitik, überhaupt einer wertegeleiteten Politik des Westens, offensiv, gelegentlich sogar schon mit erkennbarem offenem Widerstand entgegentritt. Längst werden nicht nur in China und Indien, sondern auch in anderen Teilen der Welt Forderungen laut, der Westen solle aufhören, Werteimperialismus zu betreiben und den Rest der Welt zu bevormunden.

Die westliche Politik täuscht sich massiv, wenn sie von der Annahme ausgeht, 20 Jahre nach dem moralischen und politischen Sieg im Ost-West-Konflikt immer noch von einer Position moralischer und wertegeleiteter Überlegenheit mit dem Rest der Welt umgehen zu können. Die Annahme einer solchen Überlegenheit gehört zu den Lebenslügen des Westens.

Schließlich gilt es, einen weiteren Gesichtspunkt nicht zu übersehen: Den Westen zeichnet bei allen vollmundigen Erklärungen des Gegenteils ein bemerkenswertes Misstrauen in die Wirkungsweise der eigenen Werte aus, deren Glaubwürdigkeit man annimmt, mit politischen Bindeklauseln in Verträgen verordnen zu müssen, anstatt sich auf die Kraft der Diffusion zu verlassen. Die Erwartung, dass sich »unsere« Werte von heute auf morgen in anderen Teilen der Welt durchsetzen lassen, grenzt an Realitätsverlust, selbst wenn wohlmeinende Eile im Prinzip verständlich ist.

Lapidar und doch sehr treffend auf den Punkt gebracht, konnte man bei »Zeit online« nachlesen, wie Werte auch und vor allem durch wirtschaftliches Handeln beeinflusst werden: »Wer die wirtschaftliche Kraft hat, bestimmt auch, welche Werte zum Zuge kommen. Und bei der Wirtschaftskraft schwächeln eben just die Amerikaner.«[55] Das war so vor zehn Jahren nicht unbedingt zu erwarten. Der Truthahn lässt grüßen.

Es ist also an der Zeit, Abschied zu nehmen von der Vorstellung, dass der Westen die Regeln der Weltpolitik kraft seiner überlegenen Werte praktisch im Alleingang bestimmt. Es liegt nicht mehr in unserer Macht, die Welt so zu verändern, wie wir sie gerne hätten. Wir werden weder unsere eigene Position noch die Lösungsmöglichkeiten für globale Probleme dadurch verbessern, dass wir mit erhobenem Zeigefinger belehrend und besserwisserisch gegenüber anderen auftreten. Und natürlich ist es überfällig einzugestehen, dass wir auch in Zukunft mit Autokratien und Diktaturen zusammenarbeiten werden, weil wir sie brauchen, um unsere eigenen Bedürfnisse (etwa nach Ressourcen) zu befriedigen oder anstehende Probleme nur mit ihnen gemeinsam lösen können.

Zu den Grundmustern dieser Debatte gehört, dass man es offiziell weit von sich weist, dass es Sinn, Ziel und Aufgabe auswärtiger Kulturpolitik ist, in anderen Ländern Veränderungen im Sinne deutscher (oder westlicher) Wertevorstellungen zu erzielen. Theorie und politische Korrektheit verlangen nach einer Begründung entsprechender Initiativen im Rahmen einer Politik »auf gleicher Augenhöhe«. Auch in unseren Diskursen haben Werte propagandistischen Beigeschmack.

Die Debatten um die Ausstellung »Kunst der Aufklärung« im April 2011 in Peking, die zeitnahe Verhaftung des Künstlers Ai Weiwei und der Umgang Chinas mit dem inhaftierten

Literaturnobelpreisträger Liu Xiaobo haben wieder einmal dazu geführt, dass überzogene Forderungen nach Abbruch des Kultur- und Wertedialogs mit China erhoben werden. Aber wer geht schon nach Peking, um »nur« nette Bilder aus der Zeit der europäischen Aufklärung, der vielleicht wichtigsten Umbruchphase unserer Geschichte, zu zeigen. Ein Schelm, der auch daran denkt, dass die Ereignisse im damaligen Europa Signalwirkung für das heutige China haben könnten. Natürlich ist das so. Und es ist auch nicht schlecht oder kritikwürdig. Wer Kultur im Gepäck hat, erspart sich offene Verlogenheit, wenn er öffentlich zugibt, dass er auch Interessen im selben Gepäck mit dabeihat.

Dies mögen Gutmenschen zwar kritisieren, aber es ist nicht verwerflich, im Übrigen auch ohne machbare Alternative und daher letztlich der eigentliche Sinn unserer Bemühungen.

Die Werte der anderen werden uns zudem mit immer größerem Selbstbewusstsein entgegengehalten. Selbst wenn wir sie ablehnen, können wir uns dieser machtpolitischen Realität nicht entziehen. Gleich welcher Qualität und welchen Ursprungs sie auch sein mögen – Werte sind nicht verhandelbar, Interessen schon. Der Glaube an die Gültigkeit eigener Werte schafft nicht automatisch die Legitimität und Glaubwürdigkeit, sie auch weltweit durchsetzen zu können. Und selbstverständlich Erkennbares sollte offen angesprochen und nicht hinter vorgehaltener Hand, geradezu verschämt im Gebetsmühlenstil schöngeredet werden. Die Realität ist eine andere und sie lässt sich einfach beschreiben:

Auswärtige Kulturpolitik ist wesentlicher Teil der »Soft Power« eines Staates und sollte auch als solche genutzt werden. Gerade in schwierigen Zeiten und auch in Krisenregionen ist Rückzug als Sanktion kein zielführender Weg. Sonderlich beliebt ist westliche Wertepolitik bei den Diktatoren und Autokraten dieser Welt ohnehin nicht. Wo es keine Liebe gibt, ist die Drohung mit Liebesentzug der falsche Weg. Kein Diktator der Welt lässt sich von der Drohung, Kulturbeziehungen und Wertedialoge abzubrechen, aus der Ruhe bringen. Diese Beziehungsebene zu pflegen, ist in unserem Interesse und im Interesse der Menschen vor Ort, die häufig nur auf diese Weise Alternativen zu ihrer eigenen Realität erfahren können.

Durchhalten und wenn möglich noch mehr tun, sollte die Forderung an auswärtige Kultur- und Wertepolitik also lauten. Den immer wieder zu beobachtenden Versuchen, durch entsprechende Medienkampagnen sowohl Unternehmen als auch Kulturinstitutionen in die Ecke des Versagens oder der Anbiederung zu drängen, muss dringend mit einem größeren Selbstbewusstsein der Betroffenen begegnet werden.

Die Werte, die Europa selbst glaubhaft und effizient umsetzt, werden sich auf Dauer durchsetzen. Nicht weil sie in Verträge hineingeschrieben und gegen den Widerstand der Betroffenen erzwungen werden, sondern weil sie wegen ihrer Leistungsfähigkeit die Kraft zur Diffusion entwickeln, die ihnen auch in anderen Teilen der Welt zum Durchbruch verhelfen. Das war eigentlich immer so in der Weltgeschichte. Die Europäer müssen es erst wieder lernen.

DIE THESEN IM ÜBERBLICK:

Die technologischen Möglichkeiten der schnellen Verbreitung immer größerer Informationsmengen haben nicht automatisch zu einer Verbesserung politischer Kommunikation und Handlungsfähigkeit geführt.

Gebetsmühlenhafte Wiederholungen von Positionen, die sich in der Vergangenheit bewährt und bis heute als politisch korrekt durchgesetzt haben, führen zu Lebenslügen westlicher Politik, die sich zunehmend als Risikofaktor für angemessene Reaktionen auf globale Herausforderungen erweisen.

Den Krieg gegen den Terror hat der Westen verloren. Versuche, die militärischen Abenteuer im Irak und Afghanistan schönzureden, sind politisch verständlich, entbehren aber jeder Grundlage – zumindest wenn man minimale Standards von Redlichkeit anlegt.

Transatlantischer Selbstbetrug dominiert außenpolitische Grundsatzdebatten – vor allem in Deutschland, aber auch generell in Europa. Die Vereinigten Staaten haben längst eine andere globale Perspektive entwickelt. In der spielt Europa nur noch dann eine wesentliche Rolle, wenn es sich an Problemlösungen im amerikanischen Sinne beteiligt. Unter der Fassade einer verlässlichen Partnerschaft verhindern grundlegende Interessenunterschiede die von vielen beschworene gemeinsame Handlungsfähigkeit.

Das Kreuz mit den Werten werden wir wohl tragen müssen. Eine »wertegebundene Außenpolitik« ist entweder selbstverständlich oder rein symbolische Wortklauberei, im schlimmsten Fall der Versuch, die Schwächen der eigenen Politik zu übertünchen.

Das wachsende Selbstbewusstsein gerade von Aufsteigerstaaten macht es für den Westen immer schwieriger, in Anbetracht offenkundiger Glaubwürdigkeitslücken als Lehrmeister der übrigen Welt aufzutreten.

5 WELTORDNUNGSDEBATTEN

Der scheinbar unaufhaltsame Aufstieg der Anderen

Eine fehlende neue Weltordnung zu beklagen, ist zum Standardkommentar in der internationalen Presse und in entsprechenden Publikationen zu den Veränderungen seit 1989 geworden.[56] Aber ist das so zutreffend? Die Welt hat immer eine Ordnung, auch wenn die Rahmenbedingungen, Strukturen und Machtverhältnisse sich verändern oder uns nicht gefallen. Trotz aller theoretischen Argumente für eine gegenteilige Betrachtung bleibt »Macht« in all ihren politischen, ökonomischen und militärischen Dimensionen die Grundwährung dieser Ordnung. Aber auch »Machtwährungen« ändern sich ständig. Sie haben mit geografischer Lage, Bevölkerungswachstum, Bildungsniveau, ökonomischer Leistungsfähigkeit, militärischen Kapazitäten und politischer Legitimität zu tun. Vor allem aber haben sie mit Größe zu tun. Je größer, desto besser, scheint eine der Maximen zu sein, mit denen wir üblicherweise Machtfragen behandeln. Für ein Land wie China ist das natürlich ein gefundenes Fressen. Alle Zahlen zu China sind beeindruckend groß. Was immer man an verfügbaren Daten nimmt, multipliziert man sie mit 1,3 Milliarden, werden sie groß. Allerdings gilt auch das Umgekehrte: Berechnet man Pro-Kopf-Größen, werden sie entsprechend klein. Hier eröffnen sich ungeahnte Spielräume, bestimmte Prognosen und Einschätzungen praktisch nach Belieben zu interpretieren und gelegentlich auch zu manipulieren. Letztendlich bestimmt auf diese Weise schon die Auswahl der Kriterien das Ergebnis.

Der Währungsmix der internationalen Politik ändert sich, die darauf basierende Ordnung eben auch. Wie man seine eigenen Interessen in diesen komplexen Machtverschiebungen dauerhaft zur Geltung bringen kann, ist die entscheidende Frage für alle Regierungen der Welt. Deshalb verwundert es eigentlich nicht, dass immer wieder Stimmen ertönen, die die Schaffung einer neuen Weltordnung fordern, ja zu einem Gebot der Stunde in den gegenwärtigen internationalen Beziehungen erklären. Dahinter steckt weniger die Sorge um die restliche Welt, sondern der Versuch der westlichen Welt, Ordnungselemente zu schaffen, die der eigenen Interessendurchsetzung besser dienen als bestehende Strukturen.

Schon der Begriff »Weltordnung« legt etwas Dauerhaftes und Beständiges nahe. Und emotional und psychologisch verständlich ist auch die Suche nach festen und verlässlichen Ordnungen, in denen politische Entscheidungsfindung und Interessendurchsetzung ablaufen können. Mit den Realitäten internationaler Politik haben solche Erwartungen allerdings in der Regel wenig zu tun. Internationale Ordnungen sind eigentlich immer im Fluss. Veränderungen finden tagtäglich statt. Machtzuwachs und Machtverlust gehören zum Wesen internationaler Politik. Man muss sich vor ihnen weder fürchten noch sie verdammen. Sie sind nun einmal Bestandteil des Zusammenlebens von Staaten. Das ist heute nicht anders als in der Vergangenheit. Der Unterschied besteht lediglich darin, dass es im historischen Rückblick einfacher ist, die Veränderungen nachträglich zu verstehen und nachzuzeichnen, als sie zu durchleben und mit den Ungewissheiten zurechtzukommen, die mit ihnen verbunden sind.

Dauerhaft erreicht wurde eine stabile Weltordnung in der bisherigen Geschichte immer nur für begrenzte Zeit. Also müssen wir uns doch wohl fragen, ob es überhaupt sinnvoll ist, verbissen nach Stabilität zu suchen, wo uns die Geschichte lehrt, dass es geradezu ein Kennzeichen von Politik ist, ständig mit Unwägbarkeiten, Risiken und Überraschungen umzugehen. Was man in einer bestimmten Situation üblicherweise »Weltordnung« nennt, erscheint uns nur dann stabil, wenn man bereit ist, einen sehr selektiven und momenthaften Blick auf die weltpolitischen Machtkonstellationen zu werfen. Selbst auf der Grundlage internationaler Vereinbarungen und rechtlich verregelter Systeme bleiben Weltordnungen nie über längere Zeit konstant. Dieses Phänomen ist alles andere als neu. Im Rückblick auf die zweite Hälfte des 20. Jahrhunderts, in der alles in einer bipolaren Konfrontation zwischen Ost und West erstarrt erschien, zeigt sich bei genauerem Hinsehen, wie intensiv und vielschichtig die Veränderungen waren, die die Nachkriegsordnung in der internationalen Politik einem ständigen Wandel unterzogen haben.

Die Grenzen der Suche nach Ordnung im Chaos

Aber zunächst muss man sich noch einmal grundsätzlich in Erinnerung rufen, dass das 20. Jahrhundert davon geprägt war, dass die jeweils bestehenden Weltordnungen dreimal fundamental zusammengebrochen sind.

Der erste Zusammenbruch erfolgte durch die Auswirkungen des Ersten Weltkrieges. Das System der europäischen Vertragsbalance war gründlich gescheitert, hatte zu einem verheerenden Krieg und dem Aufstieg einer neuen Weltmacht, den USA, geführt. Entsprechend begannen schon während des Krieges, insbesondere durch Initiativen des amerikanischen Präsidenten Woodrow Wilson, die Bemühungen, eine neue Weltordnung zu etablieren, die verhindern sollte, dass solch ein verheerender Krieg noch einmal ausbrechen könnte. Die Gründung des Völkerbundes, schwierig genug während der Versailler Vertragsverhandlungen und letztendlich mit dem Makel des Scheiterns versehen, weil die USA selbst ihm nicht beitraten, war das Ergebnis dieser Bemühungen. Mit der immer kritischeren Haltung des Deutschen Reiches und dem schlussendlichen Austritt Deutschlands aus dem Völkerbund im Jahre 1933 war dieser Versuch besiegelt. Der Rückfall in rücksichtslose Machtpolitik war eine fast logische Folge.

Der zweite große Zusammenbruch der Weltordnung wurde durch den Zweiten Weltkrieg ausgelöst. An seinem Ende stand erneut der Versuch, durch die Etablierung einer fest vereinbarten institutionellen Ordnung, die von allen Staaten unter Führung der Siegermächte getragen sein sollte, zu versuchen, verheerende Kriege dieses Ausmaßes für die Zukunft zu verhindern. Die Gründung der Vereinten Nationen und ihre Arbeit bis heute stehen für diesen Versuch. Was sich allerdings etablierte, war eine internationale Ordnung, die trotz der Bipolarität des Kalten Krieges letztendlich vom Westen dominiert war. Alle wesentlichen internationalen Institutionen, etwa die Bretton-Woods-Organisationen, Weltbank und Internationaler Währungsfonds, aber auch die Vereinten Nationen selbst und viele ihrer Unterorganisationen waren in wesentlichen Teilen von den Vereinigten Staaten und ihren westlichen Alliierten dominiert und dienten, wo immer möglich, auch als Instrumente der Interessendurchsetzung gegenüber dem großen globalen Gegner Sowjetunion. »Liberale Weltordnung« nennt man das heute gelegentlich, um eine positive Konnotation zu erzeugen.

Aber selbst in den Zeiten, in denen dieses System zumindest institutionell und in weiten Teilen auch politisch stabil war, zeigte sich, dass die damals existierende Weltordnung von tief greifenden Veränderungen nicht verschont blieb. Der erste Schub der Veränderungen setzte mit einer gewaltigen Verschiebung der Mehrheitsverhältnisse in den Vereinten Nationen ein. Die Entkolonialisierung und die damit einhergehende Entlassung der allermeisten Kolonien in staatliche Selbständigkeit brachte Akteure auf die Bühne der Weltpolitik, deren genaue Interessen schwer berechenbar waren und um deren Gunst aus der Sicht der dominierenden Mächte des bestehenden Systems mit allen Mitteln gerungen werden musste. Den neuen Akteuren ihrerseits blieb die Wahl, ob sie sich eher für eine Anlehnung an das westliche oder das östliche Lager entscheiden wollten, entsprechende Finanzierungs- und Unterstützungszusagen inbegriffen.

Aber die Veränderungswellen gingen noch weiter. Beginnend mit den 70er-Jahren markierte der Aufstieg von ressourcenreichen Staaten, insbesondere der Öl produzierenden Staaten um den Arabischen Golf, eine weitere Machtverschiebung erheblichen Ausmaßes für die damalige Weltordnung. Fast parallel dazu begann ein Prozess nachholender ökonomischer Entwicklung, wie er in Textbüchern der Entwicklungstheorie entworfen und in vielen gut gemeinten Politikerreden gefordert worden war. Kleinere Ökonomien im ostasiatischen Raum machten sich auf den Weg, die wirtschaftlichen Erfolgsrezepte des Westens auf ihre Art zu kopieren. Die ursprünglichen »vier kleinen Tiger«, Südkorea, Taiwan, Hongkong und Singapur, stehen exemplarisch für diese Entwicklung. Zumindest in einigen Fällen – etwa in Südkorea und Taiwan – konnte sogar die westliche Wunschvorstellung einer erfolgreichen nachholenden Demokratisierung erfüllt werden. Während die sogenannte »dritte Welle der Demokratisierung« nach 1974 immer weitere Teile der Welt erfasste, konnte man in den 80er-Jahren fast den Eindruck gewinnen, dass das westliche Modell der Kombination von Demokratie und Marktwirtschaft tatsächlich über die Fähigkeit, sich international durchzusetzen, verfügen könnte.

Diese Erwartung wurde durch den dritten Zusammenbruch der Weltordnung noch nachhaltig verstärkt. Mit dem Niedergang des kommunistischen Blocks und dem Zerfall der Sowjetunion im Jahre 1991 fand die Nachkriegsordnung, die die zweite Hälfte des 20. Jahrhunderts bestimmt hatte, ein überraschendes Ende. Mit dem Wegfall der bipolaren und im Kern nuklearen Bedrohung entfiel nicht nur ein wesentliches Kernelement sicherheits- und außenpolitischer Positionen im Westen, für viele Staaten der damals noch sogenannten »Dritten Welt« entfiel auch die Möglichkeit der Wahl zwischen West und Ost und damit der Spielraum des Manövrierens zwischen unterschiedlichen Anforderungen an ihre eigene Politik. Gleichzeitig konnte man für einen Augenblick den Eindruck gewinnen, dass die auf westliche Initiative und angeführt von den USA errichteten Strukturen der internationalen Politik nun auf Dauer gestellt werden könnten. Es schlug die Stunde der erwähnten Träume von 1989. Es schien so, als würde ein Zeitalter kooperativer, friedlicher und entwicklungsorientierter globaler Politik anbrechen, in dem die westliche Kombination von Demokratie und Marktwirtschaft ihren globalen Siegeszug antreten konnte.

Die Welt ohne transatlantische Ordnung

Natürlich bietet die derzeitige Weltwirtschaftskrise mit ihren noch unüberschaubaren Risiken allen Grund, weniger optimistisch in die Zukunft zu schauen. Die Karten werden wie in jeder Krise neu gemischt. Die Debatte um eine neue Weltordnung ist längst wieder voll entbrannt. Die Weltwirtschaftskrise beschleunigt sie weiter. Und die Veränderungen in den Machtverhältnissen auf globaler Ebene sind in ersten Ansätzen erkennbar. Die Schwellenländer streben erfolgreich nach mehr Einfluss in globalen Gremien, schließen sich zu neuen Allianzen zusammen, um ihre Interessen gegen den alten Westen besser koordinieren und vertreten zu können – nur Europa steckt immer noch tief in einer Phase der Nabelschau und Selbstgefälligkeit und leistet sich eine Beschäftigung mit sich selbst, die in anderen Teilen der Welt auf Desinteresse und Unverständnis stößt.

Werden wir also schon bald die Konturen einer neuen Weltordnung sehen, in der der viel beschworene »Westen« längst nicht mehr die bestimmende Rolle spielen wird? Werden die USA, aber vor allem die EU an internationalem Einfluss verlieren, weil Schwellenländer wie Russland, Indien, Brasilien und China in der Lage sind, ihre neu gewonnene Wirtschafts- und Finanzkraft auch in politische Macht zu übersetzen? Oder kann das genaue Gegenteil eintreten? Treffen die Auswirkungen der Weltwirtschaftskrise die Schwellenländer so hart, dass sie wegen unausgewogener Wirtschaftsstrukturen und wachsender sozialer Probleme im Inneren am Ende einen wieder erstarkten Westen unter Führung der USA erleben, die kraft ihrer sprichwörtlichen »resilience« (Elastizität, das Stehaufmännchen-Prinzip) die Krise gestärkt und leistungsfähig wie eh und je überstehen?

Aus europäischer Sicht scheint es nicht ohne die USA zu gehen. »Ohne die Vereinigten Staaten wäre die Welt vollends ohne Ordnung«, dekretiert Michael Stürmer und fährt geradezu beschwörend fort: »Was tragen Chinesen und Russen, was tragen Europäer dazu bei? Wenn es nicht die Vereinigten Staaten gäbe, die wie der sagenhafte Atlas die Last des Globus auf den Schultern tragen, so wäre die Welt vollends ohne Weltordnung. Das beginnt bei der Welthandelsorganisation und der Durchsetzung, recht und schlecht, ihrer Regularien. Das setzt sich fort mit der Freiheit der Meere – für die Amerikaner rund um den Globus ein staatlicher Glaubensartikel, hinter dem Flugzeugträgergruppen und die Elite-Teilstreitkraft der U.S. Marines stehen – und Offenheit strategischer Seewege, von Panama zum Suezkanal über die Straße von Hormus bis zur Meerenge von Malakka zwischen Singapur und Malaysia. Der europäische Beitrag zu solchen Anstrengungen geht bisher davon aus, dass Amerika für alles sorgt, alles bezahlt und alles trägt.«[57]

Die Kritik an der Trittbrettfahrermentalität der Europäer mag berechtigt sein, aber das Wehklagen der Transatlantiker über fehlende Substanz in ihrer Lieblingspartnerschaft darf über zwei Dinge nicht hinwegtäuschen: »Weltordnungen« gibt es auf die eine oder andere Art immer, auch wenn sie in ihren Regeln vielleicht nicht unseren Vorstellungen entsprechen. Und das Nachdenken über Weltordnungen ist kein Privileg der transatlantischen Gemeinschaft. Anderenorts wird es auch und sogar mit Akribie betrieben. Nur sind die Vorstellungen, wie eine künftige Weltordnung jenseits amerikanisch-europäischer Dominanz aussehen sollte, von den verblichenen Träumen der »euro-atlantischen Sicherheitsgemeinde« grundsätzlich verschieden.

Mit Tunnelblick ins 21. Jahrhundert

»Chinesen bemächtigen sich der Weltwirtschaft – oder versuchen es zumindest. Mit gigantischen Devisenmengen im Rücken machen staatliche wie private Unternehmen rund um den Globus Jagd auf immer größere und bedeutendere Konzerne.«[58]

So oder so ähnlich klingen die Horrormeldungen in den führenden Wirtschaftsmedien der USA und Europas. Die Botschaft ist ebenso einfach wie scheinbar bedrohlich: »Die Chinesen kommen.« »China greift an!« »China kauft die Welt!« Eingängige Schlagworte, die ein tief sitzendes Gefühl der Bedrohung zum Ausdruck bringen. Der Westen steht (wieder einmal) vor dem Ausverkauf der Kernstücke seiner Wirtschaft. Doch halt! Wieder einmal? War da nicht schon mal was? Hatten wir solche Debatten nicht auch schon früher?

Natürlich hatten wir sie. Wir haben es nur vergessen. Schauen wir also noch einmal einen Augenblick zurück: In den 80er-Jahren des vergangenen Jahrhunderts ging die Angst vor Japan und seiner globalen Beschaffungspolitik um. Als das Rockefeller Center in New York 1989 in die Hände japanischer Investoren fiel, schien es um den Westen und seine Wirtschaft geschehen zu sein. Nun wissen wir heute, dass all die Horrormeldungen von damals nicht Wirklichkeit wurden. Bereits im Jahr 1995 musste Mitsubishi mit der Rockefeller-Investition in Konkurs gehen und Gläubigerschutz beantragen. Und Japan selbst hatte sich überdehnt, rutschte für weit über ein Jahrzehnt in die Rezession und verschwand als Bedrohung für westliche Volkswirtschaften genauso schnell, wie es erschienen war. Heute schauen wir fast mitleidig auf eine immer noch beeindruckende Volkswirtschaft, die um ihre Erholung, aber auch gegen den wachsenden Konkurrenzdruck aus China ankämpft, von dem Japan Anfang 2011 nominell als zweitgrößte Volkswirtschaft der Welt abgelöst wurde. Die ungeahnten Auswirkungen des Erdbebens vom 11. März 2011 und die Folgen der Atomkatastrophe von Fukushima tragen zusätzlich dazu bei, dass der einst unaufhaltsam erscheinende Aufstieg Japans wohl sein Ende gefunden haben dürfte. Zu Recht wird gelegentlich zur Vorsicht gemahnt: »Die Geschichte von China und Japan zeigt, wie vorsichtig man mit Euphorien und Spekulationen um künftige Wirtschaftsmächte sein sollte. In den 80er-Jahren glaubten viele, dass Japans Wirtschaft bald die Nummer eins werden würde. Dann kam die große japanische Krise – und plötzlich war alles anders. Aus heutiger Sicht wirkt Chinas Aufstieg unaufhaltsam. Dabei wird übersehen, dass faule Kredite und Immobilienblasen das Wirtschaftswunderland gefährden wie nie zuvor. Vielleicht redet schon bald keiner mehr über China, sondern über Indien.«[59] Oder, so könnte man fortfahren, über Brasilien, Südafrika oder irgendeinen anderen Kandidaten aus der Gruppe von Aufsteigern, die mittlerweile schon als »N 11« – die nächsten elf – bezeichnet werden.

An die damaligen Debatten um den Aufstieg Japans[60] werden sich sicher noch einige erinnern. Aber dass der Westen einmal mit angstgeweiteten Augen auf den beeindruckenden ökonomischen Aufstieg einer anderen Gruppe östlicher Ökonomien geschaut hat, ist heute weitgehend vergessen. Und doch war es so. In der zweiten Hälfte der 50er- und in den frühen 60er-Jahren war die Situation durchaus vergleichbar. Der amerikanische Ökonom Paul Krugman bastelte daraus mit einer gewissen Häme ein »Märchen«, das er schon 1994 der ökonomischen Fachwelt (und nicht nur ihr) genüsslich unter die Nase rieb. Das Märchen liest sich so: »Es war einmal eine Zeit, in der sich westliche Meinungsführer von den außergewöhnlichen Wachstumsraten einer Gruppe östlicher Ökonomien sowohl beeindruckt als auch erschrocken zeigten. Obwohl diese Ökonomien noch wesentlich ärmer und kleiner waren als die des Westens, erschien die Geschwindigkeit, mit der sie sich von Agrargesellschaften in industrielle Machtzentren verwandelten, ihre beständige Fähigkeit, Wachstumsraten zu erzielen, die die fortgeschrittener Nationen mehrfach übertrafen, und ihre wachsende Fähigkeit, in bestimmten Bereichen amerikanische und europäische Technologie herauszufordern oder gar zu überflügeln, die Dominanz westlicher Macht, aber auch westlicher Ideologie infrage zu stellen. Die Führer dieser Nationen teilten unseren Glauben an freie Märkte und unbegrenzte bürgerliche Freiheiten nicht. Sie behaupteten mit wachsendem Selbstbewusstsein, dass ihr System überlegen sei: Gesellschaften, die starke, ja sogar autoritäre Regierungen akzeptierten und bereit waren, individuelle Freiheiten im Interesse öffentlicher Güter einzuschränken, sich auf ihre ökonomische Entwicklung zu konzentrieren und kurzfristige Konsuminteressen zugunsten langfristigen

Wachstums zu opfern, würden schließlich und endlich die zunehmend chaotischen Gesellschaften des Westens hinter sich lassen. Und eine wachsende Minderheit westlicher Intellektueller stimmte dem zu.«[61]

Wer sich bei diesem »Märchen« aus vergangener Zeit an heutige Debatten über den Aufstieg Chinas, der sogenannten BRIC-Staaten oder der N 11 erinnert fühlt, sollte eines beachten: Krugman beschreibt die westlichen Reaktionen auf den Aufstieg kommunistischer Ökonomien, der Sowjetunion und ihrer Satellitenstaaten, in den 50er- und frühen 60er-Jahren. Diese Debatten wurden damals sehr ernst genommen.

Heute erinnert man sich kaum mehr – und mag es schon gar nicht mehr glauben. Aber damals war es die vermeintliche Wirtschaftsleistung der Sowjetunion, die im Westen Angst und Schrecken verbreitete. Joseph Nye bringt es in einer kurzen Zusammenfassung auf den Punkt: »Die Sowjetunion umfasste das größte Territorium, die drittgrößte Bevölkerung und die zweitgrößte Volkswirtschaft der Welt und produzierte mehr Öl und Gas als Saudi-Arabien. Zudem besaß die UdSSR fast die Hälfte der weltweiten Nuklearwaffen, hatte mehr Männer unter Waffen als die USA und die meisten Beschäftigten in Forschung und Entwicklung. Sie zündete 1952 – ein Jahr nach den USA – eine Wasserstoffbombe und war das erste Land, das (1957) einen Satelliten ins All schickte. Was die Soft Power anging, so war die kommunistische Ideologie in Europa nach 1945 aufgrund ihrer Rolle im Kampf gegen den Faschismus attraktiv. Die sowjetische Propaganda förderte aktiv einen Mythos von der Unabwendbarkeit des Triumphes des Kommunismus.«[62]

Mit dem gesicherten historischen Wissen der Entwicklungen seit dem Sputnik-Schock erscheinen uns solche Überlegungen heute geradezu grotesk. Vielleicht auch ein Grund, warum wir sie und die Lektionen, die man aus ihnen ziehen kann, allzu schnell vergessen haben. Stattdessen pflegen wir unsere lieb gewordenen Tunnelblicke – und sind fest davon überzeugt, dass das Licht am Ende des Tunnels tatsächlich von einem Zug chinesischen Fabrikats stammt, der uns mit chinesischen Lokführern und einer Besatzung aus den übrigen Aufsteigerstaaten in absehbarer Zeit überrollt.

Wer bei solchen Themen gerne die Stirn in Sorgenfalten legt, hat in Chinas Aufstieg natürlich sein Leib- und Magenthema gefunden. Das ist auch ganz verständlich: Chinas Aufstieg beeindruckt gerade in quantitativer Hinsicht, auch wenn wir gerne die gewaltigen Probleme, die das Land unbezweifelbar hat, übersehen. Tatsache ist auch, dass Chinas Eliten immer selbstbewusster auftreten und uns erschrecken, während sie uns gleichzeitig mit ihrem freundlichen Lächeln knochenhart zeigen, dass die Zeiten vorbei sind, in denen der Westen die Spielregeln der Weltpolitik diktierte.

So gemein kann Geschichte sein! Bei allen Bedenken, die gerade Chinas Aufstieg gerne auslöst, sollten wir die erwähnten Debatten der Vergangenheit nicht vergessen. All diese Sorgen sind verflogen und kommen uns heute zum Teil sogar ausgesprochen lächerlich vor. Ob mit China dasselbe passiert? Wie wäre es denn einmal mit einer weniger aufgeregten Variante? Chinas Aufstieg ist normal und legitim. Aber auch Chinas Bäume werden nicht in den Himmel wachsen, der Untergang des Abendlandes steht nicht bevor, aber die machtpolitischen Gewichte verschieben sich weltweit – wieder einmal. So wie sie es seit Jahrhunderten immer getan haben. Wer auf dem Pendel reitet, das seit Jahren zwischen China-Angst und China-Begeisterung munter hin und her schwingt, hält die Zugluft vielleicht allzu schnell tatsächlich für einen Sturm.

Vielleicht ist es auch richtig, dass China dank seiner schlichten Größe in einer eigenen Gewichtsklasse spielt. Aber es geht natürlich nicht nur um China. China ist eigentlich nur die Spitze des Eisberges. Es gibt längst eine ganze Reihe von nachholenden Ökonomien, die auf den Spuren Chinas ebenfalls darangehen, durch ihren Aufstieg die Vormachtstellung des alten Westens infrage zu stellen. An mahnenden Stimmen und auch an Vorschlägen, wer alles zu dieser Gruppe der Herausforderer des Westens gezählt werden sollte, fehlt es nicht. Eine Gruppe junger Wissenschaftler und Experten der Stiftung Neue Verantwortung formuliert das beispielsweise so: »Die Kombination wirtschaftlicher und politischer Machtfaktoren ... ergibt eine Liste von neuen Kräften mit globaler Reichweite, allen voran China, Brasilien, Indien, Russland,

Indonesien, Mexiko, Südafrika, Argentinien, Südkorea, Nigeria, Vietnam und die Türkei. Dieses ›Dynamische Dutzend‹ ist die neue Lokomotive der Weltwirtschaft. Fast die gesamte Zunahme des Weltwirtschaftswachstums seit 2008 ist auf diese und andere Schwellenländer zurückzuführen. Das Dynamische Dutzend trägt heute rund ein Drittel zum globalen Wirtschaftsprodukt bei – verglichen mit einem guten Fünftel jeweils von der Europäischen Union und den USA. Diese Zahlen verdeutlichen: Der Westen verliert Macht. Das Dynamische Dutzend gewinnt sie hinzu.«[63]

Damit nicht genug. Die Konsequenzen aus dem Aufstieg dieser Länder lassen sich relativ einfach fassen. Sie haben zunächst mit einer zunehmenden Konkurrenz um Rohstoffe zu tun, die uns in den nächsten Jahren deutlich intensiver beschäftigen wird, als es in der Vergangenheit etwa in den Debatten um Ölpreiserhöhungen und Liefermengen der Fall war. Das ist kein Zukunftsproblem mehr. Schon heute ist die Konkurrenz um Rohstoffe eines der drängendsten Probleme der internationalen Politik. Gleichzeitig zeigt sich, dass die bestehenden Möglichkeiten von »global governance« an dieser Stelle wegen der Eigeninteressen wichtiger Akteure an ihre Grenzen stoßen. Es wird sehr schnell deutlich, dass die bestehenden institutionellen Strukturen des globalen Systems nicht mehr den Realitäten der heutigen Welt entsprechen. Und so gehört es zu den selbstverständlichen Einsichten, dass die Vereinten Nationen und die meisten ihrer Unterorganisationen letztlich geprägt sind von den Machtstrukturen der unmittelbaren Nachkriegszeit des Zweiten Weltkrieges. Die Veränderungen in der Welt, die sich in den letzten Jahrzehnten und erst recht nach dem Ende des Ost-West-Konfliktes ergeben haben, spiegeln sich nicht wider. Aber es ist um ein Vielfaches einfacher, diese Tatsache anzuerkennen, als sie zu verändern. Insofern werden solche automatischen Annahmen von den Aufsteigern auch prinzipiell infrage gestellt. Die gescheiterten Versuche einer Reform der Vereinten Nationen sprechen Bände. Die Machtverteilung in den entscheidenden Gremien, insbesondere im Sicherheitsrat, entspricht immer noch der Konstellation der Zeit nach dem Zweiten Weltkrieg. Längst haben sich aber die Mehrheitsverhältnisse in der Vollversammlung zuungunsten des Westens verändert. Und bei jeder Diskussion um die Reform des Sicherheitsrates wird die Überrepräsentanz westlicher Staaten, und insbesondere Europas, von den Anwärtern auf verbesserte Mitspracherechte grundsätzlich infrage gestellt.

Dass der Westen darüber hinaus nicht ohne Weiteres in der Lage sein wird, seine Interessen jederzeit auf dem Interventionsweg durchzusetzen, ist spätestens seit den verlorenen Kriegen im Irak und in Afghanistan mehr als ersichtlich. Überdies führt kein Weg an der Einsicht vorbei, dass das westliche Erfolgsmodell – man mag es ein liberales Staats- und Wirtschaftsmodell oder schlicht nur die Kombination von Demokratie und Marktwirtschaft nennen – so nicht mehr als einziges Modell zur Nachahmung erstrebenswert erscheint. Im Gegenteil: Mit allem Nachdruck werden von Aufsteigerländern Alternativen ins Spiel gebracht, die mit ihren eigenen Erfolgsmodellen und Erfahrungen begründet werden und den Westen nicht nur wirtschaftlich und politisch, sondern auch konzeptionell immer stärker herausfordern. Das gilt beispielsweise für die aktuellen Debatten um Währungs- und Finanzpolitik, aber auch für Klimafragen und generell für alle Überlegungen, die sich mit institutionellen Formen globalen Regierens befassen.

All diese Entwicklungen für sich genommen sind schon Anlass genug, ernsthaft über fundamentale Veränderungen in der Weltpolitik und die Suche nach einer neuen Rolle sowohl für die USA als auch Europa nachzudenken. Wie ich bereits mehrfach festgestellt habe, fehlt es bedauerlicherweise in einem geradezu erschreckenden Maße an der öffentlichen Aufmerksamkeit für das Ausmaß dieses Wandels. Es wird aber kein Weg daran vorbeiführen, dass wir uns allen Ernstes die Frage stellen, was die Grundlagen unseres möglichen Erfolges in der Zukunft sein müssen und wie sich Politik im weitesten Sinne des Wortes auf diese neuen Grundlagen einstellen muss, um nicht blind in eine Zukunft zu tappen, die längst von anderen gestaltet wird.

Angst lähmt, Empörung hilft nicht – also was dann? Das Geheimnis des Erfolges liegt darin, sich den Veränderungen zu stellen und sich ihnen anzupassen, anstatt vor Angst zu erstarren und nach der bestmöglichen Abwehrhaltung zu suchen. Jeder, der einmal nach China, aber auch nach Indien, Brasilien und Südafrika gereist ist, spürt sehr schnell, dass dort eine ganz andere und viel positivere Stimmung herrscht. Probleme haben die Menschen zuhauf, aber Zuversicht auch. Und die ist uns in Europa irgendwie verloren gegangen. Ob es daran liegt, dass wir zu satt sind und nur noch unseren »Abstieg« befürchten? Wie auch immer: China und die anderen Aufsteiger werden in Zukunft ihren Teil der Mitsprache bei globaler Regelsetzung einfordern. Und das ist völlig legitim. Europa, Deutschland und gar der gesamte Westen werden das kaum verhindern können. Das heißt aber nicht zwangsläufig, dass die Chinesen mit uns genauso rüde umgehen werden, wie wir es mit ihnen getan haben, als Regelsetzung auf Europäisch mit Kanonenbooten betrieben wurde. Es gehört zu den normalen Entwicklungen einer immer globalisierteren Welt, dass uns Interessen anderer Akteure unmittelbar und direkt betreffen. Auch China wird in einem langsamen und mühsamen Anpassungsprozess lernen, dass Kompromisse kostengünstiger zu haben sind als Ellbogenpolitik. Der erwachte »chinesische Drache« macht uns Angst, aber vielleicht kommt es tatsächlich darauf an, wie wir China und uns selbst in der Weltpolitik der nächsten Jahrzehnte sehen. Europa hat beim besten Willen keinen Grund, sich zu verstecken.

Risiko Multipolarität

Wann immer diese Veränderungen zum Gegenstand politischer Kommentare werden, reden europäische und deutsche Politiker gerne von Multilateralismus. Sie meinen die gleichberechtigte Zusammenarbeit zwischen allen wichtigen Akteuren, um auf diese Weise gemeinsam, im Konsens zur Lösung aller wichtigen Fragen zu kommen. In keiner politischen Grundsatzrede dürfen solche Bezüge fehlen. Aber selbst wenn man die idealisierte Vorstellung von internationaler Zusammenarbeit in einer globalisierten Welt noch so oft begrifflich strapaziert, heißt das nicht, dass sie mehr mit der Realität zu tun hat.

Ein Blick in die Geschichte des vergangenen Jahrhunderts zeigt das Spektrum der Möglichkeiten auf: Das 20. Jahrhundert begann mit einer multipolaren Ordnung der Kräfte, die das westfälische Staatensystem bildeten. Nach zwei Weltkriegen war daraus eine bipolare Ordnung geworden, in der die USA und die UdSSR dominierten. Nach 1989 wandelte sich diese Weltordnung zunächst und nur für kurze Zeit in eine unipolare mit den USA als einzig verbliebener Supermacht, nur um im letzten Jahrzehnt wieder deutlich multipolare Formen anzunehmen. Heute befindet sie sich, so argumentiert der Präsident des Council on Foreign Relations, Richard N. Haass,[64] im frühen Zustand von Nichtpolarität: Vielfältige Zentren bestimmen mit ihren jeweils verfügbaren Machtpotenzialen die Strukturen der Weltordnung.

Multipolare und erst recht nicht polare Weltordnungen können kooperativ geprägt sein. Dann nehmen sie früher oder später gestützt auf die hehren Prinzipien multilateraler Zusammenarbeit die Formen von Machtkonzertierung an, in der einige wenige zusammenarbeiten, um alle Übrigen dazu zu bringen, vereinbarte Regeln einzuhalten. Sie können aber auch kompetitiv sein, wenn sie sich auf die Ausbalancierung von Machtgleichgewichten stützen, die im Falle eines Scheiterns schnell in hoch konfrontativen Verhaltensmustern und im schlimmsten Fall in Kriegen enden können. Wieder werden wir mit allem Nachdruck an die Zeit vor dem Ersten Weltkrieg erinnert, wo genau dies geschah. Überzogene Erwartungen sind schon deshalb fehl am Platz, weil in einer nicht polaren Welt berechenbare Staaten nicht mehr die einzigen Akteure sind. Regionale Kooperationen, globale Konzerne, Nichtregierungsorganisationen, aber auch Milizen und andere parastaatliche Akteure tragen ebenso zur neuen Unübersichtlichkeit bei wie die deutliche Zunahme globaler Risiken – von Terrorismus über Probleme des Welthandels bis zu Pandemien und den Auswirkungen staatlicher Zusammenbrüche.

Diese Veränderungen dürfen nicht zu der Fehlannahme verleiten, dass es ein »gefährliches Machtvakuum« gäbe, wie

Robert Kappel, der ehemalige Präsident des GIGA (German Institute of Global and Area Studies) behauptet.[65] Machtpolitische Verschiebungen, wie wir sie heute beobachten, mögen uns nicht gefallen, sie bedeuten aber nicht, dass dort, wo der Westen an Macht verliert, automatisch ein Vakuum entsteht. Selbst der Verweis auf die inneren Schwächen der Aufsteigerländer, die sicherlich ihre globale Handlungsfähigkeit beeinträchtigen, vor allem wenn sie ihre sozialen Probleme nicht in den Griff bekommen, könnte sich als Bumerang erweisen. Legt man den Gini-Koeffizienten, der die relative Verteilung von Armut und Reichtum in einer Gesellschaft misst, zugrunde, rangiert selbst Deutschland nur am unteren Ende der Top 20 der Staaten, die über die größte Verteilungsgerechtigkeit verfügen. Die USA sind deutlich abgeschlagen. Aber wie Frank Sieren zu Recht anmerkt, gibt es einen maßgeblichen Unterschied: »In China werden viele Menschen schnell reich, während viele Arme langsamer vom Aufstieg des Landes profitieren. In den USA dagegen versinken ganze Landstriche in Armut. Selbst jeder zweite weiße Amerikaner glaubt inzwischen: ›Die besten Zeiten sind vorbei.‹«[66] Richtigerweise zieht Sieren den Schluss, dass wir im Westen die sozialen Unruhepotenziale in China gerne betonen, aber die in unseren eigenen Ländern ebenso gerne übersehen oder mit passenden Indikatoren (wie BSP und BIP) als entsprechend unbedeutender darstellen, als sie sind.

Fraglich erscheinen muss auch, ob die Aufstiegsländer nicht in der Lage sein werden, nach ihren Interessen und Möglichkeiten globale öffentliche Güter zu produzieren. Für den Augenblick ist das noch nicht wirklich erkennbar, aber schon in wenigen Jahren könnten die Dinge ganz anders aussehen. Sie werden eine solche Politik an ihren und eben nicht an unseren Interessen ausrichten. Mit einer solchen Entwicklung schlägt allerdings nicht notwendigerweise die Stunde verbesserter multilateraler Kooperation.

Automatische Erwartungen an die segensreichen Folgen multilateraler Zusammenarbeit sind mehr als hoffnungslos überzogen. Eine multipolare und schon gar eine nicht polare Welt sind eben nicht automatisch besser als eine bipolare, wie wir sie im Kalten Krieg erlebt haben. Im Gegenteil: Solche

Ordnungen sind in der Tendenz instabiler und volatiler – und damit also deutlicher von Konflikten geprägt und deshalb im Kern auch gefährlicher als bipolare oder hegemoniale Ordnungen. Alles Theorie wohlgemerkt.

Festhalten muss man nur mit aller Klarheit, dass Multipolarität beziehungsweise Nichtpolarität per se keine Garantie für Sicherheit und Wohlstand ist. Das genaue Gegenteil könnte der Fall sein. Daraus ergibt sich wohl auch die zentrale Herausforderung an außenpolitisches Handeln des Westens: Es müssen Wege gefunden werden, mit neuen und aufsteigenden Akteuren so umzugehen, dass Zusammenarbeit und Problemlösung ermöglicht werden, ohne dass es zu Versuchen einseitiger Interessendurchsetzung und damit hochgradig konfliktgeladener Folgesituationen kommt.

Diese Fragen werden natürlich längst und durchaus auch kontrovers diskutiert. In der Theorie lassen sich sechs unterschiedliche Strategien für etablierte Mächte entwickeln, die den Umgang mit Aufsteigern prägen können.[67] Das Spektrum beginnt mit der zumindest theoretischen Möglichkeit von Präventivkriegen (preventive war), die Aufsteiger rechtzeitig in ihre machtpolitischen Schranken weisen sollen. Hier unterscheiden sich die USA und Europa sehr deutlich. Für die USA ist der Einsatz ihres Militärs ein jederzeit probates Mittel der Außenpolitik, für die Europäer nur der letzte Ausweg, wenn alle anderen Mittel zuvor versagt haben. Auf geringen Eskalationsstufen kann eine Strategie im Ausgleich (balancing) bestehen, indem versucht wird, wo immer möglich machtpolitische Gleichgewichte zu schaffen. Das »Gleichgewicht des Schreckens« während des Kalten Krieges kann hier als wesentliches Beispiel dienen. Weiterhin gibt es vor allem für kleinere Staaten die Optionen, auf Mitläufereffekte (bandwagoning) zu setzen, und für größere den Interessenausgleich durch eine Strategie der Einbindung (binding, engagement) zu suchen. Ausweichstrategien (buck-passing) bieten sich natürlich ebenfalls an, wenn die Tendenz besteht, einer drohenden Herausforderung oder Gefahr nicht selbst entgegenzutreten, in der Hoffnung, dass ein anderer Staat das tut. Diese Strategie lässt sich historisch im Umgang Frankreichs und Großbritanniens mit dem Deutschen Reich in den

30er-Jahren des vergangenen Jahrhunderts, heute gelegentlich auch in transatlantischen Debatten über den Aufstieg Chinas beobachten.

Neue Regeln der Weltpolitik

Wann immer über Multipolarität nachgedacht wird, lautet eine implizite Annahme von europäischer Seite, dass Europa praktisch automatisch einen der Pole darstellt. Selbst in ihrem gegenwärtigen Zustand von Überdehnung, Euro-Krise und Entscheidungsblockade scheint die EU kraft ihrer wirtschaftlichen Leistungsfähigkeit tatsächlich dauerhaft prädestiniert, eine entscheidende Rolle in globalen Fragen zu spielen. Bedauerlicherweise teilen die strategischen Eliten der Schwellenländer diese ambitionierte Perspektive mitnichten. Aus chinesischer und indischer Sicht ist es keineswegs ausgemacht, dass Europa künftig zu den Polen der Weltpolitik gehört.

Alles Jammern hilft nichts: Die Zeiten, in denen der Westen dem Rest der Welt seine Regeln vorschreiben konnte, sind ein für alle Mal vorbei. Die Gruppe der acht (G8), in denen der Westen noch bestimmend war und nach eigenem Gutdünken die Regeln der Weltpolitik festlegen konnte, gehört eigentlich schon der Vergangenheit an. Die neuen Machtstrukturen bilden sich in den G20 ab. Europa ist gut beraten, diese Machtverschiebung als Tatsache anzuerkennen und auf die Neulinge am runden Tisch globaler Entscheidungen ohne Belehrungs- und Verdrängungsabsichten zuzugehen. Länder wie China, Indien und Russland sind verlässlichere und konstruktivere Partner, wenn sie nicht um das Recht um Mitentscheidung schachern und kämpfen müssen. Belehrungen sind jedenfalls fehl am Platz.

Aber es gibt durchaus Signale, die zur Vorsicht mahnen. Die vermeintlich neuen Pole im multipolaren System sind von der globalen Wirtschaftskrise zum Teil auch hart betroffen, sie haben sich allerdings auch mit größerer Geschwindigkeit als die entwickelten Ökonomien des Westens aus ihren Schwierigkeiten befreit. Zwar zollen sie trotz ihrer hohen

Finanz- und Devisenreserven, einseitigen Wirtschaftsstrukturen und internen Verwerfungen erheblichen Tribut, aber insgesamt geht ihre Aufholjagd ungebrochen weiter. Vor allem in China stehen die Zeichen auf fortgesetztes schnelles Wachstum. Aber gerade in der Krise ist der Westen auf die Stabilität dieser Länder dringend angewiesen.

Das eigentliche Trauerspiel spielt sich derweil in Europa ab. Man muss nicht in die beschriebene und immer wieder aufflammende Euroskepsis verfallen, um trotzdem nüchtern feststellen zu können: Europa ist überdehnt, ohne klare Entscheidungsstrukturen und unfähig, in wesentlichen Fragen globaler Politik politischen Konsens und Handlungsfähigkeit herzustellen. Europas Defizite drohen zur Marginalisierung zu führen. Gipfelhektik und das Jonglieren mit Milliardensummen und Konjunkturprogrammen täuschen Handlungsfähigkeit vor, ersetzen aber keine konsolidierte und koordinierte Politik.

DIE THESEN IM ÜBERBLICK:

Weltordnungen sind nie stabil. Auf- und Abstieg von Mächten sind normale Prozesse im internationalen System.

Die jeweiligen Weltordnungen sind im 20. Jahrhundert dreimal – 1918/19, 1945 und 1989/91 – zusammengebrochen.

Die euro-atlantisch dominierte Weltordnung existiert nicht mehr. Sie wird nicht durch eine asiatische, wohl aber durch eine globale Ordnung abgelöst, die traditionellen Machtmustern aus der Zeit des Ost-West-Konfliktes nicht mehr folgt.

Die Welt des 21. Jahrhunderts wird nicht mehr allein vom Westen geprägt sein. Die Erwartung, dass die Aufsteigerstaaten sich letztlich westlichen Vorstellungen anpassen und in die bestehende Weltordnung integrieren lassen, ist verfehlt.

Die Angst vor dem Ausverkauf des Westens ist nicht neu. Wiederholt hat sie in den vergangenen Jahrzehnten zu der Erwartung geführt, dass der Westen von wirtschaftlichen Aufsteigern überrollt würde. Bis heute ist keine dieser Befürchtungen Realität geworden.

Die neuen Schwellenländer werden die internationale Ordnung von Grund auf verändern, aber sie werden auch an ihre eigenen Grenzen stoßen. Multipolarität ist schon heute eine Tatsache. China wird in diesen Entwicklungen neben Russland, Indien und Brasilien eine entscheidende Rolle spielen. Auch in China werden die Bäume nicht in den Himmel wachsen. Chinas innenpolitische Probleme werden den bisher rasanten Aufstieg des Landes bremsen.

6 EIN GEGENMODELL IM WERDEN?

Der falsche Glanz der Diktatur

So schnell ändern sich die Zeiten. Gerade einmal vor 20 Jahren feierte der gesamte Westen den symbolträchtigen Fall der Berliner Mauer und den »Sieg« im Kalten Krieg. Für manch einen war damals klar, dass nun auch logisch konsequent der endgültige Siegeszug der Demokratie folgen würde. Die Vorherrschaft des Westens unter Führung der USA schien auf unbegrenzte Zeit gesichert. Wie wir gesehen haben, war die Begeisterung verfrüht. 20 Jahre später hat der Westen wesentlich an Zusammenhalt verloren, Kriege fordern weltweit hohen Tribut, neue Akteure verlangen ihren Platz in den Reihen der einflussreichen Nationen. Das 21. Jahrhundert, befürchten manche, könnte zum Jahrhundert der großen strategischen Auseinandersetzung zwischen den USA und China, dem bevölkerungsreichsten Aufsteigerland der Welt, werden.

Mittlerweile ist es in Mode gekommen, die Frage zu stellen, was gerade der Aufstieg Chinas, aber auch der anderer Schwellenländer, nicht nur ökonomisch, sondern auch politisch und ideologisch für den Westen bedeutet. Mit ökonomischen Einbußen im Wettbewerb mit aufholenden Ökonomien, deren Hunger nach Ressourcen und Einfluss sprichwörtlich ist, haben wir uns, so scheint es, inzwischen abgefunden. Aber politisch hält sich hartnäckig die feste Überzeugung, dass der Westen immer noch am längeren Hebel sitzt. Einschätzungen wie die folgende lösen deshalb Besorgnisschübe im Westen aus: »Die westliche Vormacht USA mag sich selbstbewusst gerieren, sie wird ihren Führungsanspruch dennoch immer weniger durchsetzen können. Der Glanz der Washingtoner Inszenierungen, auch in der Ära von Silberzunge Barack Obama, die militärischen Machtdemonstrationen und das mitunter immer noch atemberaubend selbstherrliche Auftreten von Diplomaten und Konzernchefs – all das verblasst vor dem Wandel der Welt. Die Gewichte verschieben sich, ob man das in den Vereinigten Staaten wahrhaben will oder nicht. Amerikaner erleben das nicht nur auf den Gefechtsfeldern im Irak und in Afghanistan, sie erleben es auch in der Finanzwelt, wo China beharrlich nach vorne drängt, und in der Industriepolitik.«[68]

Aber auch um die Europäische Union steht es in dieser Frage nicht viel besser: »Europa ist nicht darauf vorbereitet, dass sich die Welt in den kommenden Jahrzehnten radikal verändern wird. Wir sind nicht darauf eingestellt, politisch und wirtschaftlich eine Rolle zu spielen, die gleichberechtigt ist mit anderen Wirtschaftsräumen der Welt.«[69] Der Mann, der das sagt, weiß, wovon er spricht. Günter Verheugen war lange genug EU-Kommissar, um die Debatten in Brüssel, aber auch in anderen europäischen Hauptstädten entsprechend einschätzen zu können.

Mangelnde intellektuelle Vorbereitung auf kommende Veränderungen wird dem Westen also ganz pauschal unterstellt und damit auf eine der besten Voraussetzungen für unseren sprichwörtlichen Truthahn-Effekt verwiesen. Aber trotz aller Bedenken, bei denen politische Kommentatoren gerne die Stirn in Sorgenfalten legen, wird immer wieder auch darauf verwiesen, dass es gerade in China, dem wohl wichtigsten Herausforderer des Westens, noch längst nicht gelungen ist, die Tragfähigkeit des eigenen Modells, geschweige denn seine Attraktivität für Dritte unter Beweis zu stellen. Über diese Frage kann man lange spekulieren. Wer ein Pol in der neuen Weltordnung werden will, muss diese Fähigkeit nachweisen. Die chinesische Führung bestreitet solche Ambitionen vehement. Wer aber zwischen den Zeilen liest, kann durchaus zu einer gegenteiligen Auffassung kommen. China strebt nach Weltmachtstatus, auch wenn es noch einen weiten Weg zu gehen hat. So verweist die Journalistin Christine Adelhardt darauf, dass China es bislang nur scheinbar geschafft hat. Das ist aus ihrer Sicht trotz des wachsenden Drucks, Kompromisse schließen zu müssen, kein Grund, gleich den Beginn eines chinesischen Zeitalters anzunehmen: »China ist groß geworden durch kapitalistische Wirtschaft mit diktatorischer Lenkung. Das bringt konkurrenzlos billige Waren vom Fließband, aber in die Weltspitze der Innovationsprodukte kommt man damit nicht. Dort halten sich trotz wirtschaftlicher Krise immer noch die Amerikaner auf. Aus dem Westen kommen die coolsten Apps, die besten Autos. Denn der Erfolg der westlichen Welt basiert auf unserem politischen System, Demokratie, Freiheit, Konfliktfähigkeit. So entsteht Kreativität und daraus die besten Ideen. Und Ideen sind es, die heute Milliarden wert sind: Google, Facebook, iPhone. Freiheit – das ist unsere Stärke. Und genau davor haben Chinas Machthaber Angst. Nichts fürchten sie mehr als offene Kritik, die Gewährung von Freiheit, die Achtung von Menschenrechten. Die sozialen Konflikte im Reich der Mitte aber nehmen zu, Bürger begehren gegen korrupte Beamte auf, im Internet regt sich Widerstand und der Machtapparat ist längst kein monolithischer Block, wie uns die Politkader glauben machen.«[70]

Das ist eine der wohl spannendsten Fragen unserer Zeit: Wird das westliche, auf individueller Freiheit beruhende und durch die Kombination von Demokratie und Marktwirtschaft gekennzeichnete System sich am Ende doch noch global durchsetzen? Nach 1989 sah es schon einmal so aus, doch durch den Aufstieg der Schwellenländer kam es unter Druck und in der Weltwirtschaftskrise scheint es versagt zu haben. Oder werden Autokratien, die sich konsequent auf die Unterdrückung individueller Freiheit stützen, um ihr Wirtschaftswachstum voranzutreiben, und auf diese Art »Legitimität durch Leistung« produzieren, nicht nur als Erfolgsbeispiele für nachholende Entwicklung, sondern auch als Erfolgsmodelle gegen den Westen durchsetzen können? Könnte es sein, dass sie am Ende doch an ihren inneren Verwerfungen scheitern?

Zwischen Hoffen und Bangen

Freilich muss man in diesem Zusammenhang bedenken, dass alle bisherigen Prognosen über die Zukunft der Demokratie falsch waren – die optimistischen ebenso wie die pessimistischen. Kaum ein Thema hat ähnlich viele Kontroversen ausgelöst. Das Potpourri der Meinungen und Positionen ist durchaus beeindruckend. In den vergangenen Jahren nahmen die eher pessimistischen Fragen wieder zu. Kein Geringerer als Sir Ralf Dahrendorf stellte die fast bange Frage, ob die Demokratie die Globalisierung und damit einhergehende Herausforderungen überleben könne.[71] Er formulierte damit eine Sorge, die für ihn im Wesentlichen mit Phänomenen eines »wachsenden Autoritarismus« zu tun hat.

Über diese Fragen lässt sich heute nur spekulieren. Und immer muss man dabei die Warnung vor Augen haben, dass winzige Ereignisse in den betroffenen Ländern schnell und unkalkulierbar gewaltige Konsequenzen nach sich ziehen können. Das Risiko, in eine »Truthahn-Falle« zu tappen, ist allgegenwärtig. Und auch die einschlägigen sozialwissenschaftlichen Disziplinen tun sich ausgesprochen schwer, mit diesen Fragen umzugehen.

Vor 20 Jahren begann die Politikwissenschaft als Folge der Veränderungen in Mittel- und Osteuropa mit der intensiven Beschäftigung mit Systemtransformationen. Demokratie und ihre innere Ordnung waren immer ein Thema des Faches gewesen. Jetzt kam die spannende Frage hinzu, wie man unter engen zeitlichen Rahmenbedingungen und sehr schnellen gesellschaftlichen Veränderungsprozessen den Übergang von der Autokratie zur Demokratie organisieren kann beziehungsweise muss. Ich habe damals in einer systemtheoretischen Perspektive eine These gewagt, die mir ausgesprochen logisch erschien. Sie lautete, dass die seit 1974 in Schüben beobachtbare Durchsetzung demokratischer Systeme in fast allen Weltregionen vor allem damit begründet werden könne, dass demokratische Systeme auf Dauer stabilisierungsfähiger seien als andere politische Systemtypen. Denn anders als autoritäre Herrschaftsformen verfügten sie über Mechanismen, Verfahren und Strukturen, die es dem politischen System wie auch den sozialen Teilsystemen ermöglichen, flexibler, effizienter und ressourcenschonender auf die sich beschleunigenden Umweltveränderungen zu reagieren.[72]

Heute ist das Bild nicht mehr ganz so klar. Festzustehen scheint nur eines: Anstatt wie ein Kaninchen auf die Schlange der Autokratie zu starren, sind Demokratien gut beraten, zunächst über die eigene Leistungsfähigkeit und deren Verbesserung nachzudenken, bevor man vor der vermeintlichen Überlegenheit handlungsfähiger autokratischer Herrscher kapituliert.

Der trügerische Glanz der Demokratie

Im Wettbewerb mit China und anderen Aufsteigern geht es um mehr als nur um die wachsende Konkurrenz großer Nationalstaaten. Es geht um die Systemfrage. China ist eben keine Demokratie. Es ist nach wie vor eine Autokratie, in der eine kommunistische Partei mit Alleinvertretungsanspruch herrscht, jede Opposition gnadenlos unterdrückt und Menschenrechte verletzt. Aber China ist auch der erste Staat, der keine Demokratie ist, und dem es dennoch gelingt, Wohlstand für mehrere Hundert Millionen Menschen zu schaffen. Nur eingefleischte Optimisten erinnern daran, dass auch die westlichen Länder (mit Ausnahme der USA) nicht gerade demokratisch waren, als ihr Aufstieg begann, und setzen unverdrossen auf das Mantra der Modernisierungstheorie: Zuerst kommt ökonomische Entwicklung, dann entstehen Mittelschichten, die politische Partizipation einfordern – und am Ende schlägt die Stunde der Demokratie. Pessimisten verweisen darauf, dass ein neuer Systemkonflikt im Entstehen ist, der gut und gerne zum Kernkonflikt des 21. Jahrhunderts werden könnte: Demokratie gegen Diktatur.

Die Welt, so scheint es, steht wieder einmal kopf. Und natürlich fällt auf, dass die Schnelligkeit der Themenwechsel nur allzu leicht in Vergessenheit geraten lässt, welche Debatten wir noch vor wenigen Jahren mit Inbrunst geführt haben.

Niemand hätte etwa im Sommer 1984 gewagt, den historischen Niedergang des Kommunismus oder gar den Fall der Berliner Mauer vorauszusagen. Den nahenden Zerfall der Sowjetunion zu prognostizieren, hätte an politischen Schwachsinn gegrenzt. Noch standen die Zeichen in den Diskussionen unter westlichen Intellektuellen genau umgekehrt. In diesem Sommer 1984 erschien in Paris ein Buch, das eben dieses Gegenteil verkündete. Der Autor Jean-François Revel wählte einen provozierenden Titel: *Comme les démocraties finissent – So enden die Demokratien.*[73]

Seine Argumentation schien auf den ersten Blick schlüssig und besorgniserregend zugleich. Im Kern verwies Revel auf den aggressiven Charakter der kommunistischen Ideologie und behauptete, die Demokratien seien auf Dauer nicht in der Lage, sich der militärischen, strategischen, politischen und vor allem der ideologischen Herausforderung des Kommunismus erfolgreich zu erwehren. Was im Sommer 1984 noch durchaus plausibel, ja besorgniserregend real erschien, war fünf Jahre später Makulatur. So sah es zumindest aus. Stattdessen veröffentlichte der amerikanische Politikwissenschaftler Samuel Huntington mit seinem typisch sicheren Instinkt für schlagzeilenträchtige Themen den Gegenentwurf. Sein Titel lautete: »Die dritte Welle der Demokratie«.

Huntingtons Argument stützt sich auf die Beobachtung historischer Demokratisierungswellen. Mit dem Jahr 1989 schien nun der endgültige Durchbruch der Demokratie als Herrschaftsform gelungen. Noch weiter ging Francis Fukuyama, der in ähnlicher Manier gar das »Ende der Geschichte« proklamierte: Die seit Jahrhunderten andauernde Konkurrenz zwischen Demokratien und Nichtdemokratien sah er endgültig zugunsten von Demokratien entschieden – und insoweit das Ende der Geschichte erreicht.

Berge von Studien wurden veröffentlicht, die diese Demokratisierungsbewegungen nachzeichneten. Was sich einige Jahre später als Transformationsforschung bezeichnen sollte, begann zunächst mit Untersuchungen über den Zusammenbruch autokratischer Regime. Seltsamerweise folgten diese Zusammenbrüche einer kaum erklärbaren zeitlichen und geografischen Clusterbildung. Fast konnte man als Beobachter den Eindruck gewinnen, dass Demokratie sich wie ein Virus verbreite und die nächstgelegenen Autokratien sich am schnellsten ansteckten. Es begann in Südeuropa mit der »Revolution der Nelken« in Portugal 1974 und infizierte Spanien und Griechenland – damals die letzten Diktaturen im westlichen Teil Europas. Der Virus sprang dann nach Lateinamerika, von dort nach Ostasien und zurück nach Mittel- und Osteuropa, wo er 1989 seine volle Wirkung entfalten konnte. Innerhalb von rund eineinhalb Jahrzehnten schien der Siegeszug der Demokratie vorprogrammiert.

Die Politikwissenschaft kam kaum hinter den sich überstürzenden Ereignissen her. Ihren im Wesentlichen reagierenden Charakter konnte sie aber mit Bravour ausspielen. Kaum waren die Zusammenbrüche von Autokratien in Ansätzen beschrieben, schlug die Stunde der Transitionsforschung im engeren Sinne. Hier ging es vor allem um eine zentrale Frage: Wie errichtet man nach dem Zerfall eines autokratischen Regimes eine demokratische Herrschaftsform? Kaum waren Verfassungen diskutiert und »Gründungswahlen« analysiert, stellte sich ein neues Problembündel. Logisch konsequent lautete die für die dritte Phase der Transformationsforschung prägende Frage: Wie konsolidiert man demokratische Herrschaft? Welche Rolle spielen Parteien und die viel beschworene Zivilgesellschaft bei der Stabilisierung neuer Demokratien? Und was kann man von außen tun, um zu helfen? Eine regelrechte Unterstützungsindustrie für junge Demokratien (PPD – Promoting and Protecting Democracies) verschlang Unsummen an Fördergeldern – bis heute mit durchaus zweifelhaften Ergebnissen.

Sehr schnell stellten Transformationsforscher fest, dass nicht alles Gold war, was glänzte. Viele Demokratisierungsbewegungen führten eben nicht zu gefestigten Demokratien westlicher Prägung, sondern zu dem, was man schon bald »defekte Demokratien« nannte. Und vielfach zeigen sich auch Rückentwicklungen. Was wir ursprünglich für Erfolgsfälle gehalten haben, ist längst nicht in jedem Falle zum Erfolg geworden. Hier wird natürlich besonders gerne auf die innenpolitische Entwicklung Russlands als besonders markantem Beispiel einer »delegativen Demokratie« verwiesen.[74]

Aber damit nicht genug. Nicht nur blieb die dritte Welle der Demokratisierung stecken, es waren gerade autokratische Herrschaftsformen, die sich in den letzten 20 Jahren anschickten, ganz neue Herausforderungen für die etablierten Demokratien zu präsentieren. Allen voran vollzog China eine bemerkenswerte ökonomische Entwicklung, ohne sein politisches System von Grund auf zu verändern. In einem der ökonomisch erfolgreichsten Länder der vergangenen Jahrzehnte herrscht nach wie vor mit Monopolanspruch wie in alten Zeiten eine kommunistische Partei. Menschenrechte werden verletzt, politische Opposition wird nicht geduldet und jede Form politischer Betätigung außerhalb der kommunistischen Partei unter zum Teil erhebliche Strafe gestellt.

Muss man also Jean-François Revels These von 1984 wieder aufgreifen und neu formulieren? Etwa so: Auf Dauer werden Demokratien den Wettbewerb mit autokratischen Herrschaftsformen verlieren, weil Letztere besser politisch steuern, schneller auf Probleme reagieren und diese effizienter lösen können.

Für manch einen politischen Führer in der nicht westlichen Welt, der zwar ökonomischen Erfolg und die Schaffung von Wohlstand nach westlichem Vorbild als Ziel akzeptiert, nicht aber eine Verwestlichung im Sinne der Einführung demokratischer Herrschaftsformen, scheint die Stunde gekommen, den Westen auf der ideologischen Ebene und in Wertedebatten anzugreifen. Die Frage nach westlichen Werten und ihrer Universalität wird dabei ins genaue Gegenteil verkehrt und stattdessen die Eigenständigkeit der jeweiligen Werteordnungen proklamiert. Natürlich wird dadurch auch politischen Ordnungen das Wort geredet, die mit westlicher Demokratie nicht das Geringste zu tun haben. Aus offener Kritik an westlicher Bevormundung und Dekadenz wird in solchen Debatten sehr schnell der Versuch, ein grundlegend anderes Politik- und Systemmodell zu entwerfen, dessen Rahmenbedingungen darin bestehen, dass sich die jeweils herrschende Elite als Monopolist verhält, der umfassende Machtansprüche stellt und keine legitime Opposition als Konkurrenz duldet. Gesellschaftspolitisch agiert sie als Kontrolleur, der unerwünschte und dem wirtschaftlichen Entwicklungsprozess abträgliche Spannungen kanalisiert und notfalls unterdrückt, während sie sich im Bereich der Wirtschaft als Katalysator versteht und die Aufgabe übernimmt, möglichst optimale Rahmenbedingungen für ansonsten nicht staatlich reglementiertes Wirtschaftsverhalten zu entwerfen.«[75]

Es ist mehr als fraglich, ob die Ereignisse in Tunesien, Ägypten, Libyen und anderen arabischen Staaten, die seit Anfang 2011 die Weltöffentlichkeit in Atem halten, an dieser Fundamentalherausforderung viel ändern werden. Zu einem Zeitpunkt, wo sich ein Erlahmen der Hoffnung auf fortschreitende Demokratisierung breitzumachen schien, taucht wieder einmal unser Truthahn auf. Und ausgerechnet aus Ländern, an denen die Demokratisierungswelle von 1989 vorbeigegangen war, kommen neue Signale der Hoffnung.

In den Demokratiediskussionen der vergangenen beiden Jahrzehnte spielte die arabische Welt keine Rolle. Sie bildete die markante Ausnahme, weil sie immun gegen den Virus der Demokratie zu sein schien. Heute hat sich das alles ähnlich schnell wie 1989 geändert. Ein winziger Auslöser, die Selbstverbrennung eines tunesischen Geschäftsmannes, hat die gesamte Region in Brand gesteckt. Überall in der arabischen Welt gehen Menschen auf die Straße, um gegen ihre Regierungen zu demonstrieren. Und langjährige Garanten für innenpolitische und regionale Stabilität sehen sich außerstande, diesem Druck machtpolitisch etwas Erfolgversprechendes entgegenzusetzen. Ist das also der lang ersehnte Beginn einer Demokratisierung der arabischen Welt? Vorsicht und Zweifel sind mehr als angebracht! Schon nach wenigen Tagen und Wochen zeigt sich, dass es eigentlich relativ leicht ist – der Despot Gaddafi bildet mit seinem Krieg gegen das eigene Volk (zumindest zeitweilig) eine Ausnahme –, autokratische Herrscher selbst nach Jahrzehnten im Amt aus demselben zu vertreiben. Eine handlungsfähige, als legitim erachtete und effiziente Regierung ins Amt zu bringen, steht schon auf einem anderen Blatt. Und sicherlich muss man auch bezweifeln, ob Demokratie überhaupt die Triebkraft hinter den Protesten ist. Die meisten der Demonstranten wollen nicht ein Mehr an Demokratie. Einige ausländische Beobachter sind sogar davon überzeugt, dass es ihnen egal ist, von wem und wie sie regiert werden – solange eines geschieht: Die Schaffung von Arbeitsplätzen, die es dem Heer an durchaus gut ausgebildeten Jugendlichen erlaubt, eine Perspektive der Eingliederung in eine Gesellschaft zu haben, in der sie ihr persönliches materielles Auskommen finden können.

Demokratische Selbstüberforderung

Wer über den zunehmenden Systemwettbewerb mit Autokratien nachdenkt, ist gut beraten, zunächst die selbstkritische Frage nach der Leistungsfähigkeit demokratischer Systeme unter den Bedingungen technologisch veränderter Grundlagen und einer entstehenden multipolaren Ordnung nachzudenken. Hier zeigen sich drei wesentliche Herausforderungen, auf die Demokratien völlig unabhängig von ihren Wettbewerbern überzeugende Antworten finden müssen: die Bewältigung von Informationsfluten, die Gewährleistung von Sicherheit und Wohlstand, die Schaffung von Legitimität. In all diesen Bereichen ist die Vermeidung von Selbstüberforderung, die letztlich Stabilität und Bestand auch von demokratischen Ordnungen gefährden könnte, oberstes Gebot.

Demokratien, wie sie zunächst im europäischen Kontext entstanden sind, waren eng gebunden an das Phänomen eines aufkommenden Mittelstandes. Wer nicht mehr vom Aufwachen morgens bis zum Einschlafen abends mit der Jagd nach der Befriedigung von Primärbedürfnissen beschäftigt war, wer darüber hinaus auch noch in wachsendem Maße über Bildung verfügte und gelernt hatte, sich mit Traditionen und Visionen kritisch auseinanderzusetzen, der konnte damit beginnen, seine zeitlichen Spielräume und ideellen Erwartungen in politisches Engagement umzusetzen.

Dies war so in der Geschichte europäischer Demokratien. Ob es auch heute noch so ist, mag mit Fug und Recht bezweifelt werden. Gilt nicht viel eher ein geradezu verheerendes Verdikt der Auswirkungen moderner, massenmedial bestimmter Unterhaltung, die aus freien Bürgern Marionetten der Massenverdummung machen? Der französische Philosoph

Pascal Bruckner schreibt es uns ins Stammbuch: »Wenn die Armen reich werden und eine Mittelschicht bilden, widmen sie ihre Freiheit weder der Politik noch der Kultur, sondern vor allem der Unterhaltung. ... Das Ende des Elends und der Unwissenheit sollte mit der Aneignung umfassender Humanität durch jeden Einzelnen einhergehen. Eine Hoffnung, die sich nicht erfüllt hat: Bei der Mehrheit der Leute siegt die angenehme Verdummung der Unterhaltung über die vielen Möglichkeiten zum Engagement und zur Weiterentwicklung der Persönlichkeit. Auf letzterem Gebiet hat sich seither nicht viel getan. Früher wollten sich die Menschen von anstrengender Arbeit erholen; heute wollen sie vor der Öde freier Zeit fliehen, mit der sie nichts anfangen können.«[76]

Mediale Massenverdummung im digitalen Zeitalter kommt uns von daher gerade gelegen, bietet sie doch ein Maximum an Flucht mit einem Minimum an Aufwand, eben die moderne Variante von »panem et circenses«. Statt Probleme zu lösen, fliehen wir in Scheinwelten. Ein Knopfdruck genügt, und die jeweils gewünschte Mischung aus Abenteuer, Glamour und der Romantik einer »schönen neuen Welt« verbreitet sich wohlig in unseren Wohnzimmern. Und eine zunehmende Zahl unserer Kinder kann zwar mit einem Joystick eine Figur über einen kleinen Bach lenken, aber viele von ihnen haben selbst noch keinen in der Wirklichkeit gesehen, geschweige denn die Erfahrung gemacht, an einem Bach zu stehen und auf die andere Seite zu springen – oder manchmal eben auch mittendrein.

Die steigende Komplexität unseres Daseins verlangt eigentlich immer schnellere und komplexere Entscheidungen von uns. Statt diese zu treffen, verzichten wir auf unseren Status als mündige Bürger und versuchen dem Zwang zu entkommen, grundlegende Entscheidungen selbst treffen zu müssen. Es stört uns wenig, dass wir dabei zu übersehen scheinen, dass es auch ein Leben außerhalb von Konsumtempeln und nach dem Abschalten des Fernsehers gibt. Es ist einer der großen Irrtümer unserer Zeit, dass mit mehr Informationen eine bessere Demokratie einhergehe. Das genaue Gegenteil könnte der Fall sein. Durch Informationsüberlastung bleiben die wenigen im Vorteil, die über angemessene Techniken des Informationsmanagements verfügen, während die breite Masse von emotionalen Bildern getrieben, medial ferngesteuert wird und letztlich das Interesse an Politik, die »eh keiner mehr versteht«, zu verlieren droht.

Die Überlastung durch Informationsfluten gilt aber nicht nur für Individuen, sie gilt auch gerade für demokratische Systeme, die zumindest in der Theorie auf eine gut informierte Zivilgesellschaft angewiesen sind, um überhaupt funktionieren zu können. Und sie gilt erst recht für Grundleistungen, die jedes politische System erbringen muss, wenn es sein Überleben sichern will. Sicherheit zu gewährleisten ist das erste dieser Grundmuster.

Das Goldene Zeitalter der Sicherheit geht offensichtlich (wieder einmal?) zu Ende. Sicherheitsdenken, das Streben nach Absicherung persönlicher Risiken durch staatliche Fürsorge, war eines der zentralen Denkmuster, die demokratische Politik der letzten Jahrzehnte begleitet haben. Das Phänomen als solches ist weder verwunderlich noch neu. Schon Stefan Zweig hat es in seinen Lebenserinnerungen mit folgenden Worten beschrieben: »Dieses Gefühl der Sicherheit war der erstrebenswerteste Besitz von Millionen, das gemeinsame Lebensideal. Nur mit dieser Sicherheit galt das Leben als lebenswert, und immer weitere Kreise begehrten ihren Teil an diesem kostbaren Gut.«[77]

Es ist tatsächlich so banal: Der Mensch strebt nach Sicherheit. Er strebt danach, Unwägbarkeiten und Unsicherheiten seines täglichen Lebens möglichst zu beseitigen. Längst aber steht er nicht mehr vor dem Problem, natürliche Unsicherheiten zu reduzieren, sondern umzugehen mit den Unsicherheiten, die er durch menschliches Zusammenleben selbst schafft – also »mit zivilisatorisch erzeugten Gefahren, die sich weder räumlich noch zeitlich noch sozial eingrenzen lassen.«[78] Dieses Streben nach Sicherheit verändert Politik. Politik wird zum Maßstab des Umgangs mit Unsicherheit – politisches Handeln wird gemessen an der Fähigkeit, Unsicherheiten zu beseitigen. Die Verantwortung für Sicherheit wird in wachsendem Maße vom Individuum auf die Politik verlagert, und sie droht, Politik – gerade auch demokratische Politik – nachhaltig zu überfordern.

Bei allen mittlerweile längst globalisierten Gefahrenherden für menschliches Zusammenleben lässt sich ein Teufelskreis beobachten, den Ulrich Beck wie folgt formuliert: »Denn Gefahren werden industriell erzeugt, ökonomisch externalisiert, juristisch individualisiert, naturwissenschaftlich legitimiert und politisch verharmlost. Dass dadurch Macht und Glaubwürdigkeit von Institutionen zerfallen, tritt erst dann hervor, wenn das System auf die Probe gestellt wird ...«[79] Nicht immer sind Reaktionen demokratischer Systeme auf steigende Sicherheitsrisiken mit einer Verbesserung der demokratischen Standards verbunden. Die Bekämpfung des Terrorismus hat in den USA und Europa zu erheblichen Einschnitten individueller Freiheiten, insbesondere im Bereich Datenschutz geführt. Die Kombination aus politisch Gewolltem und technologisch Machbarem hat aus freien Bürgern gläserne Untertanen gemacht. In der Güterabwägung verliert das Individuum in seinem Freiheitsstreben gegen das kollektive Recht auf Sicherheit.

Demokratien und ihre marktwirtschaftliche Basis werden in diesen Debatten als siamesische Zwillinge behandelt. Bis in die Mitte der 80er-Jahre tobte in den westlichen Sozialwissenschaften eine Debatte über die Voraussetzungen erfolgreicher Demokratisierung und wirtschaftlicher Entwicklung. Modernisierungstheoretiker empfahlen unterentwickelten Staaten die Einbindung in das kapitalistische Weltsystem, Dependenztheoretiker das genaue Gegenteil. Bibliotheken füllten sich mit Büchern und Artikeln, die die Frage nach Henne und Ei zu beantworten suchten. Braucht man zuerst ökonomische Entwicklung, um dann irgendwann demokratische Strukturen etablieren zu können, sollte beides gleichzeitig geschehen oder ist Demokratisierung überhaupt nicht erst die Voraussetzung für erfolgreiche nachholende Entwicklung?

Diese Fragen sind durch den erfolgreichen Entwicklungsweg insbesondere ostasiatischer Systeme beantwortet: Grundlage für nachhaltig erfolgreiche Demokratisierung ist wirtschaftlicher Erfolg, die daraus erwachsende Herausbildung von partizipationswilligen Mittelschichten und die Bereitschaft autoritärer Regime, ihr Machtmonopol friedlich in Strukturen demokratischer Konkurrenz zu überführen.

Für geraume Zeit vermochte die Debatte um »asiatische Werte« von diesen Einsichten abzulenken. Eine neuerliche Debattenwut erfasste die Zunft, als ausgewiesene Autokraten – zu den Wortführern gehörten der malayische Ministerpräsident Mahatir und der Oberbürgermeister Tokios Ishihara[80] – behaupteten, westliche Demokratien und asiatische Werte seien unvereinbar. Dabei ging es nicht um Realität, denn hier hatten Entwicklungen in Taiwan und Südkorea längst den praktischen Beweis erbracht, dass Formen westlicher Demokratie sehr wohl in asiatischen Gesellschaften möglich sind. Es ging auch nicht um interkulturellen Dialog, sondern nur um den verzweifelten Versuch einiger asiatischer Autokraten, die demokratischen Geister, die man durch den Zauber marktwirtschaftlicher Erfolge geweckt hatte, wieder in die Flasche zu befördern. Die Debatte verstummte schlagartig mit dem Einsetzen der Asien-Krise im Jahre 1997.

Für alle Fälle erfolgreicher Transformation zur Demokratie in unterschiedlichen Weltregionen gilt: Der Zugang zur Kontrolle von politischer Herrschaft, der Modus der Festlegung von politischen Agenden, Gewaltenteilung und Freiheitsrechte sind Kernbestandteile repräsentativer Demokratie, die im euro-atlantischen Kontext entwickelt, aber auch in anderen Kulturen und Regionen erfolgreich zur Anwendung kommen können. Umgekehrt gilt: Die Chancen auf nachhaltige Durchsetzung von Demokratie sind umso schlechter, je segmentierter eine Gesellschaft ist, je geringer ihr sozioökonomisches Entwicklungsniveau ist und je stärker soziale Machtressourcen auf exklusive Entscheidungsträger konzentriert sind.

Mittlerweile hat sich aber gerade in Anbetracht der Erfahrungen in den Transformationsgesellschaften Mittel- und Osteuropas die Erkenntnis durchgesetzt, dass es deswegen noch lange keinen geschichtsnotwendigen Determinismus hin zur westlichen Demokratie gibt, wenn sich Demokratien nicht langfristig als fähig erweisen, interne Problemlösungskapazitäten aufzubringen. Im Vergleich mit kommunistischen Systemen haben sie dieser Herausforderung über fast ein halbes Jahrhundert standgehalten. Sie werden es auch weiterhin – nach innen wie nach außen – tun müssen, wenn sie stabil bleiben wollen. Das vermeintliche Ende der Geschichte ist wohl eher eine unendliche Geschichte. Und die zentrale Einsicht lautet: Demokratisierung ist ein reflexives Phänomen.

Legitimität und Effizienz bilden die Spannungspole jedes funktionierenden demokratischen Systems. Der Legitimitätspol ist an der Frage sozialer Geltung als rechtens ausgerichtet und bietet den Maßstab für die Akzeptanz demokratischer Politik in der jeweiligen Bevölkerung. Der Effizienzpol zielt auf die Performanz demokratischer Politik im Sinne ihrer Fähigkeit, adäquate Problemlösungen zu präsentieren. Im Spannungsfeld dieser beiden Pole war die demokratische Entwicklung seit 1789 auf die Stabilisierung der Demokratie durch Steigerung von Partizipation, also auf eine Stärkung des Legitimitätspols ausgerichtet.

Stehen wir insofern auch vor einem neuerlichen demokratietheoretischen Einschnitt? Immerhin sind alle wesentlichen Beiträge zur Weiterentwicklung unserer demokratietheoretischen Konzeptionen über die letzten zwei Jahrtausende nie in Zeiten normaler, sondern fast ausschließlich in Zeiten von Krisen der jeweiligen Gemeinwesen erbracht worden. Muss also auf die seit rund 200 Jahren anhaltende Entwicklung der Stabilisierung von Demokratie durch Steigerung von Legitimität nicht jetzt eine ganz neue Phase der Stabilisierung der Demokratie durch Steigerung von Effizienz folgen?

Dass Demokratien bei der Lösung von gesellschaftspolitisch relevanten Problemen versagen und in der Konsequenz auch untergehen können, ist historisch vielfach belegt. Letztlich gilt hier die Einsicht, dass kein politischer Systemtyp auf Dauer per se stabil ist.

Droht also die Gefahr, dass auch Demokratien versagen, wenn sie sich als unfähig erweisen, auf neue Herausforderungen und neue Probleme mit einer Anpassung ihrer Problemlösungsfähigkeit zu reagieren? Und was genau charakterisiert dann eine solche nicht mehr nur akzeptanz-, sondern jetzt verstärkt effizienzorientierte Problemlösungskapazität demokratischer Systeme?

Probleme demokratischer Legitimität erweisen sich in aller Regel als temporär und damit vergleichsweise leicht behebbar. Die immer wieder aufflammende »Nichtwähler-Debatte« zeigt, dass sich Wähler in bestimmten Situationen durchaus gegen aktive Partizipation an Wahlen, dem wesentlichen Legitimitätsinstrument, entscheiden. Sie lassen sich allerdings ohne Weiteres auch wieder für eine Beteiligung zurückgewinnen, wenn Situationen, Themen oder Personen entsprechend zu motivieren vermögen.

Eine der wirkungsmächtigsten Herausforderungen für repräsentative Demokratien dürfte aus einer zunehmenden demokratischen Selbstüberforderung entstehen: Ursachenzuweisungen an die Fehlleistungen von Politikern – ohne hier im Einzelfall beschönigen oder entschuldigen zu wollen – sind vielleicht zu vorschnell und vor allem zu einfach. Zu den zentralen Entwicklungsmustern gerade demokratischer Systeme gehört jedoch der Trend, die Erwartung an die Regelungskapazität von Politik kontinuierlich zu steigern. Die Aufgaben des Staates und die Erwartungen der Bürger nehmen ständig zu – nur die Problemlösungsfähigkeit des demokratischen Staates hat sich nicht nennenswert geändert. Wen wundert es also, wenn sich die Schere zwischen Ansprüchen an demokratische Politik und Leistung demokratischer Politik ständig weiter öffnet und dem wachsenden Unmut enttäuschter Bürger Vorschub leistet.

Steigende Erwartungen machen gewählte Politiker immer mehr zu den unmittelbaren Adressaten der Bürger. Je mehr Probleme der Daseinsvorsorge des Einzelnen dem Staat aufgebürdet werden, umso mehr werden Politiker zu den Adressaten steigender Erwartungen ihrer Wähler. Müssen wir nicht auch hier umdenken und in viel stärkerem Maße als bisher die Bürger zu Adressaten von Politikern (und Experten) machen, die Wahrheiten sagen, unbequeme Problemlösungen vermitteln und auch für Unpopuläres werben, anstatt die Selbstüberforderung der Politik durch nicht einhaltbare und schnell als völlig überzogen durchschaubare Versprechungen bis zur drohenden Destabilisierung des demokratischen Systems treiben zu lassen?

Politische Entscheidungen werden immer komplexer, infolgedessen müssen auch an die Kompetenzprofile von Parlamentariern höhere Anforderungen gestellt werden. Ob es deshalb ein besonders positiver Trend ist, dass Parteien auf immer jüngere Abgeordnete setzen, muss aus dieser Perspektive bezweifelt werden. Berufs- und Lebenserfahrung, vor allem aber die berufliche und finanzielle Unabhängigkeit von Parteivoten können nicht hoch genug bewertet werden.

In wachsendem Maße werden Demokratien vor das Problem gestellt, auf parlamentarischem Wege nicht schnell genug entscheiden zu können, um mit dem rasanten Entwicklungstempo neuer Technologien auch nur entfernt Schritt halten zu können. Diese Technologie-Entscheidungslücke droht gerade den insgesamt ohnehin zeitaufwendigen Entscheidungsprozess in Demokratien in wachsendem Maße ungeeignet erscheinen zu lassen, um unter Bedingungen, in denen Raum und Zeit eigentlich keine Rolle mehr spielen, adäquat reagieren zu können.

Debatten im Deutschen Bundestag über gentechnologische Gesetzgebung finden üblicherweise auf dem Stand der Gentechnologie statt, wie er mehrere Jahre vor der Parlamentsdebatte gültig war. Die entstehenden Regelungen sind zwangsläufig in dem Augenblick veraltet, wenn sie vom Parlament verabschiedet werden. Die Forschung arbeitet indessen weiterhin im Freiraum noch ungeregelter Kompetenzen und Möglichkeiten.

Zusätzlich bedrohen strukturkonservative Entscheidungsblockaden die Handlungs- und Reaktionsfähigkeit demokratischer Systeme. Wenn notwendige Strukturreformen im Gestrüpp von Blockaden strukturkonservativer Lobbygruppen stecken bleiben, werden auch Demokratien auf Dauer nicht in der Lage sein, Zukunftsprobleme zu lösen.

Diese Fragen an die eigene Leistungsfähigkeit von Demokratien darf man nicht aus dem Auge verlieren, wenn man sich den Herausforderungen zuwendet, die Autokratien für Demokratien darzustellen scheinen. Wie sieht es also mit der Leistungsfähigkeit autokratischer Systeme aus? Sind sie Demokratien wirklich überlegen, weil sie schnell und effizient Probleme lösen, bevor in Demokratien auch nur Kommissionen eingesetzt werden können, die das jeweilige Problem definieren sollen?

Der falsche Glanz der Diktatur

Eigentlich hat sich nur wenig geändert. Der Vorteil einer Autokratie scheint vor allem in der Fähigkeit zu bestehen, schnelle Entscheidungen dank zentralisierter Herrschaftsformen zu fällen. Wie das Beispiel Chinas zeigt, besteht das wesentlich Neue darin, dass diese Fähigkeit nicht mehr für ideologische Wahrheitsziele, sondern für pragmatische Wohlfahrtsziele eingesetzt wird. Trotzdem ist Vorsicht beim allzu positiven Umgang mit der Leistungsfähigkeit autokratischer Systeme angebracht. Eigentlich muss man sich ständig vor Augen halten, dass Autokratien gut darin sind, ihre Probleme zu verstecken, während Demokratien dazu neigen, ihre Schwächen überzubewerten, vor allem aber sie öffentlich transparent zu machen.

Trotz ihrer beeindruckenden ökonomischen Erfolge, die formal durch hohe Wachstumszahlen ihre Wirkung auf Beobachter im Westen nicht verfehlt haben, bleiben für Diktatoren eine Reihe grundsätzlicher Herausforderungen bestehen, von denen man derzeit nur mit Gelassenheit feststellen kann: Es ist offen, ob solche Systeme in der Lage sein werden, mit diesen Herausforderungen ähnlich erfolgreich umzugehen wie mit den Problemen ihrer nachholenden ökonomischen Entwicklung. Vier wesentlichen Herausforderungen werden sie sich dabei stellen müssen.

An oberster Stelle steht der Verlust des Informations- und Meinungsmonopols. Internet und moderne Kommunikationstechnologie haben nicht nur die Verbreitung von Informationen unglaublich beschleunigt, sie haben auch die Abschottungsversuche gegen unkontrollierten Informationsfluss in erheblichem Maße beeinträchtigt. Dies führt dazu, dass das klassische Herrschaftsinstrument der umfassenden Kontrolle öffentlicher Meinung in autokratischen Systemen immer stärker infrage gestellt wird. Die beschleunigende Rolle von sozialen Netzwerken bei den Demonstrationen in Nordafrika zu Beginn des Jahres 2011 macht deutlich, dass solche Effekte mittlerweile auch länderübergreifend ihre Wirkung zeigen und selbst durch einflussreiche staatliche Propaganda und Kontrolle nicht wirklich beeinträchtigt werden können.

Zweitens haben Autokratien immer ein Legitimitätsproblem. Das Beispiel Chinas zeigt sehr deutlich, dass es einer autokratischen Führung durchaus auf längere Sicht gelingen kann, durch den Nachweis ökonomischer Leistungsfähigkeit die demokratischen und partizipativen Legitimitätsdefizite zu überdecken. Ob dieses auf Dauer gelingen kann, wenn Menschen ihre wachsenden Bildungspotenziale auch dafür einsetzen, über Politik und politische Ordnungen nachzudenken, ist eine offene Frage.

Drittens bleibt trotz aller ökonomischen Erfolge keines der autokratischen Aufsteigerländer von sozialen Spannungen erheblichen Ausmaßes verschont. Autokratien fehlen die Mechanismen institutionell geregelter Konfliktlösung. Also können auch jederzeit mögliche Verwerfungen zu tief greifenden Destabilisierungen führen. Das Risiko politischer Unruhen hängt wie ein Damoklesschwert über den Köpfen von Autokraten. Die nervöse Reaktion der chinesischen Führung auf die »Jasmin-Revolution« in der arabischen Welt spricht Bände. Chinas Führung befürchtet, dass der Virus des Regimesturzes über das Internet verbreitet auch im eigenen Land ankommen könnte. In China erinnert man sich noch sehr genau an den Satz von Mao Zedong, dass ein einziger Funke ein Präriefeuer entfachen könne.

Viertens sind Autokratien nicht per se leistungsfähige Systeme. Dafür gibt es viel zu viele Beispiele, die das genaue Gegenteil nahelegen. In den allermeisten Fällen verbinden sich autokratische Herrschaftsformen mit ausgesprochen ausbeuterischen Strukturen und kommen wirtschaftlich kaum von der Stelle. Es liegt am Ende also an den Eliten, die autokratische Herrschaftsstrukturen bestimmen. Hier stellt sich die aus heutiger Sicht nicht zu beantwortende Frage, ob das, was für die Elitenleistung der Vergangenheit mit all ihren Erfolgen gilt, auch für die Nachfolgegenerationen gelten wird. Automatismen anzunehmen ist an dieser Stelle ausgesprochen fahrlässig. Für China kann man mit Fug und Recht feststellen, dass die beiden letzten Führungsgenerationen über 30 Jahre hinweg keine nennenswerten Fehler gemacht und China dorthin gebracht haben, wo es heute ist: ein angesehenes und zunehmend einflussreiches Land in der Spitzengruppe der Staaten. Ob das in Anbetracht der gewaltigen Probleme, die China hat, auch den Nachfolgegenerationen gelingen kann, bleibt für den Augenblick offen. Die Tatsache, dass in der Vergangenheit kein Fehler gemacht worden ist, ist keine Garantie, dass ein solcher Fehler nicht morgen, übermorgen oder in zehn Jahren passieren kann. Das mahnende Beispiel des Truthahns sollte uns in Erinnerung bleiben. Autokratien tanzen insofern auf dem Vulkan ungesicherter Personalentscheidungen, wachsender sozialer Spannungen, fehlender Legitimitätsgrundlagen und dem fortschreitenden Zerfall wesentlicher Herrschaftsmethoden, auf die sie in der Vergangenheit verlässlich zurückgreifen konnten.

Demokratie und die Wirkungsmacht von Ideen

Ideen politischer Ordnung lassen sich nur dann über den zeitlichen und geografischen Raum ihrer Entstehung verbreiten, wenn sie eine eigenständige Attraktivität aufweisen können. Nur selten lassen sich Ideen rein imperialistisch verbreiten, weil sie denen zu eigen sind, die politische Ordnungen von außen schaffen. Dies gilt sogar für die Leistungsfähigkeit des europäischen Imperialismus und begründet gleichzeitig eine der wesentlichen Ursachen für den Zerfall des Sowjetimperiums. Sein Niedergang begann lange vor der praktischen Erosion von Politik und Wirtschaft längst in den Köpfen der Menschen. Dagegen schreibt William Pfaff: »Bei den erfolgreichen Imperien war es anders. Wer von Rom erobert wurde, wollte römischer Bürger werden. Im 19. und frühen 20. Jahrhundert wollten die Eliten aus dem kolonialen Indien, aus Indochina und Afrika in Oxford oder in Paris studieren. Indonesier gingen nach Leiden und wurden zu Spezialisten für germanische Sprachen. Die Vorstellung, dass ein junger Pole oder Ungar der 60er- oder 70er-Jahre sich danach sehnt, nach Moskau zu gehen, um einen Platz unter den dortigen Dichtern und Gelehrten zu finden, sich die Sprache und den Lebensstil anzueignen, die Moden nachzuahmen, die dortige Geschichte und Literatur zu studieren, um dann diese Zivilisation in sein eigenes Land zurückzubringen, ist ganz einfach lächerlich. Sein Vater und Großvater hatten das Verlangen gehabt, in Berlin, in Wien, Paris oder New York zu studieren – und das wollte er auch. In dem halben Jahrhundert sowjetischer Besatzung Osteuropas gab es nichts, was Bekehrungen zu den Werten und Ideen der Sowjetunion zur Folge gehabt hätte.«[81] Diese Form der Attraktivität müssen die Autokratien, die sich heute anschicken, Gegenmodelle zum Westen zu entwerfen, erst noch unter Beweis stellen. Ausgeschlossen ist wohl nicht, dass sie es vielleicht tatsächlich schaffen, aber eine Garantie, gar einen Automatismus gibt es auch nicht.

Alle Formen externer Demokratieförderung, wie sie derzeit zum Teil mit hohem Aufwand praktiziert werden, werden auf Dauer ohne Erfolg bleiben, wenn sie übersehen, dass die erfolgreiche Verbreitung und Konsolidierung von Demokratie weniger an direkte und indirekte Einflüsse, sondern an die Diffusion demokratischer Ideen über geografische und kulturelle Grenzen gebunden ist. Externe Demokratieförderung funktioniert also nur flankierend. Dauerhafte Demokratisierung lässt sich nur innenpolitisch erreichen. Hilfe von außen ist wichtig, aber nicht entscheidend für den dauerhaften Erfolg einer demokratischen Transformation. Wo diese Voraussetzungen nicht gegeben sind, stellen sich sehr schnell Verwerfungen ein. Längst haben wir begonnen, die Fehlentwicklungen in einer ganzen Reihe von Demokratisierungsprozessen mit Begriffen wie »defekte« oder »illiberale« Demokratien zu belegen. Russlands »delegative Demokratie« und die innenpolitischen Entwicklungen in der Ukraine sind nur zwei einer ganzen Reihe von viel diskutierten Beispielen. Die meisten Debatten über diese Fragen greifen aber zu kurz, wenn es um die eigentlichen demokratischen Herausforderungen am Beginn des 21. Jahrhunderts geht.

Festhalten kann man wohl nur eines: Eine der wesentlichen Spannungslinien internationaler Politik bleibt uns auch im 21. Jahrhundert erhalten, nämlich die Spannungen, die durch Konflikte zwischen unterschiedlichen Systemtypen entstehen. Vor einer grundsätzlichen Überschätzung der Leistungsfähigkeit von Autokratien kann nur gewarnt werden. Bislang sind noch alle Autokraten mit ihrem Anspruch gescheitert, die Strukturen und die Stabilität der von ihnen kontrollierten politischen Systeme auf Dauer zu erhalten – und zwar sowohl wenn sie ökonomisch und sozial erfolglos waren, aber auch wenn sie außerordentliche Erfolge zu verzeichnen hatten. Autokratie und Nachhaltigkeit scheinen sich auszuschließen. Aber stimmen auch die Annahmen, dass Demokratien grundsätzlich friedlicher miteinander umgehen und dass Autokratien in der Regel die Ursachen für Konflikte und Krisen sind? Ist es schließlich sinnvoll, anzunehmen, mit Demokratie ließen sich alle Probleme lösen?

Es war vor 20 Jahren zu früh, den finalen Siegeszug der Demokratie zu proklamieren. Es ist heute zu früh, die Rückkehr der Diktaturen zu beschwören. Was in diesem Sinne für Demokratien und ihren Modellcharakter gilt, lässt sich in noch viel stärkerem Maße für Europa und seine künftige Position in einer multipolaren Weltordnung festhalten: Es geht bei aller gebotenen Bescheidenheit um den Vorbildcharakter der eigenen Errungenschaften darum, eben diese Errungenschaften nicht aus den Augen zu verlieren, wenn man über die Herausforderungen der Zukunft nachdenkt. In den tagtäglichen Selbstzweifeln in Politik und Medien in Europa droht dies allzu schnell in Vergessenheit zu geraten. Dies müssen sich insbesondere die Europäer immer wieder vor Augen halten, wenn sie in ihrer Lieblingsbeschäftigung darangehen, den Zustand des eigenen Kontinents kritisch zu beleuchten.

 DIE THESEN IM ÜBERBLICK:

Die Hoffnungen auf eine weltweite Durchsetzung des westlichen Erfolgsmodells aus Demokratie und Marktwirtschaft haben sich nicht erfüllt.

Im Spannungsfeld zwischen Legitimität und Effizienz reicht es nicht aus, nur auf die Verbesserung von Legitimität durch Steigerung von Partizipation zu setzen. Nur Systeme, die sich dauerhaft als Garanten für effiziente Problemlösungen erweisen, werden in der Lage sein, ihre Stabilität ohne allzu hohe Kosten zu sichern.

Hier kommen westliche Demokratien immer stärker unter Konkurrenz- und Erfolgsdruck, auch weil Autokratien darangehen, ihre eigenen Erfolge in konzeptionelle Herausforderungen zu übersetzen.

Gerade die wirtschaftlich erfolgreichen Autokratien stehen in offener Rivalität zum Machtanspruch des Westens, verfolgen konsequent andere Interessen und setzen auf Konkurrenzmodelle zu Demokratie und Marktwirtschaft.

Momentaufnahmen erfolgreicher autokratischer Aufsteigerstaaten dürfen nicht über die gewaltigen Probleme hinwegtäuschen, mit denen sie innenpolitisch zu kämpfen haben und die sowohl ihre Stabilität als auch ihre dauerhafte Erfolgsfähigkeit infrage stellen.

Die Stärke von Demokratien zeigt sich häufig erst in Krisen. Transparenz, Legitimität und institutionalisierter Protest helfen, Unzufriedenheit zu kanalisieren und revolutionäre Umbruchsituationen zu vermeiden. Hier liegt nach wie vor der entscheidende komparative Vorteil demokratischer Ordnung.

Die Politik der Demokratisierung von außen ist gescheitert. Wer versucht hat, auf der »dritten Welle der Demokratisierung« mitzusurfen, steht heute meistens auf dem Trockenen.

Der grundsätzliche Systemkonflikt zwischen Demokratien und Nichtdemokratien bleibt auch im beginnenden 21. Jahrhundert prägend für die Konflikt- und Kooperationsstrukturen der internationalen Politik.

7 DIE LEIDEN DES WIEDERVEREINTEN EUROPA

Gipfelrast zwischen Weltschmerz und Zukunftsangst

In vielen Teilen der Welt würde man sich nichts mehr wünschen, als die Schwächen und Probleme Europas zu haben. Dann würde es vielen Millionen Menschen dort besser gehen. Die Europäer aber diskutieren ihre Probleme mit Inbrunst. Seit Jahren werden buchstäblich jeden Tag Ratschläge publiziert, was Europa tun müsste, um seine Integration voranzutreiben, endlich handlungsfähig zu werden und mit einer Stimme zu sprechen.

Gerade die Forderung, dass Europa endlich »mit einer Stimme« sprechen müsse, um sein Gewicht in den internationalen Beziehungen besser zur Geltung zu bringen, gehört dabei mit Abstand zu den Lieblingsformulierungen in entsprechend aufgeregten Debattenbeiträgen. In Grundsatzreden zu Europa hat sie ausnahmslos ihren festen Platz. Die Realität sieht aber ganz anders aus. Selbst bei oberflächlicher Betrachtung braucht es nicht viel, um zu einer einfachen Einsicht zu kommen: Europa wird in absehbarer Zukunft nicht mit einer Stimme sprechen. Das liegt nicht nur an dem gewaltigen Koordinierungsaufwand, der dazu wegen der fehlenden Entscheidungsmuster in der EU notwendig wäre, es liegt vor allem daran, dass wichtige (und manchmal auch unwichtige) europäische Mitgliedstaaten und ihre politischen Eliten dazu partout nicht bereit sind. Trotz aller Integrationsfortschritte der letzten 60 Jahre dominieren am Ende auch im vereinten Europa nationalstaatliche Interessen. Nach wie vor werden wesentliche europapolitische Weichenstellungen in den Hauptstädten der Mitgliedstaaten und nicht in Brüssel entschieden. Die Debatten um die Errichtung einer Flugverbotszone unter UN-Mandat in Libyen sind nur eines der vielen Beispiele, die die Auswirkungen unterschiedlicher Interessenlagen einzelner Mitgliedstaaten der EU auf eine »gemeinsame« Außen- und Sicherheitspolitik zeigen.

Europas ungebrochener Weltschmerz

Diskussionen über Europa haben folglich immer einen Anflug von Resignation. Gelegentlich auch von innerer Empörung darüber, dass es offensichtlich nicht gelingen will, Europa zu dem Ideal zu machen, von dem viele träumen. Empörung verkauft sich immer gut. Entsprechend sind wir gerne und oft über alles Mögliche empört, über die neue Gesundheitspolitik, höhere Steuern, Banken und ihre Manager, Politiker im Allgemeinen und immer wieder gerne eben auch über Europa.

Wenn man die landläufigen Debatten um die Krise Europas verfolgt, ist man schnell geneigt, Selbstmord aus Angst vor dem Tod zu begehen. Wenn Krisen zum Dauerzustand werden, hören sie eigentlich auf, »Krisen« zu sein. Und wenn sie ständig herbeigeredet oder heraufbeschworen werden, dienen sie vor allem denjenigen, die von ihnen leben und an ihnen verdienen – und sie deswegen umso inbrünstiger herbeireden. Die einzig sinnvolle Antwort auf das in Mode gekommene Krisengerede hat Hans-Gert Pöttering, der ehemalige Präsident des europäischen Parlamentes, in seinem Stiftungsvortrag 2011 der Robert Bosch Stiftung gegeben: »Es gibt große Herausforderungen, denen man sich stellen muss, und man muss versuchen, diese klug zu bewältigen.«[82] So einfach ist das. Und auch nicht wirklich anders als in der Vergangenheit, oder?

Gelegentlich hört und liest man erfreulich Unaufgeregtes über Europa. Aber Äußerungen wie die folgende haben immer noch Seltenheitswert: »Europa ist noch nicht am Ziel. Doch der Begriff ›Krise‹ verliert seinen Sinn, wenn man ihn unablässig im Munde führt. Es wäre doch aberwitzig, wenn sich Politiker aller Couleur seit Jahrzehnten einem Projekt verschreiben, das aus der Krise nie herauskommt; in zwischenmenschlichen Beziehungen hätte man schon längst Schluss gemacht. Allerdings könnte sich das ermüdende Krisengerede in einem dialektischen Sinne als hilfreiche Fehlwahrnehmung erwiesen haben: als therapeutischer Mechanismus, der vor imperialer Selbstzufriedenheit bewahrt, als Injektion an Alarmismus, die Kräfte freisetzt gegen vermeintliche Bedrohungen – und in deren Schatten für die Lösung realer Probleme. Hoffen wir also, dass es sich um eine solche List der Vernunft und nicht um gefährlichen Realitätsverlust handelt.«[83] Man mag ernsthaft bezweifeln, ob hier wirklich eine »List der Vernunft« am Werke ist.

Europa – so wird stattdessen ohne Unterlass geklagt – sei überdehnt, habe sich zu schnell erweitert, leide an einem Mangel an Vertiefung, habe keine Finalität, dafür aber ein ausgewachsenes Demokratiedefizit. Die Liste der Klagen, die man ständig über Europa hört und liest, ist beliebig verlängerbar. Sie wird gerade in Deutschland gerne ergänzt durch den Hang, alles an Europa und der europäischen Integration automatisch gut und erstrebenswert zu finden. Wer sich an Europadebatten beteiligt, folgt wie selbstverständlich dem Drang, peinlich darauf zu achten, dass man sich bei aller Kritik im Einzelnen nicht verdächtig macht, durch übertriebene Skepsis unangenehm aufzufallen. Europa bleibt der zentrale Fluchtpunkt für unangenehme Entscheidungen und Themen, die man im nationalen Rahmen nicht offen diskutieren oder gar entscheiden möchte. Daraus entsteht eine regelrechte Sandwichfalle der Europadiskussion: Empörung und Kritik an den Unzulänglichkeiten Europas werden bestimmt durch den ständigen Abgleich mit einer Vision von Europa, die es in der Realität so nicht gibt, vielleicht nie geben wird – und auch nicht geben muss. Trotz aller Glaubensbekenntnisse und Beschwörungen der europäischen Einheit als alternativlose Strategie der Erhaltung globalen Einflusses ist die EU eben keine Fortsetzung des traditionellen Nationalstaates mit anderen Mitteln, sondern ein Gefüge sui generis, das sich weder mit den USA noch mit anderen Formen regionaler Integration (etwa in Asien) ohne Weiteres vergleichen lässt. Vielleicht, so müsste man wohl für einen Augenblick zugestehen, liegt gerade darin ja die Stärke Europas, zumindest aber ein Potenzial, manches in Zukunft anders zu machen, als es Nationalstaaten üblicherweise tun.

Diese Überlegungen sollten nicht darüber hinwegtäuschen, dass Skepsis, Eurosklerose, und Pessimismus immer noch die dominierenden Stichworte sind, die die Selbstbefindlichkeitsdebatten der Europäer in schöner Regelmäßigkeit prägen. Übertriebenen Stolz auf das Erreichte kann man den Europäern schwerlich attestieren. Stattdessen überwiegen Gejammer, Kritik an bürokratischen Exzessen, Klagen über Intransparenz und Beschwörungsrituale gegen den Rückfall in nationalstaatliche Kleinteiligkeit. Europa ist eine Großmacht der Schwarzmalerei und darf sich also nicht wirklich wundern, wenn man in der Außenperspektive diese Wahrnehmung aufnimmt. Derweil stört es die Welt außerhalb Europas nicht wirklich, wenn ein Verfassungsvertrag nicht ratifiziert wird, es dafür aber einen Vertrag von Lissabon gibt. Die endlosen Nabelschauen und Befindlichkeitsdebatten erzeugen Aufregung in Europa, aber an seinem globalen Umfeld gehen sie fast spurlos vorbei.

Vielleicht ist es ja auch tatsächlich viel einfacher, optimistisch in die Welt zu schauen, wenn man Wohlstand erst noch erringen, anstatt ihn mit Klauen und Zähnen verteidigen muss. Europäer jedenfalls sind von Grund auf und, wie es scheint, mit Genuss skeptisch in Bezug auf ihre eigene Zukunft.

Insofern ist Europas Weltschmerz ungebrochen, aber eben auch gnadenlos übertrieben – ein bisschen mehr Zuversicht wäre angebracht! Wenn man europapolitische Debatten über einen längeren Zeitraum verfolgt, kann man sehr leicht den Eindruck gewinnen, dass Europa ständig am Rande einer

Krise, wenn nicht gar vor einer Katastrophe, aber auf jeden Fall irgendwie kurz vor dem Zusammenbruch steht. Die Zukunft Europas scheint am seidenen Faden zu hängen. Seit Jahren bemühen sich Europäer, sich selbst zu versichern, dass dies ein ausgesprochen ernst zu nehmendes Risiko sei. All die Debatten um eine europäische Verfassung, der Katzenjammer nach dem Scheitern des Verfassungsvertrages und die vielfältigen Diskussionen um den Vertrag von Lissabon und derzeit um die Probleme seiner Umsetzung in die Praxis legen nahe, dass Europa vor Schwierigkeiten kaum aus den Augen schauen kann.

Nun kann man objektiv betrachtet am Zustand der Europäischen Union und ihrem internationalen Auftreten manches zu Recht beanstanden. Niemand formuliert diese in der Regel ja gut gemeinte Kritik an Europa deutlicher als Helmut Schmidt: »Europa muss nicht unbedingt eine Weltmacht werden wollen. Aber ein bisschen mehr Einigkeit wäre schon wünschenswert. ... Es hätte gereicht, die osteuropäischen Staaten in die NATO aufzunehmen. Wenn man sie aber schon alle in die Europäische Union aufnehmen wollte, so hätte man neue Spielregeln für die Gemeinschaft finden müssen. Das hat man nicht getan. Man hat das Problem auch nicht gesehen. Das ist ein schweres Versäumnis insbesondere der Außenminister jener Jahre.«[84] Eine so weit sicherlich mögliche Beschreibung der Entwicklung der Europäischen Union in Anbetracht der Probleme nach der schnellen Erweiterung der letzten beiden Jahrzehnte. Soll man aber deshalb gleich an Europa verzweifeln und alle Hoffnung für die Zukunft des Kontinents fahren lassen? Keineswegs! Politische Tatsachen anzuerkennen und sich nach ihnen zu richten, gehört zum Grundbestand einer realistischen Politik.

In manch einer Europadebatte nimmt die Integrationsduselei allmählich groteske Ausmaße an. Sie verstellt den Blick auf die Möglichkeiten und Chancen, die Europa hat, in einer multipolaren Weltordnung seine Interessen trotz interner Meinungsverschiedenheiten zur Geltung zu bringen.

Europas historische Leistung

Europa hat keinen Grund, in Sack und Asche zu gehen. Die Europäische Union mag unbestreitbar ihre Probleme haben, aber sie hat auch eine unvergleichliche Erfolgsgeschichte aufzuweisen. In einer ehrlichen Bilanz kann man nur festhalten, dass es Europa und den Menschen, die in den Mitgliedstaaten der EU leben, noch nie so gut ging wie heute. In sicherheitspolitischer Hinsicht ist Europa ein Hort des Friedens, der Stabilität und der Sicherheit, eine Insel der Glückseligen in einem Meer der Krisenregionen. In Zentralasien und im Südkaukasus, im Nahen und Mittleren Osten und nicht zuletzt in Nordafrika, in allen unmittelbaren Nachbarregionen also, wissen die Menschen aus eigener leidvoller Erfahrung, was es heißt, in unsicheren Zeiten zu leben. Europäer haben diese Erfahrung über Jahrhunderte auch gemacht, aber offensichtlich vergessen, was es wirklich bedeutet, in Kriegs- und Konfliktsituationen zu leben. Nach zwei Generationen friedlichen Zusammenlebens sind diese Erfahrungen längst Geschichte, vergangen und vergessen. Nie in seiner Geschichte haben die Menschen in Europa mit voller Überzeugung daran glauben können, dass Krieg kein Mittel der Politik zwischen ihren Staaten mehr ist und man deshalb mit seinen jeweiligen Nachbarn friedlich und kooperativ umgehen muss. Nach der mühsamen Befriedung des Balkans in den 90er-Jahren bleiben militärische Einsätze der Stabilisierung benachbarter oder strategisch sensiter Weltregionen vorbehalten.

Und wer in Europa kann sich wirklich vorstellen, dass es noch einmal einen Krieg zwischen Deutschland und Frankreich um Elsass-Lothringen geben könnte? Oder militärische Auseinandersetzungen mit Polen um die Oder-Neiße-Linie? Oder im schlimmsten Falle eine militärische Auseinandersetzung mit Russland? Wenn wir ehrlich sind – wir können es uns nicht mehr vorstellen. Aber wir sollten nicht vergessen, dass dieses einer der wesentlichen Erfolgsmomente der europäischen Entwicklung der letzten 60 Jahre ist. Es lohnt sich innezuhalten und dieses bewusst anzuerkennen, um zu wissen, aus welcher Perspektive man eigentlich die Fragen zukünftiger Sicherheit und Entwicklung in Europa diskutiert.

Dasselbe gilt für den wirtschaftlichen Wohlstand, den es bei allen Unterschieden zwischen einzelnen Staaten und Regionen in Europa gibt, natürlich in Anerkennung der Tatsache, dass die EU an der Verwundbarkeit ihres wirtschaftlichen Systems und manch ein Staat im Augenblick an den Folgen finanzpolitischer Sünden der Vergangenheit schwer zu tragen haben. Dennoch: Auch wirtschaftlich ging es den Europäern nie so gut wie heute. Es lohnt sich, gelegentlich einmal außerhalb Europas zu reisen, aber auf das angenehme Flair von Luxushotels zu verzichten und mit offenen Augen durch die Straßen von Städten in anderen Teilen der Welt zu gehen. Was man dann zu sehen (und zu riechen) bekommt, sollte eigentlich als heilsame Erfahrung dienen, um die uns selbstverständlich gewordenen Leistungen Europas in einem anderen und gelassenen Licht sehen zu können.

Wer mit solchen Erfahrungen nach Europa zurückkehrt und den Blick auch ein wenig von außen auf diesen Kontinent richtet, wird gar nicht anders können, als die Europakritik aus einem anderen Blickwinkel zu sehen. Bei genauer Betrachtung steht Europa immer noch auf dem Gipfel. Der Blick von außen zeigt eines mit großer Deutlichkeit: Nie in seiner wechselvollen Geschichte hat Europa eine ähnlich lange Periode von Frieden und Wohlstand erlebt. Nie in seiner Geschichte haben die Staaten Europas ähnlich freundschaftlich miteinander verkehrt, wie sie das heute tun.

Es gibt zu Beginn des 21. Jahrhunderts keine Region der Welt, die Ähnliches von sich behaupten kann, und die gleichzeitig über den Vorteil verfügt, dass alle ihre Staaten über strukturell verwandte, nämlich demokratische Systeme verfügen, einen weitgehend identischen Wertekanon vertreten und wirtschaftlich auf demselben Systemtyp fußen.

Man darf die Probleme Europas sicherlich nicht kleinreden. Ernst nehmen muss man sie allemal. Aber wenn man solche Debatten führt, muss immer klar sein, auf welcher Grundlage man eigentlich argumentiert und wie die Ausgangslage im Einzelnen aussieht. Europa hat keinen Grund, sich zu verstecken. Ganz im Gegenteil. Europa hat allen Grund, stolz zu sein auf die politischen und wirtschaftlichen Errungenschaften der letzten 60 Jahre. Europa hat auch in einer künftigen multipolaren oder gar nicht polaren Welt eine hervorragende Ausgangssituation, um den Wohlstand, die Sicherheit und die Lebensperspektiven seiner Menschen zu gewährleisten und zu fördern.

Man kann es auch so formulieren: Wer auf der Insel der Glückseligen lebt, sollte sich ernsthaft überlegen, ob es tatsächlich Sinn macht, sich darüber zu beklagen, dass das Manna, das täglich vom Himmel fällt, gelegentlich auch mal etwas bitter schmeckt und uns auf die Hüften schlägt.

Unnötige Debatten

Wenden wir uns also den Fragen zu, die sich Europäer aus lauter Verzweiflung über den Zustand des eigenen Kontinents nicht mehr in der Dringlichkeit, wie in den letzten Jahren, stellen sollten. »Braucht Europa eine Verfassung?« lautet die erste dieser Fragen. Seit dem Scheitern des Verfassungsvertrages redet sich Europa von einer Krise in die andere. Die nächste Krise hängt schon als Menetekel an der Wand. Nichts wäre gegen eine Verfassung, die den Test der Verfassungswirklichkeit bestünde und zu einem europäischen Verfassungspatriotismus beitragen könnte, einzuwenden. Aber Europa hat seine historischen Erfolge auch ohne Verfassungstext erreicht. Am Ende zählt, was funktioniert. Die reine Lehre der Integration ist mit der vorschnellen Erweiterung ohne Entscheidungsgrundlage ohnehin zu Grabe getragen worden. Man muss nur bereit sein, es zuzugeben. Nach dem (politisch und rechtlich unvermeidbaren) Sündenfall der Erweiterung ohne belastbare Reformen der Entscheidungsmuster bleibt nur der pragmatische Umgang mit Entscheidungsblockaden: Europa braucht den Mut zu nachholender Konsolidierung! Das wird ohne Zweifel ein langer und schwieriger Prozess. Vorschnelle Kritik an den neuen, durch den Vertrag von Lissabon geschaffenen Institutionen und ihren Vertretern hilft hier nur begrenzt weiter. Zu diesem Prozess wird es gehören, Probleme dann zu lösen, wenn sie in der tagtäglichen Praxis auftauchen. Das ist mühsam, sicherlich frustrierend zuweilen, aber ohne wirkliche Alternative. Wem es dabei an visionären Zielen fehlt, mag sich vielleicht damit trösten, dass das, was Europa heute erreicht hat, weit jenseits der visionären Vorstellungskraft der Initiatoren des europäischen Einigungsprozesses liegt. An solchen langwierigen und mühsamen Prozessen ist nichts schlecht. Es kommt eben auf die Perspektive an.

»Braucht Europa eine Identität?«, wird zum Zweiten gerne gefragt. Auch hier lautet die Antwort: Nein! Identitäten lassen sich nicht verordnen, schon gar nicht am grünen Tisch. Identitätsdebatten setzen immer auf Inklusion (also die Beschreibung des Dazugehörenden). Sie brauchen aber, um überhaupt sinnvoll zu sein, auch Exklusion (also die Ausgrenzung des anderen). Eine gemeinsame Identität derer, die zum Klub gehören, verlangt nach Kriterien für den begründbaren Ausschluss anderer. Die scheinbar unendlichen Diskussionen um den Beitritt der Türkei, aber auch beispielsweise der Ukraine belegen die politische Brisanz solcher Überlegungen. Wie man solche Identitätsdebatten politisch einsetzt, haben Schriftsteller aus Mitteleuropa schon vor dem Ende des Ost-West-Konfliktes erfolgreich demonstriert:[85] Milan Kundera aus der damaligen Tschechoslowakei, Czeslaw Milosz aus Polen und György Konrád aus Ungarn haben in ihren Erzählungen der 80er-Jahre mit Nachdruck die zentraleuropäische Identität ihrer Länder beschworen, sie aber gleichzeitig in offenen Gegensatz zu der ungeliebten sowjetischen/russischen Identität gestellt. Ihre Rezeption im westlichen Teil Europas hat viel dazu beigetragen, die Zugehörigkeit ihrer Länder zu Europa und zur europäischen im Unterschied zur sowjetischen Identität zu unterstreichen. Am Ende waren sie – jenseits der unmittelbaren Beitrittserfordernisse (Kopenhagen-Kriterien, Acquis communautaire) – erfolgreich. Das Prinzip ist bekannt: Die eigene Zugehörigkeit zu Europa wird begründet mit dem Ausschluss der anderen. Aber machen solche Ausschlussdebatten heute noch Sinn? Muss man nicht vielmehr festhalten, dass Europas Stärke seine Vielfalt und nicht seine viel beschworene einheitliche Identität ist? Wo steht geschrieben, dass Menschen von Nordfinnland bis Sizilien und vom Baltikum bis Portugal dieselbe Identität aufweisen müssen, um als Europäer zu gelten? Selbst wenn sie sich weiterhin dezidiert in ihrer nationalen Identität wahrnehmen, erschüttert das nicht die Grundfesten Europas. Gerade in dieser Vielfalt liegt die Stärke über eine erzwungene, künstliche und ständig labile Homogenität. Vielleicht hilft an dieser Stelle tatsächlich ein Blick über den Atlantik. Kein Amerikaner käme im Traum auf die Idee, überhaupt eine Frage nach »amerikanischer« Identität zu stellen. Man spricht gebrochenes Englisch, bezahlt Steuern und beachtet die Gesetze – so wird man zum Amerikaner (oder genauer: zum US-Bürger). In Europa scheint das nur zu funktionieren, wenn man von Finnland bis Portugal auf der Grundlage fest vereinbarter gemeinsamer Werte und einer gemeinsamen Identität zu handeln in der Lage ist. Die Schlussfolgerung ist einfach: Europa braucht den Mut zu legitimer Diversität! Darin liegt Europas Stärke und nicht seine zentrale Schwäche!

»Aber braucht Europa nicht doch eine Finalität, um sich seiner eigenen Zukunft besser vergewissern zu können?« Sie ahnen es schon – die Antwort lautet: Nein! Die Zeit der großen globalen Visionen und Entwürfe ist vorbei. Die Schnelllebigkeit und Komplexität der Welt des frühen 21. Jahrhunderts verbieten die Festlegung auf finale Ordnungen. Sie bergen bestenfalls die Gefahr ideologischer Vereinfachung. Flexible Anpassung und »resilience« (Elastizität) sind sehr viel mehr gefragt als Finalitäten, über die ohnehin nicht einmal in der Theorie erkennbar Einvernehmen zu erzielen ist. Das schließt das Risiko des wiederholten Scheiterns ein. Mit Mark Leonard kann man also in Anlehnung an Samuel Beckett fordern: »Fail. Fail again. Fail better.« Warum Finalität also, wenn die Bilanz der Entwicklung nach immer wieder erfolgreichem Scheitern überzeugt? Statt über Finalität endlose Scheindebatten zu führen, braucht Europa den Mut zum Pragmatismus – Scheitern inbegriffen. Mit anderen Worten: Europa und seine Entscheidungsträger brauchen den politischen Willen, ihre gemeinsame Handlungsfähigkeit immer wieder aufs Neue herzustellen!

Zollen wir schließlich allen Gutmenschen dieser Welt den notwendigen Tribut und fragen wir abschließend: »Braucht Europa mehr Demokratie?« Bedauerlicherweise lautet auch die vierte Antwort: Nein! Europa und seine Einigung waren immer ein Projekt politischer Eliten. Führende Politiker von Konrad Adenauer und Charles de Gaulle über Helmut Schmidt und Valéry Giscard d'Estaing bis Helmut Kohl und François Mitterrand haben es vorangetrieben. Erst als man sich an die Menschen in Europa gewandt hat, seit der Einführung der Direktwahlen zum Europaparlament und den diversen Referenden zum Verfassungsvertrag, wurde deutlich, dass es eine erhebliche Diskrepanz zwischen den politischen Entscheidern in Europa und seiner Bevölkerungen gibt. Nicht alles, was die Befürworter Europas in den vergangenen Jahrzehnten in die Tat umgesetzt haben, findet die ungeteilte Zustimmung der Menschen. Europa hat sich scheinbar in eine Demokratiefalle manövriert und dafür gibt es gute Gründe. Einer der wichtigsten dürfte darin bestehen, dass es einen geradezu fatalen Vermittlungsmechanismus gibt, der sich immer wieder beobachten lässt: Regierungsvertreter reisen nach Brüssel, vertreten dort nationale Positionen und Interessen, einigen sich auf Kompromisse und feiern sich selbst, wenn es ihnen wieder einmal gelungen ist, nationale Sonderinteressen durchzusetzen. Dann kehren sie in ihre Hauptstädte zurück und machen Europa für die Politik verantwortlich, für die sie in ihren Ländern nur schwer Zustimmung finden. Wer Europa auf diese Weise als Sündenbock benutzt, um von eigenen Fehlern und Unzulänglichkeiten abzulenken, und es zum Restrisiko nationaler Politik verkommen lässt, darf sich nicht wundern, wenn bei Wählern ein negatives Bild von Europa entsteht.

Hinzu kommt die typische Komplexitätsfalle. Die europäische Integration hat längst einen Komplexitätsgrad erreicht, der Wählern nicht mehr ohne Weiteres zu vermitteln ist. So entsteht der Eindruck, dass die Legitimität und Repräsentativität intermediärer Strukturen für die Handlungsfähigkeit Europas wichtiger sei als scheinlegitimatorische Akte, in denen die politischen Intentionen mit denen der handelnden Wähler nur höchst begrenzt in Einklang stehen. Legitimität entsteht aber nur dann in partizipatorischen Akten, wenn die Ergebnisse politischen Handelns zur Akzeptanz bei den Betroffenen führen. Insofern ist Transparenz europäischer Entscheidungen und Interessen ein viel größeres Desideratum als »Demokratie« im Sinne der besseren Beteiligung der Bürger. Europa braucht sehr viel dringlicher diesen Nachweis, effiziente Entscheidungen treffen zu können! Mir ist wohl bewusst, dass diese Forderung sehr leicht erhoben, aber nur schwer in die Praxis umgesetzt werden kann. Vielleicht hilft es, einen großen historischen Vergleich zu bemühen, um die langfristigen Konsequenzen eines Versagens an dieser Stelle deutlich zu machen. Das tut beispielsweise der niederländische Europaminister Ben Knapen: »Europa steht an einer Wegscheide – ähnlich wie China im Jahr 1436. Damals besaßen die Chinesen 100 Meter lange Schiffe, die in riesigen Konvois die Weltmeere befuhren. Der Seefahrer Admiral Zheng landete am Kap der Guten Hoffnung; manche glauben sogar, dass er bis nach Amerika kam. In jenem Jahr aber verfügte der chinesische Kaiser, dass Gelder, die für die Flotte bestimmt waren, künftig für den Ausbau der Großen Mauer verwendet werden sollten. Der Pioniergeist von Männern wie Admiral Zheng musste hinter dem bürokratischen Sicherheitsbedürfnis der Ming-Dynastie zurückstehen. Die Außenwelt wurde nun als Bedrohung angesehen, und folglich erstarrte die Kultur. Von Innovation konnte keine Rede mehr sein. China wurde international irrelevant, und daran sollte sich jahrhundertelang nichts ändern.« Das Beispiel des chinesischen Niedergangs, dessen Trend erst im Jahre 1978 durch die Einführung der Reformpolitik unter Deng Xiaoping gebrochen werden konnte, ist bekannt. Die Symbolik des Beispiels lässt sich ohne Weiteres auf Europa übertragen, wie es Ben Knapen auch tut: »Ein halbes Jahrtausend später muss Europa sich entscheiden: Soll es mit Pioniergeist und Zuversicht vorwärts schreiten, oder soll es sich ängstlich hinter Mauern zurückziehen? Die Bedrohung, der sich Europa gegenübersieht, besteht nicht länger in einem Krieg zwischen seinen Nationen, sondern darin, in der Bedeutungslosigkeit zu versinken.«[86]

Europa braucht also mehr als nur die Endlosschleifen vermeintlich wichtiger Politikdebatten der Vergangenheit. Europa braucht – und das erwartet auch der Rest der Welt – die Fähigkeit, sich neuen Fragen und Lösungswegen konstruktiv und pragmatisch zu öffnen. Verantwortung für Frieden und Entwicklung kann Europa nur dann übernehmen, wenn es zwar auch durch institutionelle Reformen in seiner Handlungsfähigkeit gestärkt, aber vor allem durch Leistung in seiner Attraktivität bestätigt und noch wichtiger durch Effizienzsteigerung in seiner Problemlösungsfähigkeit anerkannt wird. Das ist alles leichter gesagt als getan. Darin liegt die Kernaufgabe des europäischen Projekts. Dafür braucht es mehr Willen zu pragmatischen Lösungen ohne Krisentümelei und weniger Sucht nach großen Entwürfen. Was soll schlecht daran sein, wenn fortgesetztes Scheitern letztlich zum Erfolg führt?

Die nüchterne Sicht der Anderen

Von seinen Nachbarn und Partnern wird Europa unabhängig von seinen internen Debatten in wachsendem Maße kritisch gesehen. Also muss man wohl fragen, ob das kritische Fremdbild Europas vielleicht daran liegt, dass die Geschichte und die bisherigen Ergebnisse der europäischen Einigung eigentlich nur für Europa ein wirklicher Erfolg sind? Sicherlich: Stabilität, Wohlstand und Frieden waren in Europa nie so lange und andauernd garantiert. Aber Europa kann nicht die Welt retten, sondern hat alle Hände voll damit zu tun, den eigenen Einfluss auf globale Entscheidungen zumindest nicht unter die Schmerzgrenze der Bedeutungslosigkeit sinken zu lassen. Wenn die Europäer in der Lage wären, den Pol Europa in der multipolaren Welt nach der Krise handlungs- und wettbewerbsfähig zu halten, wäre schon viel gewonnen. Das ist aus der Sicht von Europas Nachbarn und Konkurrenten längst noch nicht ausgemacht.

Die Außensicht auf Europa ist so vielschichtig wie die Perspektiven, die man wählen kann. Und die Frage, was die Welt von Europa erwartet, ist eine dieser Fragen, die sich Europäer gerne stellen, wenn sie sich in ihren Zweifeln an der eigenen Wichtigkeit und Zukunftsfähigkeit bestärken wollen. Den Katalog der Erwartungshaltungen kann man beliebig aufblättern: weniger Protektionismus, Öffnung der Märkte, internationale Lastenteilung, offene Grenzen, keine Bevormundung. Je nach Politikfeld und Betrachter eröffnet sich eine schillernde Vielfalt von Rollen für Europa: Wirtschaftsmacht, Ordnungsmacht, Militärmacht, Wertemacht.

Europa als Selbstbedienungsladen für externe Befindlichkeiten. Dabei ist die Frage bestenfalls sekundär, denn es ist immer ein Zeichen von Schwäche, externe Erwartungen zum Maßstab eigenen Handelns zu machen. Dies gilt, wie im richtigen Leben, auch für Europa: Was Europa für die Welt ist, welche Erwartungen es erfüllen will und welche nicht, bestimmen ausschließlich die Europäer. Und sie sollten es tunlichst entlang ihrer eigenen Interessenlagen tun, so schwer es auch in der Regel sein mag, einen Interessenkonsens herzustellen.

Europa kann nur für sich selbst Verantwortung übernehmen. Ob es seine Entwicklungshilfezusage von 0,51 Prozent des BSP einhält, bleibt in dieser Frage eigentlich ohne Belang – solange mit diesem Engagement der Verdacht der politischen Bevormundung verbunden bleibt. Ironie der Geschichte: Angesprochen auf Chinas Rolle in Afrika sagte der derzeitige Chefökonom der Weltbank, Justin Lin, ein enger Berater der Regierung in Beijing, im Frühjahr 2008 in einer Veranstaltung der Deutschen Gesellschaft für Auswärtige Politik in Berlin:»Ich weiß gar nicht, was ihr Europäer wollt. 300 Jahre habt ihr Afrika entwickelt. Und wir alle kennen das Ergebnis. Jetzt helfen wir euch. Ihr solltet froh sein.« Warum nur will diese Freude nicht aufkommen? Vielleicht weil die Staatschefs Afrikas auf dem letzten EU-Afrika-Gipfel zwar dankenswerterweise eine»strategische Partnerschaft« mit Europa akzeptiert haben, aber Wirtschaftsverträge mit Good-Governance-Klauseln schlicht nicht unterzeichnen wollten. Längst steht eine Autokratie wie China mit attraktiven Alternativen bereit, in offene Konkurrenz zu Europa und seinen Modellvorstellungen globaler Politik zu treten.

An dieser Stelle wartet auf Europa eine sicherlich schmerzliche Erkenntnis. Die Zeiten sind vorbei, in denen man im globalen Kontext mit dem unbestrittenen Selbstbewusstsein auftreten konnte, die jeweils besseren Lösungen für anstehende Probleme zu haben. Längst schlägt den Europäern das gewachsene Selbstbewusstsein insbesondere aus den erfolgreichen Schwellenländern offen entgegen. In keinem Fall ist das besser belegbar als in den Veränderungen der Einstellung Chinas zur Europäischen Union und den politischen Vorstellungen, die von ihren Vertretern gerne ins Feld geführt werden. Vor einigen Jahren noch kamen chinesische Delegationen in großer Zahl nach Europa, um den Europäern zu versichern, dass sie von den europäischen Erfahrungen lernen wollten. Das galt für den Bereich der Wirtschafts-, Sozial- und Umweltpolitik genauso wie für Fragen der Sicherung von Großveranstaltungen im Vorfeld der Olympischen Spiele in Beijing oder die Organisation von Rechts- und Verwaltungsstrukturen. Dieses Ansinnen hat dem Selbstbewusstsein Europas gutgetan. Mittlerweile hat sich dieses Verhalten allerdings deutlich geändert. Chinesische Delegationen kommen heute nach Europa und wollen von ihren Gesprächspartnern »auf gleicher Augenhöhe« behandelt werden. Lehrstunden in Sachen Demokratie verbieten sie sich expressis verbis. Es schien nur eine Frage der Zeit, bis China den Spieß umdrehen und von Europa erwarten würde, von China und seinen Erfahrungen zu lernen. Dieser Zeitpunkt ist längst gekommen. Die stellvertretende chinesische Außenministerin Fu Ying schreibt es den Europäern ins Stammbuch. »Europa muss das Lernen lernen«,[87] überschreibt sie einen Gastkommentar im *Handelsblatt*. Die Kritik Chinas an der EU formuliert sie in offenen und deutlichen Worten: »Manchmal handeln die Europäer sehr widersprüchlich und verwirrend. Einerseits begrüßen die europäischen Regierungen, dass China Euro-Staatsanleihen kauft und in Europa investiert. Andererseits haben sie die Sorge, dass China Europa unterwandern will, was immer das bedeuten soll.« Und natürlich fragt man sich in China auch, wo die Gründe für Europas Widersprüchlichkeiten liegen. Fu Ying hat eine einfache Antwort: »Die Europäer sind von ihrem System sehr überzeugt. Deshalb fällt es ihnen sehr schwer, zu tolerieren, dass wir unser politisches System für das derzeit richtige für unseren Entwicklungsstand halten.« Automatisch Demokratievorstellungen des Westens zu übernehmen, kommt für sie nicht infrage. Folglich erinnert sie uns daran, was wir Europäer aus chinesischer Sicht nicht vergessen sollten: »Nicht alle Probleme anderer Länder können auf europäische Weise gelöst werden. Jedes Land hat seine Eigenheiten, die es bei der Lösung berücksichtigen muss.« Logisch konsequent zieht sie die Schlussfolgerung, dass es an der Zeit sei für Europa, auch einmal von anderen – und warum nicht von China – zu lernen: »Wir haben versucht, aus den Fehlern, aber auch aus den Erfolgen anderer Länder zu lernen. Auch von Europa haben wir viel gelernt. Europa hat nun große Umbrüche vor sich. Die Finanzkrise brachte die großen Probleme der westlichen politischen Systeme ans Licht. Möglicherweise kann Europa nun auch etwas von anderen Ländern lernen. Wir wissen, dass dies für Europäer aus kulturellen Gründen schwierig ist.«

Das sind keine leicht zu akzeptierenden Vorstellungen. Sie verdeutlichen aber, dass Eigen- und Fremdbild Europas durchaus nicht übereinstimmen. Dass Europa in Gestalt der EU einen angestammten Pol im heraufdämmernden Zeitalter echter globaler Multipolarität bilden werde, wird in Europa trotz der internen Kritikdebatten niemand ernsthaft bezweifeln. Politische Eliten außerhalb Europas sehen das durchaus anders. Aber auch hier sind die Meinungen geteilt. An Museen denke er, wenn er an Europa denke, attestierte Scheich Mohammed bin Raschid al Maktoum, der Regierungschef von Dubai, in Berlin einem staunenden deutschen Publikum. Kein wirkliches Kompliment. Aber es gibt natürlich auch die anderen Stimmen. Führende amerikanische Experten wie Andrew Moravcsik, Charles Kupchan und Parag Khanna sehen im Erfolgsmodell der EU immer noch ein zukunftsfähiges Modell und erachten es dauerhaft sogar als leistungsfähiger als ihr eigenes System.

Den Gordischen Knoten selbstkritischer Europadebatten zu durchschlagen, wird keine Aufgabe, die sich mit Leichtigkeit erledigen lässt. Zeiten schneller Veränderungen und institutioneller Umbrüche bringen immer erhebliche Verunsicherungen mit sich. Sie zu vernachlässigen oder unbeachtet beiseitezuwischen, kann ebenso gefährlich sein, wie es häufig irreführend ist, sie überzubetonen und zur Grundlage regelrechter Angstdebatten zu machen. Aber vielleicht wäre schon viel geholfen, wenn wir uns darauf verständigen könnten, einige der europäischen Endlosdebatten einfach nicht mehr zu führen.

Europa wird von seinen eigenen Menschen, aber auch von seiner globalen Umwelt nicht daran gemessen, was es sein will oder zu sein behauptet, sondern ausschließlich daran, was es zu leisten imstande ist. Es ist also höchste Zeit, radikal umzudenken. Die Welt wartet nicht darauf, dass Europa endlich seine Hausaufgaben macht. Wer im schneller werdenden Spiel globaler Machtverschiebungen am Ball bleiben will, muss auch bereit sein, unliebsame Wahrheiten zur Kenntnis zu nehmen. Dazu gehört vor allem, weniger auf Visionen (und die damit vorprogrammierten Enttäuschungen), sondern mehr auf Transparenz und Flexibilität zu setzen. Das bedeutet aber auch, auf die Versuchung zu verzichten, alles schönzureden, was längst an Glanz verloren hat. Europa bleibt janusköpfig. Der Blick zurück zeigt, dass Europa in seiner heutigen Gestalt eine der größten Erfolgsgeschichten der Menschheit ist. Das darf man sich nicht kleinreden lassen. Aber der Blick nach vorne erfordert die Einsicht, dass jetzt der Abstieg mit all seinen Risiken und Problemen beginnt. Das ist nichts Schreckliches oder Verwerfliches, sondern der notwendige Weg zum sicheren Erfolg. Diesen Weg auch im relativen Abstieg sicher zu bewältigen, ist die Aufgabe, vor der die Europäer stehen. Schauen wir uns also an, was nötig ist, um diesen zu erwartenden, wohl unvermeidlichen, aber eigentlich gar nicht so schrecklichen Abstieg erfolgreich zu bewältigen.

DIE THESEN IM ÜBERBLICK:

Europa leidet an einem ungebrochenen Weltschmerz. Manch eine Debatte, die in Europa und um Europa geführt wird, ist so weder nötig noch hilfreich für die Entwicklung einer zukunftsorientierten Handlungsfähigkeit.

Die Perspektive ist entscheidend: Wer nur die unverkennbar bestehenden Unzulänglichkeiten in den Blick nimmt, erhält ein anderes Bild als jemand, der aus der

Perspektive der Errungenschaft der europäischen Einigung argumentiert.

Europas historische Leistung darf gerade in Anbetracht aktueller Probleme nicht kleingeredet werden. Sie ist die Grundlage für einen sicher schwierigen, aber andauernden Prozess der institutionellen Fortentwicklung und flexiblen Problemlösungskapazitäten.

Europa war immer ein politisches Projekt. Um die Zustimmung der Bevölkerung haben sich die Verfechter einer europäischen Einigung über viele Jahre nicht gekümmert – und sich dann gewundert, dass nicht alle Schritte der Einigung von den Bürgern in einigen europäischen Staaten so gewollt waren. Wer Europa als Sündenbock für innenpolitische Probleme benutzt, darf sich nicht wundern, wenn sich an diesem Sachverhalt wenig ändern lässt.

Die Repräsentationsmechanismen der EU mögen Schwächen haben, aber wichtiger als die Steigerung von Legitimität durch Partizipation ist die Verbesserung der Legitimität durch Effizienz. Europas Leistungen bestimmen über die Zustimmung seiner Bürger und nicht die Mechanismen der Bürgerbeteiligung.

Europa hat nicht nur eine einzigartige Leistungsbilanz in den letzten 60 Jahren vorzuweisen, es hat dem Rest der Welt auch viel zu bieten für die Zukunft. Europas Stärke ist seine Diversität und nicht seine Vereinheitlichung.

Zu den großen Herausforderungen gehört der konstruktive Umgang mit dem wachsenden Selbstbewusstsein erfolgreicher Schwellenländer – einschließlich der Bereitschaft, auf Belehrung zu verzichten und auch von fremden Erfahrungen zu lernen.

8 WAS TUN?

Wege zum erfolgreichen Abstieg Europas

Wer den tagtäglichen Debatten in und um Europa mit Aufmerksamkeit folgt, läuft schnell Gefahr, vor lauter Bäumen den Wald nicht mehr zu sehen. Anstatt aus einer Perspektive des Erreichten auf die Probleme von heute und morgen zu schauen, führt das kleinteilige Debattieren all dessen, was nicht oder noch nicht richtig funktioniert, zur Überbetonung der Defizite europäischer Zusammenarbeit. Aber auch aus einer globaleren Perspektive gibt es scheinbar deprimierende Prognosen: Die Machtverschiebung von West nach Ost, schreibt Richard Youngs, sei zur Genüge prognostiziert worden. »Experten verweisen regelmäßig darauf, dass sich mehrere Jahrhunderte westlicher Dominanz ihrem Ende zuneigen. Nicht länger werden europäische Nationen in der Lage sein, eine so machtvolle Rolle bei der Bestimmung des Wesens internationaler Politik zu spielen. Nicht länger werden sie den überragenden Einfluss auf politische Werte, die die Welt bestimmen, die Prinzipien, die globale Politik regeln, die Gestaltung des internationalen Handelssystems oder die Ergebnisse sicherheitspolitischer Verhandlungen und Herausforderungen von Umwelt und Energie haben. Die Flamme europäischer Macht flackert schwächer. Europas Schatten in der internationalen Politik werden kürzer.«[88]

Geradezu folgerichtig wird also der Abstieg Europas beschworen. Auf diese Weise sind Abgesänge auf Europa und den Westen regelrecht in Mode gekommen. Wohl darf man dabei nicht vergessen, dass manche, die sich an aufgeregten Debatten um die scheinbar unendliche Krise Europas mit immer wieder neu aufgelegten Beiträgen beteiligen, ein geborenes Interesse daran haben, dass Europa in der Krise ist. Wer in Thinktanks arbeitet, profitiert von Krisen. In »normalen« Zeiten interessiert sich kaum jemand für unsere Arbeit. Erst in Krisen sind Interpretationen und Denkangebote gefragt. So entsteht der Anlass für neue Strategiepapiere und ihre Finanzierung, für Schlagzeilen und Kommentare, für Veranstaltungen und Podiumsdiskussionen. Das muss man bei diesen Debatten selbstkritisch beachten: Europas beständige Krise nährt vor allem diejenigen, die sie herbeireden.

Ich behaupte allerdings das genaue Gegenteil: All die Befürchtungen, vor denen wir uns gerade in Zeiten der Euro-Krise kaum noch retten können, sind wieder einmal verfrüht – und sie werden sich als falsch erweisen, weil sie einen wesentlichen Aspekt in aller Regel übersehen: Abstiege sind nicht automatisch etwas Negatives, immer vorausgesetzt natürlich, dass man versteht, sie erfolgreich zu organisieren und zielgerichtet zu managen. Die Frage, was Europa tun muss, um das Ziel eines erfolgreichen Abstiegs sicher zu erreichen, kann also zunächst mit einem beruhigenden Hinweis beantwortet werden.

Auguren und ihre Grenzen

Alle Auguren, die bislang den Untergang des Westens prognostiziert haben, lagen falsch. Zum Teil sind solche Verzweiflungsprognosen durchaus verständlich, aber deswegen sind sie längst nicht automatisch richtig. Zeiten tief greifender Veränderung waren immer Zeiten maximaler Verunsicherung. Den Europäern, ja dem gesamten Westen ist in dieser Beziehung in den vergangenen beiden Jahrzehnten nichts, aber auch gar nichts erspart geblieben. Alle Parameter, Bezugspunkte und Glaubenssätze sind ins Wanken geraten. Ein ums andere Mal sind wir auf dem falschen Fuß erwischt worden. Ereignisse, die niemand hätte vorhersagen können, haben uns wesentliche Verlässlichkeiten genommen. Natürlich sind dabei auch Fehler gemacht worden. In dem Maße, wie unser Selbstbewusstsein durch neue, unerwartete Ereignisse und Entwicklungen erschüttert wurde, ist unsere Bereitschaft gewachsen, mit Starrsinn und fast mit Gewalt an den Denkmustern festzuhalten, die wir kennen und die uns ja auch in der Vergangenheit gute Dienste beim Verständnis und der Gestaltung der Welt geleistet haben. Diese Erstarrung kann man feststellen und kritisieren, verzweifeln muss man deswegen noch lange nicht. Um sie zu überwinden, braucht man einen normalen Prozess der intellektuellen Anpassung an die Folgen von Umbruchsituationen. Normal ist es wohl auch, dass in der Vergangenheit erfolgreiche Denkmuster sich leichter festhalten lassen, als das Risiko neuen Denkens mit völlig unsicherem Ausgang zu wagen. Solange man kann, lebt es sich in einer Welt umgeben von den schützenden Mauern des eigenen Denkens eigentlich nicht schlecht. Wenn aber Mauern fallen und die Dämme gegen Veränderungen brechen, wenn Wogen der Umwälzungen alles wegschwemmen, was bislang scheinbar unverrückbar Bestand hatte, dann ist es an der Zeit, die Denkmuster und Verhaltensweisen der Vergangenheit abzulegen und nach neuen Wegen in die Zukunft zu suchen.

Die bisherigen Überlegungen haben uns zu einer Reihe von Einsichten geführt, die einerseits beständig zum Perspektivwechsel einladen, andererseits die Grundvoraussetzungen bieten, die Frage, was Europa tun muss, um den bekannten Herausforderungen zu begegnen, in einem anderen Licht erscheinen lassen. Halten wir zunächst noch einmal fest: Einen brauchbaren Ersatz für die verlässlichen Feindbilder der guten alten Zeit des Ost-West-Konflikts haben wir noch nicht gefunden. Fast nostalgisch erinnern wir uns gelegentlich daran, dass wir damals genau wussten, wo Freund und Feind waren. Und keiner unserer Feinde versteckte sich in irgendwelchen Gebirgshöhlen. Wir kannten Standorte, Postadressen und Gesichter. Wir wussten, mit wem wir es zu tun hatten. So einfach war das in der guten alten Zeit. Stattdessen sind wir heute dem ungebremsten Tempo globaler Medien und ihrer Desinformationspolitik ausgesetzt. Nur mühsam begreifen wir, dass mehr Information nicht zwangsläufig bessere Information bedeutet. Nicht zuletzt diese Medienhetze führt zu der altbekannten Torheit der Regierenden, die das vermeintlich Richtige tun und am Ende doch vor den Scherben ihrer Politik stehen. Medien zeigen im eigenen ökonomischen Überlebenskampf eben nicht die Welt, wie sie ist, sondern wie sie sich am besten verkaufen lässt.

Zwangsläufig ergeben sich Rückschlüsse, die auf den ersten Blick unerfreulich sind und auf manch einen sogar wie bittere Wahrheiten wirken mögen. Sie berühren Europas Sicht von seiner eigenen Rolle in der entstehenden multipolaren Ordnung ebenso wie Amerikas Kampf gegen den Abstieg und die Tragfähigkeit der transatlantischen Beziehungen als Klammer, die den Westen vermeintlich noch zusammenhält. Vor allem aber berühren sie die Grundtendenzen des Aufstiegs der anderen. Es wird wohl kaum ein Weg an der Einsicht vorbeiführen, dass eine multipolare Welt nicht zwangsläufig eine bessere Welt ist. Neue Pole erhöhen das Risiko innerhalb des globalen Wettbewerbs, solange keine verbindlichen Regeln und Institutionen zur Konfliktbeilegung gefunden sind. Folglich stellt sich eine einfache Frage: Worum geht es bei dem Prozess, den wir hier als erfolgreichen Abstieg beschreiben?

Erfolgreicher Abstieg?

Der Ausgangspunkt unserer nachfolgenden Überlegungen ist einfach: Die Gipfelträume sind ausgeträumt. Wir reden bei diesen Fragen nicht mehr über drohende Zukunftsszenarien, sondern über die Realität internationaler Politik in der Gegenwart. Deshalb muss man selbstkritisch feststellen, dass nicht nur Europa, sondern der gesamte Westen seit 20 Jahren im eigenen Saft schmort. Wie die anderen – die Aufsteiger – denken, hat uns nicht wirklich interessiert, weil wir zu glauben scheinen, nach 300 Jahren erfolgreicher eigener Entwicklung die Weisheit mit Löffeln gefressen zu haben. Diese Überheblichkeit steht uns schlecht zu Gesicht, weil sie in wachsendem Maße ihre sachliche Berechtigung verloren hat. Hochmut kommt vor dem Fall, warnt ein beliebtes deutsches Sprichwort. Aber während wir noch die Träume von 1989 träumen und uns standhaft weigern, die Augen aufzumachen und die Welt so zu sehen, wie sie mittlerweile geworden ist, denken politische und wirtschaftliche Eliten außerhalb des Westens, wie wir gesehen haben, bereits in ganz anderen Dimensionen.

Hinter uns liegt ein Jahrzehnt des Schreckens. Aber vor uns liegen noch neun Jahrzehnte im 21. Jahrhundert. Was werden sie bringen? Ähnliche Verwerfungen und dramatische Verschiebungen wie die Jahre zwischen 2000 und 2011? Das vergangene Jahrzehnt zeigt mit eindringlicher Deutlichkeit, dass alle wesentlichen Herausforderungen, vor denen wir stehen, zwar lokalen Ursprungs sind, aber zum Teil erhebliche globale Auswirkungen haben. Einer Globalisierung von Problemen kann nur mit einer Globalisierung von Gegenmaßnahmen begegnet werden. Das klingt einleuchtend und vernünftig, ist aber einfacher gesagt als getan.

Zunächst bedeutet das, dass wir mit Paradoxa werden leben und buchstäblich alles, was zu den vermeintlichen Gewissheiten einer vom Westen geprägten internationalen Ordnung gehört, über Bord werfen müssen. Jeder Versuch, auf diese Herausforderung mit pauschalen Lösungen zu reagieren, unterliegt einem dreifachen Risiko: Er führt ins Leere, wenn Konzeptionen ohne Handlungsfähigkeit und Handlungsbereitschaft bleiben; er führt in die Katastrophe, wenn solche Konzeptionen zur Ideologie verkommen; und er führt in die Sackgasse, wenn Werte und Ziele an Glaubwürdigkeitslücken und doppelten Standards scheitern.

Es muss also neu gedacht werden, was nichts anderes heißt, als Wege und Ergebnisse eines erfolgreichen Abstiegs im Kopf vorwegzunehmen. Aber schon das Nachdenken über die laufende Kontinentalverschiebung in der internationalen Politik stellt uns vor beachtliche Aufgaben. Nicht ganz zu Unrecht erscheint die Beschäftigung mit solchen Fragen manch einem als Buch mit sieben Siegeln. Fachbegriffe zuhauf, eine Unzahl schwer aufzulösender Abkürzungen und sich oftmals widersprechende Positionen machen es schwer, zu verstehen, wie die Triebkräfte der Politik auf globaler Ebene funktionieren. Wenn man noch die Varianten von theoretischen Erklärungsversuchen und die Glaubenskriege zwischen Theorieschulen hinzunimmt, wird das Feld endgültig unübersichtlich. Es ist kein Wunder, dass für jemanden, der sich für solche Fragen interessiert, die Beschäftigung mit internationaler Politik professionellem Apologetentum, gelegentlich auch einer Dauerparty im Elfenbeinturm gleichkommt.

Das ist aber nicht wirklich so. Wenn man für einen Augenblick auf wissenschaftliche Erklärungsansprüche verzichtet, lassen sich die Grundmuster internationaler Politik durchaus mit einem Kindergarten vergleichen. Es gelten die Regeln des Zusammenspielens, aber auch des Streitens frei nach dem Motto: Machst du mein Sandförmchen kaputt, mache ich dein Sandförmchen kaputt. Und wie in einem Kindergarten geht es auch in der internationalen Politik letztendlich darum, in solchen Situationen soziales Lernen zu üben, um Probleme nicht mit Gewalt, sondern durch Kooperation lösen zu können. Das geschieht manchmal durch Rituale, die insbesondere auf der Ebene des diplomatischen Austausches gepflegt werden, es geschieht aber auch durch Drohungen und offenen Streit bis hin zur Anwendung brachialer Gewalt. Was beim Nachdenken über Europas erfolgreichen Abstieg zusätzlich gefordert ist, ist die Bereitschaft, nachzugeben, Platz zu machen und andere so mitspielen zu lassen, dass die üblichen Streitereien vermieden werden können.

Bei solchen Überlegungen ist die Versuchung groß, Gebotslisten aufzustellen und Forderungen zu formulieren, die Europa erfüllen müsste, um in diesen Prozessen erfolgreich bestehen zu können. An solchen Texten und Vorschlägen fehlt es nicht. Die Liste der Gebote hat längst eine Unübersichtlichkeit erreicht, die ihren politischen Stellenwert fraglich erscheinen lässt. Man sollte sich darüber im Klaren sein, dass die meisten dieser Versuche am Ende immer zu Ratschlägen führen, die entweder genauso banal und offensichtlich, aber eben auch genauso legitim sind wie jeder andere Vorschlag auch. Es gibt kein Anrecht auf Richtigkeit in den Debatten um zukünftige Ordnungen.

Es geht mir bei den folgenden Überlegungen also nicht darum, Gebote zu formulieren, sondern Themen und Handlungsfelder auszuleuchten, in denen sich einerseits Veränderungen vollziehen, die immer stärker durch beschleunigte Komplexität gekennzeichnet sind, in denen andererseits Reaktionsbedarf besteht, um politische Gestaltung entsprechend zu ermöglichen. Es sind also weniger Gebote und Belehrungen, sondern selbstkritische Fragen, die man sich in Europa stellen muss, wenn man versucht, mit dieser Problematik umzugehen und den Willen zu zeigen, mit ihr in Zukunft anders umzugehen als in der Vergangenheit. Die nach meiner Einschätzung wichtigsten dieser Fragen sollen im Folgenden kurz beleuchtet werden.

Zunächst geht es um gesundes Selbstvertrauen, also nicht darum, in Sack und Asche die Bühne der Weltpolitik als dauerhafter Verlierer zu verlassen, sondern in dem klaren Bewusstsein der Leistungsfähigkeit des westlichen Systemmodells aus Demokratie und Marktwirtschaft, aber auch der historischen Errungenschaften der vergangenen 60 Jahre dafür zu sorgen, dass andere dorthin aufsteigen können, wo der Westen sich schon befindet – auf einem hohen Niveau von Wohlstand und Sicherheit nach innen und nach außen.

Keine Angstdebatten führen!

Angst ist immer ein schlechter Ratgeber, auch wenn man zugeben muss, dass die üblichen Skizzen zur Zukunft Europas durchaus das Potenzial haben, solche Befürchtungen zu wecken. Beschrieben wird das etwa so: Die wirtschaftsstärksten Metropolen liegen nicht mehr in Europa, sondern in Asien. Kaufkraft und Wirtschaftsleistung zeigen dort Zuwachsraten, von denen man in Europa nur noch träumen kann. Die Folgen der Finanz- und Wirtschaftskrise tun ein Übriges, um die Kluft zwischen Schwellenländern und dem Westen zu verringern. Es bleibt aber nicht nur bei wirtschaftlichen Veränderungen. Die Zeiten sind vorbei, in denen Schwellenländer sich mit der Rolle als »Werkbank der Welt« zufriedengaben. Heute entwickeln sie selbst hochinnovative Produkte und Dienstleistungen und treten längst auch auf westlichen Märkten als aggressive und erfolgreiche Anbieter auf. Sie investieren enorme Summen in die Ausbildung eigener Fachleute, in die Verbesserung ihrer Infrastruktur, und wann immer sie mit ihren Staatsfonds auf westlichen Märkten auftauchen, weiß man nicht, ob man sich über dringend benötigte Investitionen freuen oder den wachsenden politischen Einfluss dieser Länder fürchten soll.

Angst geht also um im Westen – aber dafür gibt es keinen Grund. In dem Aufstieg der anderen liegen gewaltige Chancen für uns. Die Welt des 21. Jahrhunderts besteht eben nicht aus Nullsummenspielen. Erfolg wird daran gemessen, ob wir unseren eigenen Abstieg so erfolgreich hinbekommen, dass wir vom Aufstieg der anderen insgesamt profitieren können, wie es Teile unserer Wirtschaft heute schon erfolgreich tun.

Es ist deshalb mehr als nötig, alles Erdenkliche zu tun, um aus dieser Angst geborene Feindbilder gar nicht erst entstehen zu lassen, und dafür zu sorgen, dass die Abwehrhaltungen, die sehr schnell propagiert werden, in den Schubladen von Möchtegern-Strategen bleiben. Bedrohungsanalysen ständig neuen Herausforderungen anzupassen und entsprechende politische Reaktionen zu erarbeiten, hat natürlich seinen Sinn. Auf Feindbilder zu verzichten, heißt nicht auf Sicherheitspolitik zu verzichten. Aber jenseits von sicherheitspolitischen Überlegungen sollten Systeme, die unseren demokratisch-marktwirtschaftlichen Anforderungen oder gar unserem Wertekanon nicht entsprechen, nicht automatisch zu Feindbildern gestempelt werden. Auch in der internationalen Politik gilt die Regel des deutschen Sprichwortes: Wie es in den Wald hineinschallt, schallt es auch wieder heraus. Wer Feindbilder pflegt, darf sich nicht wundern, auf Feindschaft zu stoßen, zumindest aber Reaktionen auszulösen, die einer kooperativen Problemlösung im Wege stehen könnten. Wer versucht, sachlich mit der Tatsache umzugehen, dass nicht alle Staaten, mit denen die Europäische Union zusammenarbeiten muss oder will, Demokratien sind, darf auch nicht dazu beitragen, dass partnerschaftliche, zumindest aber kooperative Lösungen durch unnötige Feindbildkonstruktionen verhindert werden. Umgekehrt gilt gleichermaßen, dass nicht jede formale Demokratie automatisch ein geborener Partner der EU ist. Statt auf Feindbilder zu schauen und in häufig erfolglosen Konfrontationen unnötig politisches Kapital zu vergeuden, sollte sich die Europäische Union darauf konzentrieren, ihre Stärke und ihren Einfluss dadurch zu steigern, dass sie ihre eigenen Hausaufgaben macht.

Dafür braucht es die Konsolidierung europäischer Politik auf hohem Niveau. Das ist für sich genommen eine einfache, in den Debatten um Europa und die transatlantischen Beziehungen ja auch auf die unterschiedlichste Art und Weise wiederholte Position. Sie in die Tat umzusetzen steht, wie man den täglichen Nachrichten entnehmen kann, auf einem ganz anderen Blatt. Trotzdem führt kein Weg an der Tatsache vorbei, dass die künftige Position des Westens in einer globalen Weltordnung zunächst von nichts anderem bestimmt sein wird als von seiner eigenen Leistungsfähigkeit, seiner inneren Stabilität und seiner Fähigkeit, möglichst geschlossen auf der Grundlage klar vermittelter Interessen bei der Lösung globaler Probleme aktiv und effizient mitzuwirken. Es gilt das banale, aus dem Sport bestens bekannte Prinzip: Die anderen werden nur so stark sein können, wie wir es durch unsere eigene Schwäche zulassen.

Um dieses Ziel zu erreichen, braucht Europa eine neue und sehr viel pragmatischere Vision, um sich selbst nach 60 Jahren des Erfolgs neu zu erfinden. Ausgehend von der Erkenntnis, dass für den Stand der europäischen Integration nicht geografische Größe oder die Zahl der Mitglieder, sondern Handlungsfähigkeit entscheidend ist, heißt das aber, entgegen der reinen Lehre der europäischen Integration einen längst diskutierten, aber immer wieder heftig umstrittenen Sachverhalt anzuerkennen: Unterschiedliche Geschwindigkeiten der Integration sind kein automatischer Sündenfall, kein Fehler und auch kein Ende des europäischen Erfolgsweges. Nur in der hehren Theorie der Integration mag das so erscheinen. In Wirklichkeit sind sie ein Gebot der Stunde. Handlungsfähigkeit unter maximaler Zeitbeschränkung wird die Position von Mächten in einer multipolaren Weltordnung bestimmen. Das gilt auch und gerade für Europa auf seiner Suche nach einem geeigneten Platz in dieser Ordnung. Wenn einzelne Mitgliedstaaten diese Bedingung alleine oder im Zusammenwirken mit anderen besser erfüllen als die Gesamtheit aller Mitgliedstaaten, muss Handlungsfähigkeit Priorität vor der reinen Lehre haben. Den Zauderern muss sicherlich die Möglichkeit eines jederzeitigen späteren Mitwirkens eingeräumt bleiben. Der Vertrag von Schengen und die Einführung des Euro sind dafür bereits erfolgreiche Beispiele. Aber wenn eine solche Mitwirkung nicht zustande kommt, geht die Welt der europäischen Integration deswegen noch lange nicht unter.

Gestützt auf diese Betrachtungen können wir nun fragen, wie denn eine Erfolg versprechende Reaktion Europas aussehen könnte und vielleicht auch müsste.

Lernen statt Belehren!

Natürlich machen wir in diesen Debatten nicht alles falsch. Aber wir könnten manches besser machen. Wer die Welt verändern will, muss im eigenen Kopf beginnen. Die Forderung nach Umdenken, nach neuem Denken ist natürlich schnell erhoben – und auch schon wohlbekannt. Bekanntlich ist das leichter gesagt als getan. Aber man muss es nicht bei Forderungen und Selbstermahnungen belassen – es gibt durchaus Signale und Entwicklungen, die belegen, dass es geht. Gerade die ersten Monate des Jahres 2011 warten gleich serienweise mit überraschenden Beispielen für Umdenken im großen Stil auf. In einem Kommentar für n-tv schreibt Samira Lazarovic: »Dieser Frühling ist offenbar die Zeit der großen Erkenntnisse. Papst Benedikt XVI. kommt zu dem Schluss, dass nicht das jüdische Volk als Ganzes für die Kreuzigung Jesu verantwortlich war, die FDP sieht ein, dass Deutschland sich schneller als vorgesehen von der Kernenergie verabschieden muss, und nun stellt die Weltbank in ihrem jüngsten Entwicklungsbericht fest, dass Wirtschaftswachstum nicht das Maß aller Dinge ist. Die Konflikte in Nordafrika und dem Nahen Osten bewegen die Organisation zum Umdenken.« Und so drückt sie in ihrer Schlussfolgerung eine Hoffnung aus, von der man sich nur wünschen kann, dass sie auch bei der Debatte um die Zukunft Europas Wirklichkeit wird.»Und vielleicht können die globalen Ereignisse in diesen Wochen, ob auf dem Tahrir-Platz oder in Fukushima, herbeiführen, was noch nicht mal die Finanzkrise geschafft hat: ein weltweites Umdenken.«[89] So gesehen besteht kein Grund für übertriebene Skepsis.

Hören wir also auf, uns selbst mit wohlgesetzten Worten in die Tasche zu lügen. Veränderungs- und Gestaltungsmöglichkeiten sind vielfältig – und sie liegen nicht nur im Aufgabenbereich handelnder Politiker. Sie liegen auch im Wirkungsbereich all derjenigen, die sich analysierend und kommentierend an entsprechenden Debatten über die Zukunft Europas beteiligen. Nicht zuletzt die Idee zu diesem Buch beruht auf der Einsicht, dass ein Prinzip Gültigkeit hat, das George Soros das »Prinzip der Reflexivität« nennt.

Der Sachverhalt ist einfach zu erklären: Wer naturwissenschaftliche Zusammenhänge beobachtet, versucht zu verstehen. Wie immer dieser Verständnisprozess aussieht, ob er gelingt oder nicht, wie er formuliert wird oder welche weiteren Probleme er aufwirft, die Funktionsweise der Natur verändert sich dadurch nicht. Chemische Verbindungen bleiben gleich, ob wir sie verstehen oder nicht. Physikalische Gesetze gelten unabhängig davon, ob wir sie nachvollziehen können oder ob sie uns vor Verständnisprobleme stellen. Wer hingegen politische und soziale Zusammenhänge beobachtet, versucht sicherlich auch zu verstehen, er muss sich aber darüber im Klaren sein, dass jeder Versuch, dieses Verständnis zu formulieren und mit Dritten zu teilen, letztendlich das Potenzial der Veränderung dieser sozialen Wirklichkeit in sich birgt. Man erinnert sich vielleicht an den Hinweis von Karl Marx, dass Philosophen die Welt nur unterschiedlich interpretiert haben, es aber darauf ankomme, sie zu verändern. Soros selbst formuliert dieses Prinzip der Reflexivität wie folgt: »Die Phänomene der natürlichen Welt sind unabhängig von den Aussagen, die Forscher über sie machen, sodass die Fakten als Kriterium dienen können, an dem die Wahrheit oder Gültigkeit von Aussagen gemessen werden kann. Wenn eine Aussage mit den Tatsachen übereinstimmt, ist sie wahr; wenn nicht, ist sie falsch.«[90] Er nennt das die »kognitive Funktion« von Forschung im Unterschied zu ihrer »partizipativen Funktion«, die den Beteiligten an Debatten über politische Wirklichkeit zukommt, wenn sie selbst Teil des zu beobachtenden Systems sind. Entsprechend kann es in solchen Fragen kein objektives Wissen geben. Und hier liegt auch ein wesentlicher Grund dafür, dass Nachdenken über Politik und die Realität der Politik deutlich auseinanderklaffen können.

Der Hinweis, partizipative Reflexivität in ihrer Wirkungsweise anzuerkennen, sie sogar bewusst und gezielt zu nutzen, führt dazu, entsprechende Debatten weniger voreingenommen und offen für Überlegungen zu führen, die aus den unterschiedlichsten Gründen aus den bisherigen Debatten ausgeblendet blieben.

Wenn man in diesem Sinne anerkennt, dass eine der wesentlichen intellektuellen und politischen Konsequenzen aus einem Jahrzehnt des Schreckens darin besteht, dass westliche Werte nicht mehr die Welt beherrschen, westlich dominierte Institutionen ihre Regelungsakzeptanz verloren haben und Multipolarität keine Garantie für Sicherheit und Wohlstand ist, führt kein Weg daran vorbei, in solchen Zusammenhängen neu über einen alten Begriff nachzudenken.

Die Rückkehr der »Geopolitik« ist längst eine Tatsache, auch wenn der Begriff im Deutschen wegen seiner historischen Belastung durch den Missbrauch im Nationalsozialismus zur Begründung von »Lebensraum« gerne vermieden wird. In Kategorien von Geopolitik zu denken, galt lange Zeit als verpönt und steht auch heute noch immer wieder in dem Verdacht, politisch nicht korrekt zu sein. Im englischen Sprachraum ist das ganz anders. »Geopolitics« gehört zu den selbstverständlichen konzeptionellen Begriffen bei der Verständigung über globale Zusammenhänge, Macht- und Konfliktkonstellationen auf der Ebene unterhalb offener Gewaltaustragung. Trotz aller technologischen Veränderungen, die die heutige Weltpolitik bestimmen, bleibt nämlich der Zusammenhang zwischen geografischer Größe und Lage, der Verfügbarkeit und Abhängigkeit von Ressourcen und der Auswirkungen von wirtschaftlicher Leistungsfähigkeit ein wichtiger Bestimmungsfaktor für den relativen machtpolitischen Einfluss eines Staates oder einer Staatengruppe.

Aus dieser Perspektive zeigt sich, dass eine neue multipolare Ordnung entstanden ist, die nicht mehr nur auf militärischem, sondern vor allem auf wirtschaftlichem und technologischem Gebiet ihre Bestimmungsfaktoren findet. Diversität, fehlende Führungsstrukturen und zunehmende Instabilität sind die wesentlichen Charakteristika dieser Ordnung. Das sind die Rahmenbedingungen, in denen sich relative Auf- und Abstiege beobachten lassen, in denen folglich auch Europa seinen Platz neu ausloten muss.

Das schließt ein, dass wir mit deutlich größerer Vorsicht, ja vielleicht sogar mit einem Verzicht auf eine Politik der Belehrung, der Besserwisserei und der Vorschriften gegenüber anderen unser Augenmerk darauf richten, dass sich unsere eigenen Interessen durchsetzen lassen. Das bedeutet zunächst und vor allem, dass wir eine größere Bereitschaft aufbringen müssen, von anderen zu lernen. In unseren Köpfen steckt beispielsweise noch das Bild, dass China ein kommunistisches System ist. Das ist auch so und hat politische Konsequenzen für das Verhalten des Landes, die man mitnichten außer Acht lassen darf. Aber alles, was in unseren klassischen Lehrbüchern über kommunistische Systeme steht, trifft auf China heute nicht mehr zu. Dies ist formal ein kommunistisches System, von dem wir glauben zu wissen, wie es funktioniert, von dessen wirklicher innerer Funktionsweise wir aber wenig verstehen. Die Bedeutung Chinas für westliche Ökonomie und Politik muss niemandem mehr klargemacht werden. Sie ist offensichtlich. Aber was wissen wir eigentlich über dieses Land?

Lebhaft in Erinnerung ist mir die Frage eines deutschen Konzernchefs an seine 40 deutschen und französischen Kollegen, die alle um einen Konferenztisch in Evian versammelt waren, wer von ihnen denn die neun Namen der Mitglieder des Ständigen Ausschusses des chinesischen Politbüros überhaupt kenne. Immerhin ist das der Kreis von Spitzenpolitikern in China, denen die letztendlichen Entscheidungen über Wohl und Wehe der Politik obliegen. Die Blicke, die um den Tisch ausgetauscht wurden, ließen keinen Zweifel: Niemand wusste alle neun Namen zu benennen. In einem westlichen Land, in dem vergleichbare Investitionen wie in China getätigt wurden, wäre so etwas wohl kaum der Fall. Ob es nur an den schwierigen und für manchen unaussprechlichen chinesischen Namen liegt? Oder ist es nicht auch ein Beleg dafür, wie wenig wir über ein Land wie China und seine Regierung wissen – und wie wenig wir uns eigentlich auch dafür interessieren? Was für China gilt, lässt sich auch für Indien, Brasilien und die anderen Aufsteigerstaaten feststellen.

Ich habe schon an anderer Stelle darauf hingewiesen, dass Europa von Asien eine Menge lernen kann.[91] Eine der wichtigsten Lektionen scheint mir die folgende zu sein: In vielen asiatischen Kampfkünsten gibt es das Prinzip der Energieumlenkung: Energie, die gegen einen selbst gerichtet ist, soll nicht mit hohem Kraftaufwand abgeblockt, sondern so umgelenkt werden, dass sie sich im eigenen Sinn gegen den jeweiligen Gegner richtet. Was für Shaolin-Mönche zum Elixier ihrer Kampfkunst gehört, ist für Staaten nicht so ohne Weiteres umsetzbar. Aber die grundsätzlichen Einsichten können bei der Formulierung strategischer Ziele, zuweilen sogar bei der Lösung konkreter Probleme durchaus hilfreich sein. Die Forderung nach Abschottung wird immer wieder erhoben, um Europas Arbeitsmärkte vor Jobverlusten und seine Unternehmen vor unliebsamer Konkurrenz zu schützen. Wenn Migrationswellen drohen, werden solche Überlegungen fast automatisch als Abhilfe ins Feld geführt. Und wenn Wertefragen ins Spiel kommen, sind automatisierte Abwehrreflexe an der Tagesordnung. Wenn man hingegen bereit wäre, auch nur ein wenig von Asien zu lernen, wäre die Schlussfolgerung relativ einfach: Europa kann zu seinen Werten stehen, ohne sie missionarisch zur Voraussetzung für politische und wirtschaftliche Zusammenarbeit zu machen. Der Verzicht auf Belehrung müsste dann aber auch die Bereitschaft einschließen, über künftige Formen der Zusammenarbeit mit Partnern auf der ganzen Welt weniger wertefundamentalistisch nachzudenken, als es bislang der Fall war.

Neue Wege der Kooperation suchen!

Flexible Partnerschaften sind das Gebot der Stunde für eine Europäische Union, die nach einer neuen globalen Rolle sucht. In ersten Ansätzen wird diese Notwendigkeit auch schon im politischen Raum anerkannt. Wenn ein Wissenschaftlicher Beirat der Bundesregierung beispielsweise in Klimafragen anregt, dass Deutschland subglobale klimapolitische Allianzen formen muss, um die wechselseitige Blockade zwischen China und den USA zu durchbrechen, ist die Richtung aufgezeigt, in der sich auch künftig europäisches Denken entwickeln muss.[92]

Das setzt allerdings voraus, dass Europa auf den Overkill strategischer Partnerschaften verzichten und bewusst und gezielt auf »coalitions of the capable and willing« setzen muss. Natürlich müssen dafür geschlossene Verträge und Vereinbarungen nicht aufgehoben werden. Solche Albträume eines jeden Diplomaten stehen nicht zur Debatte. Aber von strategischen Partnerschaften im eigentlichen Sinne wird man nur reden können, wenn das Ausmaß an gemeinsamen Werten, Interessen und politischen Zielen eine solche Charakterisierung zulässt. Ansonsten fällt man allzu leicht in die Falle der Gebetsmühlenpolitik, die in ständiger Wiederholung Dinge schönredet, die in der Realität ganz anders aussehen.

Die Zusammenarbeit mit Autokratien darf bei der Suche nach Problemlösungen nicht zum Tabu werden. Nicht jeder wird es gerne lesen, aber »good governance«, die Regeln guter Regierungsführung, sind Europas Kapital, jedoch nicht sein primäres Exportprodukt. Das gilt noch viel mehr für die ständig gegebene Versuchung, Werte zu ideologisieren. Nur so lassen sich unnötige und auf Dauer gefährliche doppelte Standards vermeiden. Europa braucht einen weit größeren Pragmatismus im Umgang auch und gerade mit unliebsamen Partnern, als das bislang der Fall ist. Niemand verbietet es uns, stolz zu sein auf die Errungenschaften westlicher Werte. Und niemand wird im Westen ernsthaft daran zweifeln, dass diese Werte hochzuhalten sind in internationalen Auseinandersetzungen um Werte und Interessen und als wichtiger Aspekt Berücksichtigung finden müssen. Aber wer unter dem

Segel einer fadenscheinigen Wertepolitik glaubt, in der immer raueren See einer multipolaren Welt letztendlich den sicheren Hafen erreichen zu können, ist vermutlich gegen unkalkulierbare Risiken auf diesem Weg schlecht gewappnet. Pragmatismus ist nichts Schlechtes. Die Chinesen machen es uns vor. Europa wäre gut beraten, diesem Beispiel zu folgen.

Das heißt aber auch: Europa muss erwachsen werden und sich von den USA politisch und strategisch emanzipieren. Das Ziel muss in einer engen Partnerschaft ohne Abhängigkeit bestehen. Die USA haben Europa längst ein gutes Stück weit abgeschrieben und eine deutlich pazifische Perspektive eingenommen. Technologische Großprojekte wie Airbus, Galileo und Ariane sind ein richtiger Weg, um Eigenständigkeit zu erreichen, aber auch um die Voraussetzungen zu schaffen, diese zentrale Partnerschaft für Europa auf eine neue Grundlage zu stellen.

Offene Prozesse akzeptieren!

In Debatten um die globale Rolle Europas wie auch seiner internen Handlungsfähigkeit spielen Institutionen eine dominierende Rolle. Das ist sicher verständlich und natürlich auch wichtig. Dennoch zeigen die Veränderungen, die unter Bedingungen beschleunigter Komplexität ablaufen, dass das Denken in Institutionen sehr schnell an seine Grenzen stößt. Es geht nämlich um die Frage, wie unvermittelt entstehende Probleme unter minimalen zeitlichen Rahmenbedingungen bewältigt werden können. Selbst wenn man von Naturkatastrophen, wie sie im März 2011 Japan ereilt haben, absieht, zeigt sich, dass das Denken in Prozessen tendenziell immer stärker an Bedeutung gewinnen muss. Und viele dieser Prozesse werden durch menschliches Zutun beschleunigt. »Meist braucht es einen konkreten Auslöser, um ein ›Emerging Issue‹ zum Eskalieren zu bringen. Wenn dies dann passiert, reagieren Politik, Wirtschaft und Medien zunächst überrascht, doch schon nach kurzer Zeit reden alle darüber, dass die zugrunde liegenden Probleme ohnehin seit Langem bekannt sind.«[93]

Diese Einschätzung zeigt, wie wichtig es in Zukunft sein wird, das Denken in Institutionen durch ein Denken in Prozessen zu ergänzen, ohne allerdings Gefahr zu laufen, bei der Suche nach verlässlichen Rahmenbedingungen in die Falle zu tappen, nach großen Visionen zu suchen. Das genaue Gegenteil erscheint aus heutiger Sicht notwendig und Erfolg versprechend.

Wir dürfen nicht nach pauschalen Antworten, nach dem großen Wurf und der einen klaren Linie suchen. Das gilt sowohl für den Versuch, eine neue Weltordnung ex ante zu beschreiben, als auch für Entwürfe, die die Zukunft Europas betreffen. Jeder Versuch dieser Art birgt die Gefahr, in populistischen, ideologischen oder fundamentalistischen Sackgassen zu landen. Das gilt auf nationaler Ebene genauso wie im globalen Kontext.

Was wir brauchen, sind Regeln, die sich selbst verstärken. Dabei zählen nicht so sehr fest gefügte Institutionen mit ihren starren Strukturen, sondern effiziente Lösungen, die durch Flexibilität und Schnelligkeit zustande kommen. Im offenen Wettbewerb um die besten Lösungen werden Fortschritte in der internationalen Politik erzielt und vielleicht auch wieder verlässliche, handlungsfähige und gut legitimierte institutionelle Strukturen geschaffen.

Im Rahmen dieses pragmatischen Verständnisses von Kooperation muss Europa auch die Bereitschaft entwickeln, Platz zu machen für die aufsteigenden Nationen, um so den Weg für eine möglichst konfliktfreie machtpolitische Integration der neuen Mächte zu eröffnen. Auch dies ist einfacher gesagt als getan, denn Platz machen bedeutet schließlich nichts anderes, als eigene Macht zu teilen, im Zweifelsfall auch bewusst abzugeben. Jeder von uns weiß, dass das nicht nur für Individuen, sondern auch für Staaten nicht unbedingt zu den leichtesten Übungen gehört.

Platz machen!

Der Verlust des Gefühls von Sicherheit, drohendes Abrutschen an die Armutsgrenze trotz Beschäftigung, die Überspannung der sozialen Netze durch den demografischen Wandel, aber auch ein fragwürdiger Umgang mit Problemen der Migration und der langfristig soliden Finanzierung von Staatshaushalten führen gerade in Demokratien zu heftigen Auseinandersetzungen, immer wieder auch zu öffentlichem Protest und schließlich zum Aufkommen politischer Kräfte, für die Demokratie kein Selbstzweck ist. Die Risiken des Beiseitetretens für andere sind entsprechend groß.

Trotzdem liegt viel Sinn darin, bewusst Platz zu machen, auch wenn diese Forderung auf den ersten Blick völlig widersinnig klingt. Warum sollte Europa Platz machen, also beiseitetreten, damit andere ihre machtpolitischen Gelüste und Ansprüche befriedigen können? Die Antwort ist eigentlich einfach: Die Bereitschaft, Platz zu machen, ist notwendige Voraussetzung, um zu verhindern, dass in den derzeitigen Prozessen globaler Machtverschiebung Konflikte entstehen, deren Kosten unkalkulierbar sind, aber immer zulasten Europas, seiner Sicherheit, aber auch seiner globalen wirtschaftlichen Interessen gehen. Ein solches Verhalten setzt aber notwendig voraus, dass mittlerweile übliche Angstdebatten und erst recht starrsinnige Machtpolitik aus Gewohnheit der Vergangenheit angehören. Im Sommer 2011 eröffnete sich für eine solche Politik des strategisch bewusst eingesetzten Platzmachens eine unverhoffte Chance. Europa hat sie wohl verpasst. Aber auch verpasste Chancen zeigen, worum es in Zukunft geht.

Nur mit Mühe haben es die Europäer im Juni 2011 geschafft, ihren scheinbar unverbrüchlichen Anspruch auf die Spitzenposition im IWF zu behaupten. Die unerwartete Notwendigkeit, einen Nachfolger für den Franzosen Dominique Strauss-Kahn zu finden, hat zunächst vor allem die europäischen Regierungen überrascht, die schnell einen neuen und überzeugenden Kandidaten präsentieren mussten. Aber die aufsteigenden Schwellenländer ließen unverkennbar ihre Muskeln spielen, obwohl es auch ihnen an der Zeit fehlte, sich in ihrem Verhalten zu koordinieren und einen zustimmungsfähigen Gegenkandidaten aufzubauen. Dennoch signalisierten sie sehr deutlich ihren Anspruch auf einen Platz für einen der Ihren an der Spitze einer internationalen Finanzinstitution. Dabei ist ihnen zumindest eines gelungen: Sie haben mehr als deutlich gemacht, dass der alte europäische Führungsanspruch, gemeinsam mit den USA die beiden wichtigsten globalen Finanzinstitutionen Weltbank und IWF zu kontrollieren, nicht mehr akzeptiert wird.

Und was tun die Europäer? Sie igeln sich in der Wagenburg ihrer Machtansprüche ein und halten verbissen an einem überkommenen Privileg fest, von dem jedes Kind erkennen kann, dass ein solches Verhalten auf Sicht zum Scheitern verurteilt ist.

»Mit ihrem Griff nach dem Chefsessel des Währungsfonds bestätigen die Europäer, was ihnen die Schwellenländer schon lange vorwerfen: dass es ihnen nur um die eigenen Vorteile geht«, schreibt Ines Zöttl in der *Financial Times Deutschland*[94]. Fürs erste ist diese Politik noch einmal »gut« gegangen: Christine Lagarde hat es geschafft, aber sie wird wohl auf längere Sicht die letzte Europäerin sein, die die Spitzenposition im IWF besetzt. Bei der nächsten Personalentscheidung werden die immer selbstbewussteren Schwellenländer besser vorbereitet sein, mit einem überzeugenden Kandidaten und sorgsam organisierten Mehrheiten. Aber genau besehen wäre das kein machtpolitischer Genickbruch für Europa. Das sind nun einmal die neuen Realitäten multipolarer Machtpolitik, mit denen wir uns besser abfinden, ja noch besser sie sogar für Kooperationsgewinne nutzen, anstatt aus Gewohnheit und Mangel an politischer Phantasie an Privilegien festzuhalten, die es längst nicht mehr gibt.

Nur noch einmal zur Erinnerung: Auf die Perspektive kommt es an! Und deshalb ziehe ich eine einfache Schlussfolgerung: Um wirklich Optimist sein zu können, muss man zuerst Realist sein. Auf der Grundlage einseitiger oder überzogener Erwartungen gedeihen sehr leicht scheinbar optimistische Perspektiven, die sich in der Regel als Trugschlüsse erweisen.

Abgesänge auf Europa, Selbstkritik bis an die Grenze der Selbstzerfleischung haben wir genug gehört. Eine realistische Perspektive eröffnet die Möglichkeit zu einem optimistischen

Ausblick. Europa ist besser als sein Ruf. Das ist keine Garantie für Erfolg in der Zukunft, aber Voraussetzung, um den unvermeidlichen Abstieg erfolgreich zu managen und am Ende das zu gewinnen, worum es eigentlich geht: Sicherheit, Wohlstand und Stabilität für die Menschen in Europa.

Pragmatismus, der Wille, immer wieder einmal bewusst die Perspektive zu wechseln, und vor allem die Bereitschaft, ohnehin nicht vermeidbare Entwicklungen möglichst aktiv zu gestalten, anstatt sie aufhalten oder nur schönreden zu wollen, sind die Voraussetzungen für Europas erfolgreichen Abstieg.

Platz machen bedeutet im Klartext auch relativen Wohlstandsverlust. Ohne diesen Verzicht wird es nicht gehen. Am Ende dürfte es sich um eine Abwägungsentscheidung handeln. Wenn uns diese Bereitschaft fehlt, werden die Verdrängungsmechanismen der anderen immer stärker werden. Aus vielfältigen historischen Erfahrungen wissen wir allerdings, dass in solchen Situationen Konflikte, gelegentlich Krisen und nicht selten auch Kriege entstanden sind. »Weltkriege um Wohlstand«, wie Gabor Steingart in seinem Buch prognostizierte, wird es nur dann geben, wenn den Satten die Bereitschaft fehlt, mit den Hungrigen mehr als nur Almosen zu teilen. Diese Bereitschaft, Platz zu machen für die anderen, ist die nächste große Aufgabe des Westens und insbesondere Europas, nachdem die großen Herausforderungen der Vergangenheit – Wohlstandsmehrung und Friedenssicherung – in den vergangenen 60 Jahren beeindruckend gemeistert wurden.

Modelle und Vorbilder

Alle Herausforderungen und Notwendigkeiten, die wir so weit skizziert haben, verlangen eine Menge von allen Beteiligten. In solchen Situationen liegt es immer nahe, nach Vorbildern und Modellen zu suchen, von denen man in schwierigen Entscheidungssituationen etwas lernen kann. Gibt es also Modelle, Vorbilder, Erfahrungen, die solche Prozesse des relativen Abstiegs im internationalen Einfluss veranschaulichen und vielleicht auch besser verstehen und verkraften helfen könnten? Könnten solche Modelle vielleicht sogar als Vorbilder für eine erfolgreiche Gestaltung unvermeidlicher Abstiege dienen? Solche Modelle gibt es in der Tat. Schon bei oberflächlicher Betrachtung fallen einem sofort zwei Beispiele ein.

Das erste Modell, das sich nur in Teilen zur Nachahmung empfiehlt, ist Großbritannien, ein Land, das zu den Weltmächten der Vergangenheit gehörte, das ein Empire besaß und jetzt über fast 100 Jahre einen kontinuierlichen Abstieg in seiner internationalen Bedeutung erlebt hat. Zuerst wirtschaftlich, dann militärisch und letztlich politisch. Was geblieben ist von dem britischen Ruhm der Vergangenheit, wird heute wehmütig besungen (»Britannia rules the waves«). Aber letztlich sind dies nur Erinnerungen. Mit den Realitäten heutiger internationaler Politik hat das alles nichts mehr zu tun. Zwar tun britische – wie auch französische – Politiker immer noch so, als seien die machtpolitischen Verschiebungen zu ihren Lasten bedeutungslos. Ein ständiger Sitz im Sicherheitsrat der Vereinten Nationen gibt dafür immer wieder Bestätigung. Aber die Tatsache, dass die wirtschaftliche Leistungsfähigkeit Großbritanniens nicht mehr der alten Größe entspricht und auch die strategische Handlungsfähigkeit letztendlich von der Zusammenarbeit mit den USA abhängt, unterstreicht, wie deutlich der Abstieg von einer einstigen Weltmacht zu einer europäischen Regionalmacht ausgefallen ist. Aber Großbritannien hat es immerhin geschafft, diesen kontinuierlichen Niedergang so zu managen, dass er ohne massive interne Umwälzungen oder gar revolutionäre Umbrüche und Katastrophen vonstattengehen konnte.

Das zweite Modell könnte gut und gerne die Schweiz sein. Hier liegt die Vorbildfunktion für Europa vielleicht nicht unmittelbar auf der Hand. Natürlich verbieten sich bei solchen Vergleichen unmittelbare Parallelen. Aber als Denkmodell kann es helfen, ohnehin eintretende Entwicklungen aus einer anderen Perspektive zu sehen und damit auch die Möglichkeiten politischer Reaktionen zu verändern. Als kleines Land im Herzen Europas, das unter den üblichen Machtkategorien keinerlei Qualifikationen besitzt, international eine wesentliche Rolle zu spielen, hat es die Schweiz geschafft, den Wohlstand seiner Bürger, ihre Sicherheit und ihre Zukunftsperspektiven auf beeindruckende Weise zu bewahren. Der internationale Einfluss der Schweiz begründet sich nicht auf die üblichen Kriterien von Bevölkerungsgröße, strategischer Lage (mit Ausnahme der Zentrallage im Herzen der EU), einer Führungsposition als Wirtschaftsmacht oder gar militärischem Einfluss. Aber als globales Finanz- und Bankenzentrum, nicht zuletzt auch als Sitz einer Vielzahl internationaler Organisationen strahlt dieses kleine Land eine Bedeutung aus, die Einfluss jenseits traditioneller Machtpolitik sichert. Wohl aus diesen Gründen wird der Vergleich mit der Schweiz gelegentlich bemüht, wenn die Frage nach der künftigen Rolle Europas in einer multipolaren Welt gestellt wird. »Eine Vielvölker-Föderation der Europäer als ›Schweiz der Welt‹ ist eine politische Vision, für die es sich zu kämpfen lohnt«,[95] forderte schon zwei Wochen nach dem Fall der Mauer der ehemalige Hamburger Bürgermeister Klaus von Dohnanyi und handelte sich im SPD-Parteivorstand heftige Schelte ein, weil er sich entgegen der damaligen Mehrheitsmeinung an der Parteispitze damit auch für eine deutsche Wiedervereinigung aussprach.

Übertragen auf Europa bedeutet dies, dass sich Europas Rolle in der Weltpolitik der Zukunft nicht auf überkommene Machtwährungen wird stützen können. Das muss keine Schwäche sein, zumal der politische Wille und die Kapazitäten, traditionelle Militärpotenziale aufzubauen, allenfalls begrenzt sind. Wir haben bei den Überlegungen zu den geopolitischen Veränderungen unserer Zeit bereits gesehen, wie sehr sich Machtwährungen derzeit auf globaler Ebene verschieben. Das einstige Übergewicht militärischer Aspekte wird heute durch die Bedeutung wirtschaftlicher Leistungsfähigkeit, in zunehmendem Maße aber auch finanzpolitischer Stabilität immer stärker ausgeglichen. Die Begriffstrias »hard power«, »soft power«, »smart power« macht deutlich, dass globaler Einfluss in Zukunft eben nicht nur durch stehende Heere, die Zahl von Raketenköpfen oder verfügbaren Panzerbataillonen bestimmt wird. Die Fähigkeit, sich in einem rasant verändernden Umfeld auf neue Herausforderungen einzustellen, also mit Flexibilität im Handlungsvermögen anstatt mit institutioneller Starre und einer Politik der Beharrung auf solche Herausforderungen zu reagieren, wird künftig über Wohl und Wehe machtpolitischen Einflusses entscheiden. Während sich überkommene Partnerschaften grundlegend verändern und neue Akteure in ihrer Verlässlichkeit als Kooperationspartner noch schwer einzuschätzen sind, bleibt für Europa also die Aufgabe, die eigene Diversität und nicht das Streben nach institutionalisierter Konformität stärker zu nutzen.

Wenn man die bisherigen Überlegungen noch einmal zusammenfasst, ergeben sich eine Reihe von Einsichten für die strategische Aufstellung Europas in einer multipolaren und zunehmend nicht polaren Welt. Zum Ersten wären Europa und der gesamte Westen gut beraten, sich mit Vorrang um ihre eigenen Interessen, Fähigkeiten und Zukunftsperspektiven zu kümmern. Das schließt ein, damit aufzuhören, den Schulmeister der Welt spielen zu wollen. Ein radikal neuer Politikansatz muss Vertrauen schaffen, indem er Platz macht für die Entfaltung neuer Akteure, gemeinsame Institutionen baut und auf Bevormundung gänzlich verzichtet. Hier kann Europa getrost auf die eigenen historischen Leistungen verweisen. Die Lehre der Montanunion könnte weiterhelfen, um die Prinzipien der Zusammenarbeit im Kontrast zu Abschottungs-, Konfrontations- und Eindämmungsstrategien deutlich zu machen. Dieses setzt allerdings voraus, dass alle Beteiligten – und hier ist der Westen in besonderer Weise angesprochen und herausgefordert – darauf verzichten, aggressive Wertedominanz zu propagieren und auf offenen Wertewettbewerb zu setzen.

Zum Zweiten wäre Europa gut beraten, damit aufzuhören, sich seine sogenannten strategischen Partnerschaften schöner zu reden, als sie in Wirklichkeit sind, und stattdessen auf pragmatische Koalitionen (auch mit Nichtdemokratien) zu setzen. Das erfordert die Bereitschaft, die verschobenen globalen Machtgleichgewichte anzuerkennen und auf das Festhalten an der Weltordnung der zweiten Hälfte des 20. Jahrhunderts zu verzichten.

Die Parameter eines erfolgreichen Abstiegs, der trotz möglicher Verluste die Erhaltung von Wohlstand und Frieden sichert, lassen sich einfach beschreiben: Sie werden gebildet durch das Zusammenwirken aus eigener Leistungsfähigkeit ohne Angst vor der Konkurrenz durch andere, vom Willen zur Kooperation nicht nur mit Demokratien, sondern auch mit Autokratien, von der Flexibilität bei der Suche nach Problemlösungen ohne die belehrende Überhöhung der eigenen Werte und Erfahrungen und schließlich durch den Verzicht auf machtpolitische Beharrung gegenüber den aufsteigenden Mächten.

Eine Politik, die von diesen Parametern bestimmt wird, wird allerdings nur dann dauerhaft erfolgreich sein können, wenn sie im konkreten Fall immer anerkennt, dass globale Problemlösungen durch die steigende Zahl von einflussreichen Staaten, die ihren Platz am Tisch der internationalen Führungsmächte einfordern, nicht einfacher, sondern komplizierter werden.

Fragen wir abschließend, was all diese Überlegungen für die deutsche Außenpolitik bedeuten. Deutschland ist unbestritten kraft seiner zentralen Lage, seiner wirtschaftlichen Leistungsfähigkeit und seiner Geschichte in besonderer Weise positioniert, um bei der künftigen Gestaltung der europäischen Ordnung nicht nur ein gewichtiges Wort mitzureden, sondern auch Prozesse anzustoßen und voranzutreiben. Aber auch für Deutschland gilt völlig legitim, dass kein Staat internationale Zugeständnisse macht, ohne entsprechende Gegenleistungen erwarten zu können. Wer akzeptiert, dass die Grundstrukturen der Weltordnung sich weiter verschieben und Aufsteigerstaaten immer mehr Einfluss zuwächst, sollte im Sinne einer grundsätzlichen strategischen Debatte auch bereit sein, zumindest über einige der heute gültigen Grundlagen deutscher Außenpolitik kritisch nachzudenken. An den folgenden vier Beispielen wird deutlich, wie tief greifend diese Veränderungen sein könnten beziehungsweise vielleicht auch sein müssen.

Es ist nicht nur eine Frage des Zuschnitts von Bundesministerien, sondern eine Grundsatzfrage, ob eine ehrlichere Außenpolitik nicht auf Entwicklungshilfe – auch wenn sie gerne als Entwicklungszusammenarbeit schöngeredet wird – verzichten sollte und sie stattdessen durch eine konsequente Interessenpolitik ersetzt. Trotz aller anderslautenden Bekundungen ist es eine schlichte Tatsache, dass wir in unterschiedlichen Weltregionen und Krisengebieten unterschiedliche Interessen haben. Diesen auch in Fragen der wirtschaftlichen Zusammenarbeit transparent zu folgen, ist sowohl innen- wie außenpolitisch leichter zu vermitteln, als immer wieder angestrengt von kritischen Entwicklungen wegschauen zu müssen, bis mediale Einflüsse dies nicht mehr möglich machen. Dann entstehen Hilfssituationen, die einerseits halbherzig, in der Regel nicht ausreichend und wegen ihrer zeitlichen Begrenzung auch ohne nachhaltigen Erfolg bleiben. Das Beispiel der Katastrophenhilfe nach dem schweren Erdbeben in Haiti ragt nur als eines von vielen besonders hervor.

Bundeswehreinsätze werden in Zeiten wachsender Sicherheitsrisiken, aber auch wegen zunehmender globaler Interessen integraler Bestandteil deutscher Außenpolitik bleiben müssen. Das setzt entsprechende Ausbildung und Ausrüstung voraus. Vor allem aber verlangt es von politisch Verantwortlichen weniger Spiegelgefechte um Worthülsen, sondern eine offene und transparente Sprache, die konzeptionell erläutert statt verschleiert und auf diese Weise zur notwendigen Legitimität von Politik beiträgt.

Führung ist ein Wort, das man in Deutschland aus verständlichen historischen Gründen nicht gerne in den Mund nimmt. In den Vereinigten Staaten ist das ganz anders. Führung zu zeigen ist dort gleichbedeutend mit der Fähigkeit, überhaupt Politik zu machen und Interessen durchzusetzen. Also sollte man auch hierzulande einsehen – und aussprechen, dass Deutschland bereit ist, Führungsverantwortung zu übernehmen. Das gilt mit Sicherheit für die Europäische Union, in der Deutschland schon aufgrund seiner Lage, Größe und wirtschaftlichen Leistungskraft eine solche Rolle praktisch automatisch zufällt.

DIE THESEN IM ÜBERBLICK:

Alle Auguren, die den bevorstehenden Untergang des Westens prognostiziert haben, lagen falsch. Auch heute sind solche Prophezeiungen vorschnell und fragwürdig.

Umdenken und neu denken ist angesagt, wenn Europa und der Westen insgesamt konstruktiv und Erfolg versprechend auf die machtpolitischen Umbrüche in der Weltpolitik des frühen 21. Jahrhunderts reagieren wollen.

Arroganz steht der Europäischen Union nicht gut zu Gesicht – Selbstbewusstsein schon.

Angst ist ein schlechter Ratgeber. Die Europäische Union hat keinen Grund, dem Aufstieg der anderen mit Angst zu begegnen. Die Welt ist kein Nullsummenspiel und die Vorteile wirtschaftlicher Zusammenarbeit gleichen die Nachteile des relativen Abstiegs völlig aus.

Belehrungen durch die Europäer sind fehl am Platz. Sie werden von Ländern mit einer eigenen Erfolgsgeschichte ohnehin nicht mehr akzeptiert. Das Wissen um eigene Erfahrungen und eigene Leistungen reicht aus und muss durch die Bereitschaft, von anderen zu lernen, ergänzt werden.

Neue Wege der Kooperation zu suchen und Geopolitik als Prozess zu begreifen, sind wichtige strategische Elemente auf dem Weg eines erfolgreichen Abstiegs.

Und das alles heißt: Abstiege sind nicht automatisch gleichbedeutend mit Niederlage, Verlust oder ähnlich negativen Aspekten. Gelungene Abstiege schaffen Stabilität und sichern Frieden und Zusammenarbeit. Die wesentliche Voraussetzung dafür besteht in der Bereitschaft, heute Platz zu machen, um morgen zu gewinnen.

9 AUSBLICK EINES OPTIMISTEN

Meine Urgroßmutter war eine einfache Frau. Eine wirkliche Schulbildung hatte sie kaum. Sie war zeit ihres Lebens Bäuerin und Hausfrau. Ihr Heimatdorf hat sie eigentlich nie verlassen. Höchstens der 20 Kilometer lange Fußmarsch zum nächsten Markt half ihr, ihren Horizont zu erweitern. Trotzdem sorgte sie sich um die Zukunft. Und von meiner Mutter weiß ich, dass sie einmal mit bangem Blick zum Himmel feststellte, dass die Welt wohl untergehen würde, »wenn am Himmel Wagen ohne Deichsel fahren«. Heute sitzt ihr Urenkel in solchen »Wagen ohne Deichsel« und Teile dieses Manuskripts sind hoch über den Wolken entstanden. Die Welt der einfachen Bäuerin am Ende des 19. Jahrhunderts ist untergegangen. Aber die Welt der zweiten Hälfte des 20. Jahrhunderts, die unser Denken noch zutiefst prägt, ist auch untergegangen. Wir haben nur noch nicht richtig gemerkt, dass nichts mehr so funktioniert, wie es unseren Vorstellungen von einer globalisierten Welt entspricht. Der Abstieg des Westens und Europas hat längst begonnen.

Bevor man über diese Erkenntnis in Trübsinn verfällt, sollte man sich aber klarmachen, dass es sich hierbei um gar kein so seltenes und aus anderen Lebensbereichen bestens bekanntes Phänomen handelt. Es begegnet uns nicht nur in politischen Diskussionen, sondern oft auch buchstäblich am eigenen Leibe.

Stellen Sie sich vor, Sie werden morgens wach und Ihr Körper signalisiert Ihnen, dass Sie krank sind. Sie haben Hals-

und Gliederschmerzen. Sie fühlen sich nicht wohl und schon gar nicht leistungsfähig. Während Sie sich aus dem Bett quälen und auf dem Weg ins Badezimmer überlegen, mit welchen Medikamenten Sie dem überraschenden Unwohlsein begegnen könnten, passiert Ihnen vermutlich etwas ganz Typisches: Wie die meisten von uns registrieren Sie erst jetzt, wie selbstverständlich schön es ist, gesund zu sein.

Es gehört wohl zu den Selbstverständlichkeiten menschlichen Daseins – und auch unseres gesellschaftlichen Zusammenlebens –, Dinge, die wir als angenehm empfinden, dann, wenn wir sie haben, auch als selbstverständlich zu nehmen. Erst ihr Verlust lässt uns einsehen, wie schön und wichtig sie uns waren. Was für die Gesundheit gilt, gilt wohl auch für die Politik. Demokratie und Freiheit sind uns längst so selbstverständlich geworden, dass wir kaum noch darüber nachdenken, dass sie vor nur einigen Jahrzehnten längst nicht so selbstverständlich waren, wie sie es heute für uns sind. Und natürlich verdrängen wir nicht nur Gedanken an drohende Krankheiten, sondern auch den Gedanken an einen drohenden Zerfall unserer demokratischen Ordnungen und erst recht an den möglichen Abstieg im machtpolitischen Wandel unserer Zeit. Pascal Bruckner stellt das mit nüchternen Worten fest: »Wie die Demokratie ist auch die Freiheit nur kostbar, wenn sie bedroht ist; sobald sie selbstverständlich wird, ist es ganz natürlich, dass das Glück die Oberhand gewinnt; dann jedoch ist sie aufgrund einer verkehrten Dialektik wieder bedroht.«[96] Dasselbe kann man für den Platz an der Sonne internationalen Einflusses für Europa und den gesamten Westen sagen. Zum Hypochonder der internationalen Politik sollte Europa tunlichst nicht werden. Wenn diese Gefahr droht, ist es immer schwer, Zuversicht, Optimismus und das Vertrauen auf Besserung zu vermitteln. Manchmal hilft ein Placebomittel, ein Ausflug in die Welt der Fantasie, mehr als viele ernst gemeinte Medikamente. Ob ein solcher Effekt in der folgenden Metapher steckt, die man sicher auf den ersten Blick nicht in einer Debatte um die künftige Weltordnung und die zu erwartende Rolle Europas vermuten würde? Die Rede ist nämlich nicht von Politik, den unterschiedlichen Varianten von Integrationstheorien oder den alltäglichen Mühen der Europäischen Union, ihre Leistungsfähigkeit unter Beweis zu stellen, sondern von Asterix und Daniel Düsentrieb.[97]

Wer kennt sie nicht, die Comic-Helden vom Kiosk um die Ecke? Die Abenteuer des tapferen kleinen gallischen Kriegers, der immer siegreich den Bedrohungen durch die Weltmacht Rom widersteht, lesen auch Erwachsene. Und der tollpatschige, aber am Ende doch erfolgreiche Daniel Düsentrieb ist jedem bekannt, der schon einmal ein Micky-Maus-Heft in den Händen hielt. Am Ende repräsentieren beide auf eindrucksvolle Weise die wesentlichen Unterschiede in der Art, an ein bestimmtes Problem heranzugehen.

Die Philosophie hinter Asterix ist die Hölle der ständigen Wiederholung. Am Anfang ist die Welt des kleinen gallischen Dorfes immer heil. Am Ende ist alles so, wie es am Anfang war. Nach bestandenen Herausforderungen ist die Welt wieder in Ordnung. Alles kann so weitergehen wie bisher. Schade, dass es nur ein Märchen ist! Denn Abhilfe schafft nur ein Zaubertrank, so wie Europa seit Jahren auf einen Zaubertrank, der alle mit einer Stimme reden lässt, zu warten scheint.

Daniel Düsentrieb verkörpert das genaue Gegenteil: Am Anfang hat er ein Problem, das nur schwer lösbar erscheint. Aber er lässt sich nicht abschrecken und beginnt zu basteln und zu werkeln. Mehr als einmal fliegen ihm seine Lösungen um die Ohren. Am Ende ist alles anders – und es funktioniert, manchmal besser, manchmal schlechter, aber immer anders als am Anfang.

Europa braucht weniger vom »Prinzip Asterix« und der Sehnsucht nach einem Zaubertrank für die Lösung seiner Probleme, sondern stattdessen etwas mehr vom »Prinzip Daniel Düsentrieb« und der Bereitschaft, jenseits idealistischer Traumvorstellungen durch Versuch und Irrtum seine Position in einer multipolaren Welt zu festigen. Diese Form des Pragmatismus könnte es sogar von China lernen!

Jeder Erfolg beginnt im Kopf. Wer falsch denkt, wird in aller Regel auch falsch handeln. Europa muss im erfolgreichen Abstieg seine globale Rolle neu denken und sie dann aktiv annehmen, anstatt sich passiv ins Abseits drängen zu lassen.

Die Wende von 1989 ist Geschichte. Die »Wendezeit« ist aber längst noch nicht vorbei. 60 Jahre Wohlstand und Frieden sind kein Ruhekissen – und schon gar keine Garantie für die ungebrochene Fortsetzung einer eindrucksvollen Erfolgsgeschichte. Die eigentlichen Herausforderungen liegen erst noch vor uns. Nur wenn wir alle – gleich in welcher Verantwortung, welcher Position oder welchem Beruf – bereit sind, uns dieser Herausforderung tagtäglich aufs Neue zu stellen, wird Europas Abstieg zum Erfolg gelingen. Eigentlich spricht nichts dagegen außer den Mauern in unseren eigenen Köpfen. Diese Mauern einzureißen, ist die wohl wichtigste Aufgabe der unmittelbaren Zukunft. Dafür braucht es eine andere, größere Perspektive.

Bergsteiger kennen diese Situation nur zu gut. Nachdem man sich bei der Ankunft auf dem Gipfel »Berg Heil« gewünscht und die Gipfelrast mit berauschenden Ausblicken hinter sich gebracht hat, macht man Platz für diejenigen, die nachkommen. Wer dazu nicht bereit ist, lernt sehr schnell, wie gefährlich Gedränge, im schlimmsten Falle sogar Rangeleien auf einem schmalen Gipfel sein können. Wenn man sich schließlich rüstet, um den zweiten und entscheidenden Teil, den sicheren Abstieg, in Angriff zu nehmen, wünscht man sich nichts mehr als eben genau das: einen erfolgreichen Abstieg! Erst der, dem er sicher gelingt, hat den Erfolg in der Tasche.

WEITERFÜHRENDE LITERATUR

Peter L. Bergen: *The Longest War. The Enduring Conflict Between America and Al Qaeda.* New York 2011.

Martin Jacques: *When China Rules the World. The End of the Western World and the Beginning of a New Global Order.* New York 2009.

Parag Khanna: *How to Run the World. Charting A Course To The Next Renaissance.* New York 2011.

Kishore Mahbubani: *The New Asian Hemisphere. The Irresistable Shift of Global Power to the East.* New York 2008.

Ian Morris: *Why The West Rules – For Now. The Patterns of History, and What They Reveal About the Future.* New York 2010.

Wolfgang Schäuble: *Scheitert der Westen? Deutschland und die neue Weltordnung.* München 2003.

Gabor Steingart: *Weltkrieg um Wohlstand. Wie Macht und Reichtum neu verteilt werden.* München 2006.

Michael Stürmer: *Welt ohne Weltordnung. Wer wird die Erde erben?* Hamburg 2006.

Fareed Zakaria: *Der Aufstieg der Anderen. Das postamerikanische Zeitalter.* München 2009.

DANKSAGUNG

Die Idee zu diesem Buch ist im Dezember 2009 in Schanghai entstanden. Kurz vor dem Ende der sogenannten »Nullerjahre« (2000 bis 2009) bin ich nach einer Konferenz zu europäisch-chinesischen Beziehungen der Konrad-Adenauer-Stiftung durch eine Titelgeschichte von *Time* (»A Decade from Hell«) auf die Frage gestoßen, was das Jahrzehnt des Schreckens, das hinter uns liegt, für die Denkmuster und politischen Zielvorstellungen im Westen bedeutet. Mit dieser Frage habe ich mich in den vergangenen eineinhalb Jahren sehr intensiv beschäftigt und Teile meiner Ideen immer wieder auch in Vorträgen vorgestellt. Den vielen Diskussionsteilnehmern bin ich für kritische Rückmeldungen, die mir beim eigenen Nachdenken immer wieder weitergeholfen haben, zu großem Dank verpflichtet. Das Gleiche gilt für Diskussionen mit Studierenden im Rahmen meiner Lehre an der Freien Universität Berlin.

Natürlich hätte dieses Buch ohne die Hilfe von vielen Menschen nicht geschrieben werden können. Ihnen allen gilt mein besonderer Dank. Henriette Krausse hat wie immer dezent, aber hoch professionell dafür gesorgt, dass trotz dichter Termine die notwendige Zeit zum Schreiben blieb. Der Zusammenarbeit mit Ulrike Stern habe ich viel zu verdanken. Ihre strengen Blicke und Nachfragen nach dem Stand des Manuskripts haben mich ebenso angetrieben, wie mir ihre Kritik in praktisch jedem Detail des Textes geholfen hat, Klarheit in meine eigenen Gedanken und erst recht in meine Formulierungen zu bringen. Uta Kuhlmann-Awad und Almut Möller haben ebenso wie Christina Thomas Teile des Manuskriptes gelesen und kritisch kommentiert. Mirjam Meissner hat in der Frühphase bei der Recherche geholfen und Teile des Manuskripts gegengelesen.

Mein Dank gilt dem German Marshall Fund und seiner Transatlantic Academy für die Gelegenheit, im Rahmen eines Bosch Fellowships wesentliche Teile des Manuskripts zu erstellen und mit den diesjährigen Fellows zu diskutieren.

Der Hanser Verlag und insbesondere Martin Janik haben wieder einmal unter Beweis gestellt, wie hilfreich für einen Autor die Zusammenarbeit mit einem kooperativen und mitdenkenden Verlagshaus als Partner sein kann.

Und schließlich danke ich meinen Mitarbeiterinnen und Mitarbeitern in der Deutschen Gesellschaft für Auswärtige Politik, die durch ihre Leistungsfähigkeit, ihre hohe Eigenständigkeit und die erkennbare Freude an ihrer Arbeit wie immer dazu beigetragen haben, dass ich die Freiräume für die Arbeit an einem Buchmanuskript finden konnte.

Trotz der vielfältigen Hilfe, die ich erfahren durfte, bleibt am Ende nur der übliche Hinweis, dass ich für etwaige Fehler und Unzulänglichkeiten allein die Verantwortung trage.

Berlin, im Juli 2011   Eberhard Sandschneider

ANMERKUNGEN

1 Statistisches Bundesamt Deutschland: Pressemitteilung Nr. 261 vom 10.07.2009.
2 Theo Sommer: *Unser Schmidt. Der Staatsmann und der Publizist.* Hamburg 2010, S. 377.
3 Ulrike Ackermann: »Freiheit zuletzt?« In: *Welt*, 15.02.2011, S. 2.
4 Harald Schumann, Christiane Grefe: *Der globale Countdown. Gerechtigkeit oder Selbstzerstörung – Die Zukunft der Globalisierung.* Köln 2008, hier S. 10–14.
5 Nassim Nicholas Taleb: *Der Schwarze Schwan. Die Macht höchst unwahrscheinlicher Ereignisse.* München 2008, hier S. 61.
6 Joshua Cooper Ramo: *The Age of the Unthinkable. Why the New World Disorder Constantly Surprises Us.* New York 2009.
7 Barbara Tuchman: *The March of Folly. From Troy to Vietnam.* New York 1984 (deutsch: *Die Torheit der Regierenden. Von Troja bis Vietnam.* Frankfurt 1984).
8 Wolfgang Schäuble: *Scheitert der Westen? Deutschland und die neue Weltordnung.* München 2003, S. 24–25.
9 Thomas Fischermann, Petra Pinzler: »Die Illusion von der einen Welt«. In: *Zeit*, Nr. 1, 30.12.2009, S. 21.
10 Andy Serwer: »The Decade from Hell. And why the next one will be better«. In: *Time*, 07.12.2009, S. 18–25.
11 *Spiegel*, Nr. 50, 07.12.2009.
12 National Counterterrorism Center (Washington, DC): http://wits.nctc.gov
13 *Wirtschaftswoche*, Nr. 7, 12.02.2007.
14 *Spiegel*, Nr. 52, 21.12.2009, S. 102.
15 Ibid.
16 Vgl. Claus Leggewie: »Geblendet vor Erleuchtung. Amerika, Islam, China: Die Rückkehr der Religion in die Politik hat selten Segen gebracht«. In: *Internationale Politik*, September 2008, S. 98–101.
17 *Wirtschaftswoche*, 14.02.2007: www.wiwo.de/politik-weltwirtschaft/blick-in-die-zukunft-2007.
18 Goldman Sachs: »BRICs and Beyond«, November 2007.
19 Paul Kennedy: *Aufstieg und Fall der großen Mächte. Ökonomischer Wandel und militärischer Konflikt von 1500 bis 2000.* Frankfurt 1989.
20 Barbara Tuchman: *The March of Folly. From Troy to Vietnam.* New York 1984 (deutsch: *Die Torheit der Regierenden. Von Troja bis Vietnam.* Frankfurt 1984).

21 Michail Gorbatschow: *Perestroika. Die zweite russische Revolution. Eine neue Politik für Europa und die Welt.* München 1987, S. 42–43.
22 Joshua Cooper Ramo: *The Age of the Unthinkable. Why the New World Disorder Constantly Surprises Us.* New York 2009, S. 106, eigene Übersetzung.
23 Francis Fukuyama: *Das Ende der Geschichte. Wo stehen wir?* München 1992.
24 Samuel P. Huntington: *Kampf der Kulturen. Die Neugestaltung der Weltpolitik im 21. Jahrhundert.* München/Wien 1996.
25 Robert D. Kaplan: *The Coming Anarchy. Shattering the Dreams of the Post Cold War.* New York 2000.
26 Thomas L. Friedman: *The Lexus and the Olive Tree. Understanding Globalization.* New York 1999. Und: *The World is Flat. A Brief History of the Twenty-first Century.* New York 2005.
27 Charles A. Kupchan: *The End of the American Era. U.S. Foreign Policy and the Geopolitics of the Twenty-first Century.* New York 2002.
28 Robert Kagan: *Macht und Ohnmacht. Amerika und Europa in der neuen Weltordnung.* München 2003.
29 Gabor Steingart: *Weltkrieg um Wohlstand. Wie Macht und Reichtum neu verteilt werden.* München/Zürich 2006.
30 Gabor Steingart: *Deutschland – Der Abstieg eines Superstars.* München/Zürich 2004.
31 *International Herald Tribune*, 18.01.2010, S. 13.
32 David Frum: *The Right Man. The Surprise Presidency of George W. Bush.* New York 2003, Kapitel 12. State of the Union 2002: »The White House, President George W. Bush«: http://georgewbush-whitehouse.archives.gov/news/releases/2002/01/20020129-11.html.
33 *Süddeutsche Zeitung*, 18.03.2010, S. 2.
34 Bundesverteidigungsminister Franz Josef Jung am 12.05.2009 in einem Interview in der *Frankfurter Rundschau*.
35 Ich spotte in Vorträgen gerne, dass nur die Pinguine in der Antarktis vor einem solchen Angebot sicher sein können. Ich tue das allerdings etwas vorsichtiger, seit mir ein hoher deutscher Diplomat mit breitem Lächeln versicherte: »Aber die kriegen wir auch noch!«
36 CNN: http://Transcripts.cnn.com/TRANSCRIPTS/0505/28/i c01.html, Abruf 30.03.2010.
37 Reinhard Nenzel: »Streifzug durch eine aufregende Gegenwart«. In: *Unternehmermagazin* 1/2, 2011, S. 3.
38 Barbara Tuchman: *A Distant Mirror. The Calamitous 14th Century.* New York 1978, S. XVIII, eigene Übersetzung.
39 Zur Problematik des Polizeiaufbaus in Afghanistan vgl. Cornelius Friesendorf, Jörg Krempel: »Militarisierung statt Bürgernähe. Das Missverhältnis beim Aufbau der afghanischen Polizei«. *HSFK Report* 9/2010.
40 *Welt*, 15.02.2011, WR 8.
41 ZDF Heute-Nachrichten 19.00 Uhr, 22.01.2010.
42 »Ist der Krieg gegen die Taliban verloren?« In: *Basler Zeitung*, 12.08.2009.
43 In einer Rede anlässlich eines Abendessens mit dem Board of Trustees des American Institute of Contemporary German Studies, 17.06.2010, Haus Huth, Berlin.
44 Frank-Walter Steinmeier: »Die Neuvermessung der Welt«. In: *ZFAS* (Zeitschrift für Außen- und Sicherheitspolitik), Heft 1, 2011, S. 7.
45 Almut Wieland-Karimi: *Die transatlantischen Beziehungen. Der Westen gemeinsam auf dem Weg zu neuen Ufern.* Friedrich-Ebert-Stiftung, Kompass 2020, Bonn/Berlin 2007, S. 2 und 6.

46 Joschka Fischer: »I am not Convinced: Der Irak-Krieg und die rot-grünen Jahre«. Vorabdruck in: *Spiegel* 7/2011, S. 43.
47 *Süddeutsche Zeitung*, 05./06.02.2011, S. 4.
48 Jeremy Shapiro et al.: »Toward a Post-American Europe: A Power Audit of US-EU Relations«, European Council on Foreign Relations, Oktober 2009; hier zitiert nach Atlantische Initiative: Global Must Reads, November/Dezember 2009, S. 4-5.
49 Ashley Lewis: »EU-USA: Transatlantische Beziehungen unter Obama«. In: Euros du village: http://www.eurosduvillage.eu/spip.php?page=print&id_article=3747., vom 19.05.2010.
50 EurActiv: http://www.euractiv.de/finanzplatz-europa/artikel/obama-kommt-zum-usa-eu-gipfel-003516, vom 18.08.2010.
51 Mark Siemons: »Wer ›Menschheit‹ sagt, will betrügen«. In: *FAZ*, 15.02.2010, S. 25-26.
52 Das Bild von Tibet wird im Westen immer noch hauptsächlich durch drei Filme geprägt: Frank Capras Klassiker *In den Fesseln von Shangri-La* aus dem Jahr 1937, Martin Scorseses Film *Kundun* über die Jugendjahre des Dalai-Lama und natürlich Jean-Jacques Annauds Verfilmung der Autobiografie von Heinrich Harrer *Sieben Jahre in Tibet* aus dem Jahr 1997 mit Brad Pitt in der Hauptrolle.
53 CBS News: http://www.cbsnews.com/stories/2006/09/06/fiveyears/main1980074_page3.shtml.
54 Ronnie Chan: »The West's preaching to the east must stop«. In: *Financial Times*, 04.01.2010, S. 11.
55 Frank Sieren: »Endgültig Konkurrenten«. In: *Zeit online*, 17.11.2009.
56 Michael Stürmer: *Welt ohne Weltordnung. Wer wird die Erde erben?* Hamburg 2006.
57 Michael Stürmer: »Bitte keine neuen Sonderwege«. In: *Welt*, 15.02.2011, WR 8.
58 *Manager Magazin* 12/2010, S. 115.
59 *Financial Times Deutschland*, 16.08.2010.
60 Besonders beeindruckend wird diese Position vertreten von Ezra Vogel: *Japan as Number One. Lessons for America*. Cambridge, Mass. 1979.
61 Paul Krugman: »The Myth of Asia's Miracle«. In: *Foreign Affairs*, November/Dezember 1994, S. 62-78.
62 *Welt*, 14.09.2010, S. 6.
63 Stiftung Neue Verantwortung: »Deutschland und das ›Dynamische Dutzend‹: Neue Partnerschaften schaffen globale Handlungsfähigkeit«. Policy Brief 10/10.
64 Richard N. Haass: »The Age of Nonpolarity. What Will Follow U.S. Dominance«. In: *Foreign Affairs* Mai/Juni 2008.
65 Robert Kappel: »The Decline of Europe and the US: Shifts in the World Economy and in Global Politics«. *GIGA Focus* 1/2011.
66 Frank Sieren: »Was China und die USA gemeinsam haben«. In: *Handelsblatt*, 07.03.2011.
67 Randall L Schweller: »Managing the Rise of Great Powers: History and Theory«. In: Alastair Ian Johnston (Ed.): *Engaging China: The Management of an Emerging Power*. London 1999.
68 Marc Beise: »Abstieg einer Supermacht«. *Süddeutsche Zeitung*, 26./27.02.2011, S. 23
69 *Wirtschaftswoche*, 01.02.2010, S. 28.
70 Kommentar ARD Tagesthemen, 19.01.2011, 22.15 Uhr von Christine Adelhardt (NDR).

71 Ralf Dahrendorf: »Can European Democracy Survive Globalization?« In: *The National Interest*, Frühjahr 2001.
72 Eberhard Sandschneider: »Systemtheoretische Perspektiven politikwissenschaftlicher Transformationsforschung«. In: Wolfgang Merkel (Hrsg.): *Systemwechsel 1. Theorien, Ansätze und Konzeptionen*. Opladen 1996, S. 23-45.
73 Jean-François Revel: *So enden die Demokratien*. München/Zürich 1984.
74 Guillermo O'Donnell: »Delegative Democracy«. In: *Journal of Democracy*, Heft 4, 1994, S. 112-126.
75 Eberhard Sandschneider: »Modellfall oder Sonderweg? Strategische Erfolgsfaktoren in den Entwicklungskonzeptionen ostasiatischer Industrieländer«. In: Erdmann Gormsen, Andreas Thimm (Hrsg): *Entwicklungskonzeptionen im Vergleich*. Mainz 1991, S. 76.
76 Pascal Bruckner: *Ich leide, also bin ich. Die Krankheiten der Moderne. Eine Streitschrift*. Berlin 1996, S. 72-73.
77 Stefan Zweig: *Die Welt von gestern*. Stockholm 1992, S. 15.
78 Ulrich Beck: *Weltrisikogesellschaft, Weltöffentlichkeit und globale Subpolitik*. Wien 1997, S. 12.
79 Ibid., S. 47-48.
80 Mahathir Mohamad, Shintaro Ishihara: *The Voice of Asia. Two Leaders discuss the Coming Century*. Kodansha International (JPN) 1995.
81 William Pfaff: *Die Furien des Nationalismus. Politik und Kultur am Ende des 20. Jahrhunderts*. Frankfurt 1994, S. 83.
82 Hans-Gert Pöttering: *Die europäische Perspektive – Werte, Politik, Wirtschaft*. Robert Bosch Stiftung GmbH, Stuttgart 2011, S. 21.
83 Alexander Cammann: »Glückliches Europa?« In: Ulrike Guérot/Jacqueline Hénard (Hrsg.): *Was denkt Deutschland? Zehn Ansichten zu Europa mit einem Vorwort von Jürgen Habermas*. Wiesbaden 2011, S. 88.
84 Theo Sommer: *Unser Schmidt. Der Staatsmann und der Publizist*. Hamburg 2010, S. 369-370.
85 Zum Folgenden vgl. Marcel Viëtor: *An Ever Closed Union? Enlargement, Neighbourhood and »European Identity«*. Manuskript 2011.
86 Ben Knapen: »Europa muss jetzt Klarschiff machen«. In: *FAZ*, 25.03.2011, S. 10.
87 Fu Ying: »Europa muss das Lernen lernen«. In: *Handelsblatt*, 30.03.2011, S. 56.
88 Richard Youngs: *Europe's Decline and Fall. The Struggle against Global Irrelevance*. London 2010. S. 1-2, eigene Übersetzung.
89 N-tv, 11.04.2011.
90 George Soros: *Die Krise des globalen Kapitalismus. Offene Gesellschaft in Gefahr*. Berlin 1998, S. 37.
91 Eberhard Sandschneider: *Globale Rivalen. Der unheimliche Aufstieg Chinas und die Ohnmacht des Westens*. München 2007, S. 235.
92 Wissenschaftlicher Beirat der Bundesregierung: *Klimapolitik nach Kopenhagen: Auf drei Ebenen zum Erfolg*. Berlin April 2010.
93 Cornelia Mayrbäuerl: »Was uns morgen blüht«. In: *Politik & Kommunikation*, Februar 2010, S. 22.
94 Ines Zöttl: »Der IWF wird vergewaltigt«. in: *Financial Times Deutschland*, 19.5.2011, S. 24.
95 Klaus von Dohnanyi: »Wiedervereinigung: Konflikt zwischen Kopf und Bauch?« In: *Stern*, 16.11.1989, S. 2. Ähnlich und mit Bezug auf Sicherheitspolitik argumentiert Nick Witney: »Global Power or big Switzerland?« In: Loukas

Tsoukalis: *The EU in a World in transition: Fit for what purpose?* Brüssel 2009, S. 35–43.
96 Pascal Bruckner: *Ich leide, also bin ich. Die Krankheiten der Moderne. Eine Streitschrift*. Berlin 1996, S. 321.
97 Ich danke Sylke Tempel für den Hinweis auf diese Metapher. Nach einem anfänglichen Lachen waren wir uns schnell einig, dass auch hinter der Philosophie von Comics Bedenkenswertes steckt.

REGISTER

A

Abu Ghraib *32, 64, 85*
Adelhardt, Christine *113*
Adenauer, Konrad *145*
Afghan Analysts Network *70*
Afghanistan-Krieg *1, 21, 34, 40, 42, 54, 56, 62, 67, 70, 75, 103, 112*
Ägypten *3 f.*
Ahmadinedschad, Mahmud *57*
Airbus *79*
Ai Weiwei *87*
al Maktoum, Mohammed bin Raschid *150*
al-Qaida *66, 70*
Alters- und Bevölkerungsstruktur *2 f., 29*
Amnesty International *84*
Autokratie *55, 87 f., 113 ff., 124, 127 ff., 167*

B

Beckett, Samuel *144*
Beck, Ulrich *123*
Benedikt XVI., Papst *162*
Bergsteigen *7*
Bild *63 ff.*
Bin Laden, Osama *54, 57, 66, 69*
Boeing *79*
Börsencrash *21*
Bosch, Robert *6*

BRIC-Staaten *31*
Bruckner, Pascal *121, 180*
Bundeswehr *54, 177*
Bush, George W. *19, 21, 41, 47, 50, 55 f., 66, 76 f., 85*

C

Cancún, Klimagipfel 2010 *18*
Chan, Ronnie *86*
Chávez, Hugo *57* ˙
Chiang Kai-shek *40*
China *97 f., 100 f., 104, 111 f., 115, 118, 128 f., 146, 148 ff., 165 f.*
 – Menschenrechte 81 ff., *87*, 113, 115, 118
Clinton, Hillary *13 f., 73*

D

Dahrendorf, Sir Ralf *114*
Dalai-Lama *82 f.*
Demokratie *47, 55, 111, 114, 115 ff., 123 ff., 130 ff., 180*
 – und Europa 144, 146
Deng Xiaoping *146*
Dichotomie *47 ff.*
Diktatur *55, 87 f., 113 ff., 124, 127 ff.*
Dohnanyi, Klaus von *174*
Dudman, Graham *64*

E

Edison, Thomas *6*
Enron *22*
Erster Weltkrieg *43, 93*
ESA *79*

F

Feindbild *46, 53 ff., 155, 160 f.*
Finalität, europäische *144*
Fischer, Joschka *73 f.*
Fontane, Theodor *38*
Friedman, Thomas L. *48 f., 53*
Friedrich-Ebert-Stiftung *72*
Frum, David *56*
Fukushima *1, 24, 98, 163*
Fukuyama, Francis *47, 116*
Fu Ying *149*

G

Gaddafi, Muammar *119*
Galileo *79*
Gandhi, Mahatma *83*
Gates, Bill *6*
Gebetsmühle *61, 66 f., 76, 167*
General Motors *22*
Geopolitik *164*
Georg III., König von Großbritannien *39*
German Institute of Global and Area Studies (GIGA) *106*
Giscard d'Estaing, Valéry *145*
Globalisierung *5 f., 15, 17*
Goldman Sachs *32*
Golfkrieg *18, 54*
Gorbatschow, Michail *40 f.*
GPS *79*
Grefe, Christiane *5*
Großbritannien *173*
GS20 *32, 108*
Guantánamo *32, 85*
Guttenberg, Karl-Theodor zu *63, 73*

H

Haass, Richard N. *105*
Hitler, Adolf *39*
Homer *39*

Huntington, Samuel P. *48, 116*
Hussein, Saddam *21, 41, 57, 64*

I

Identität, europäische *143 f.*
Information *42 f., 64 ff., 121, 128, 156*
Informations- und Kommunikationstechnologie *27*
Internationaler Strafgerichtshof *18, 79*
Internationaler Währungsfonds *94*
Irak-Krieg *1, 19, 21, 33 f., 41 f., 47, 56, 74, 103, 112*
Ishihara, Shintarō *124*
Islam *57*

J

Japan *98 f.*
Jung, Franz Josef *62 f.*

K

Kagan, Robert *50*
Kalter Krieg *13, 17, 44, 46, 53, 94, 111*
Kammerlander, Hans *7*
Kaplan, Robert D. *48*
Kappel, Robert *106*
Karl XII., König von Schweden *39*
Karstadt *22*
Kennedy, Paul *38*
Khanna, Parag *150*
King, Martin Luther *83*
Klimawandel *30*
Knapen, Ben *146*
Kohl, Helmut *145*
Kommunismus *53, 100, 116*
Konrád, György *143*
Kopenhagen, Klimagipfel 2009 *18, 30 f., 34*
Kornelius, Stefan *74*
Krieg gegen den Terror *21, 40, 66 ff.*
Krugman, Paul *99*
Kundera, Milan *143*
Kupchan, Charles A. *49, 150*

L

Lazarovic, Samira *162*
Lehman Brothers *22*
Leonard, Mark *144*
Lin, Justin *148*
Liu Xiaobo *88*

M

Macht *91*
Mandela, Nelson *83*
Mao Zedong *129*
Marx, Karl *163*
Mazyek, Aiman *57*
Medium Extended Air Defense System (MEADS) *79*
Menschenrechte *32, 81 ff.*
Merkel, Angela *78*
Mielke, Erich *43*
Migration und Integration *29*
Milošević, Slobodan *57*
Milosz, Czeslaw *143*
Mitsubishi *98*
Mitterrand, François *145*
Montanunion *175*
Moravcsik, Andrew *150*
Mubarak, Husni *3*
Mugabe, Robert *54*
Multilateralismus *17 f., 63, 104 ff.*
Multipolarität *104 ff., 164 f.*
Murphy, Phil *71*

N

Napoleon *39*
NASA *79*
National Counterterrorism Center *20*
National Intelligence Council (NIC) *80*
NATO *14 f., 67, 139*
Naturkatastrophen *23 f.*
Nye, Joseph *100*

O

Obama, Barack *53, 66, 75 f., 112*
Opel *22*

P

Page, Larry *6*
Pandemien *25*
Partnerschaft, strategische *13, 63, 148, 167, 175*
Pfaff, William *130*

Q

Quelle *22*

R

Radikalisierung, religiöse *28*
Ramo, Joshua Cooper *9*
Reflexivität *163 f.*
Religion *28 f.*
Ressourcenkonflikte *30, 102*
Revel, Jean-François *116, 118*
Rohstoffe *30, 102*
Rumsfeld, Donald *14*

S

Scharioth, Klaus *71*
Schäuble, Wolfgang *16*
Schmidt, Helmut *3, 139, 145*
Schneider, Bill *64*
Schocks *8, 19 ff., 23, 25 f.*
Schumann, Harald *5*
Schweiz *173 f.*
Shapiro, Jeremy *75*
Sicherheit *122 f.*
Sicherheitskonferenz, München *14, 73 f.*
Siemens, Werner von *6*
Sieren, Frank *106*
Smith, Adam *3*
Sommer, Theo *3*
Soros, George *163*
Sowjetunion *53 f., 100, 116, 130 f.*
Spengler, Oswald *3*
Sputnik *53, 100*
Statistisches Bundesamt *2*
Steingart, Gabor *50 f., 172*
Steinmeier, Frank-Walter *72*
Stiftung Neue Verantwortung *101*
Stürmer, Michael *68, 97*
Suez-Krise *42*

T

Taleb, Nassim Nicholas *8 f., 58*
Taliban *21, 54, 56, 67, 70*
Terroranschläge (11.09.2001) *1, 56, 67*
Terrorismus *1, 20 f., 26, 33, 56 f., 66 ff., 123*
Tibet *82 f.*
Torheit der Regierenden *9, 37, 39, 40, 42, 44, 57, 156*
Transatlantiker *71 ff., 96 f., 156*
Trends, schleichende *27*
Trojanisches Pferd *39*
Truthahn-Falle *8, 58*
Tuchman, Barbara *9, 39, 65*

V

Vereinte Nationen (UNO) *2, 18, 23, 26, 29 f., 41, 44, 79, 84, 94, 102, 136*
- Sicherheitsrat *102 f., 173*
Verfassung, europäische *138 f., 142*
Verheugen, Günter *112*
Vietnam-Krieg *33, 40*
Völkerbund *44, 93 f.*

W

Warschauer Pakt *14 f.*
Weltbank *94, 148*
Weltordnung *91 ff.*
Werte *15 f., 32, 75, 80 f., 84 ff., 118, 164, 175*
- , asiatische *124*
Westen *14 ff., 51, 96*
- Imagekrise *32*
Wieland-Karimi, Almut *72*
Wilson, Woodrow *93*
Wissenschaftlicher Beirat der Bundesregierung *167*

Y

Youngs, Richard *153*

Z

Zentralrat der Muslime *57*
Zheng He *146*
Zweig, Stefan *122*
Zweiter Weltkrieg *94*

HANSER

Warum der Westen Platz machen muss – und nur gewinnen kann

Bremmer
Das Ende des freien Marktes
Der ungleiche Kampf zwischen
Staatsunternehmen und Privatwirtschaft
240 Seiten
ISBN 978-3-446-42700-6

Staatskapitalismus lautet die Formel, die westliche Unternehmen und Demokratien neuerdings das Fürchten lehrt: Riesige Unternehmen wie Gazprom und Rosneft, Sinopec und die Industrial and Commercial Bank of China (ICBC) werden von staatlicher Seite massiv unterstützt – finanziell und durch die Gesetzgebung. Sie verfolgen nicht nur wirtschaftliche Ziele, sondern politische: Sie sollen den Einfluss ihres Ursprungslands und seiner Machthaber sichern. Zur Durchsetzung ihrer Interessen ist jedes Mittel recht: Preiskämpfe, Lohndumping, Bestechung. Die Hauptakteure sitzen in China, Russland, Saudi-Arabien und im Iran – doch ihr Erfolg ruft immer mehr Nachahmer in den Schwellenländern auf den Plan.

Westliche Unternehmen sind dagegen machtlos: Sie sind Zwerge im Vergleich zu den gigantischen Staatsunternehmen. Wie soll man einem Unternehmen wie der China Investment Corporation (CIC) ernsthaft Konkurrenz machen, deren Kapital mit rund 200 Milliarden Dollar dem Bruttoinlandsprodukt eines mittelgroßen Staates wie Portugal entspricht?

Mehr Informationen zu diesem Buch und zu unserem
Programm unter **www.hanser-literaturverlage.de**